课程改革背景下的创新教学设计

主　编　赵长江

副主编　崔建军　刘戟

辽宁师范大学出版社

·大连·

ⓒ赵长江　2022

图书在版编目(CIP)数据

课程改革背景下的创新教学设计 / 赵长江主编. --
大连：辽宁师范大学出版社，2022.12
ISBN 978-7-5652-3899-4

Ⅰ.①课… Ⅱ.①赵… Ⅲ.①中小学－教学设计
Ⅳ.①G632.0

中国版本图书馆 CIP 数据核字(2022)第 193928 号

编委会：(按姓氏笔画排序)

于 伟	于利凯	王平伦	王 勇	付 侠	丛 静	冯嫒嫒	司 昱
亚 娟	刘 昱	刘 戟	芦 瑾	李 琦	李 晶	杨峥嵘	吴 迪
吴惠芳	迟永传	张秀莺	郑 威	赵长江	胡文亮	祖立桃	秦丽艳
唐志红	崔建军	韩丽敏	韩 鞠	甄云学	熊立新	戴毅新	

KECHENG GAIGE BEIJINGXIA DE CHUANGXIN JIAOXUE SHEJI
课 程 改 革 背 景 下 的 创 新 教 学 设 计

出 版 人：王 星
责任编辑：马 璐　李荷君
责任校对：郭九玉　李 鹏
装帧设计：宇雯静

出 版 者：辽宁师范大学出版社
地　　址：大连市黄河路 850 号
网　　址：http://www.lnnup.net
　　　　　http://www.press.lnnu.edu.cn
邮　　编：116029
营销电话：(0411)82159126　82159220
印　　刷：大连金华光彩色印刷有限公司
发 行 者：辽宁师范大学出版社

幅面尺寸：170mm×240mm
印　　张：20
字　　数：420 千字

出版时间：2022 年 12 月第 1 版
印刷时间：2022 年 12 月第 1 次印刷
书　　号：ISBN 978-7-5652-3899-4

定　　价：65.00 元

序　言

提升课堂新活力　打造教育新高地

　　学习是一种生命状态，是生命的必须，就像吃饭、喝水和睡觉一样自然，并且贯穿人的一生。学习能力由一系列因素构成，包含很多维度。一直以来，学习理论的研究与教学实践的不断推陈出新，无论是对个体生命，还是对整个人类社会都弥足珍贵，为人类的进步和社会的发展提供了丰富的养料和有益的借鉴。现从心理学发展和传统教学方法两个角度，挖掘梳理、分析研讨、总结新课程改革背景下的教学设计主要原则，供一线教育工作者参考使用。

　　从心理学发展的角度来说，"白板说"、行为主义学习理论、信息加工理论、建构主义学习理论、基于脑科学等的学习科学5种理论主导了对教学活动的解释、反思和指导，它们之间有线性的发展替代，也有交互影响和融合。

　　"白板说"源于英国唯物主义哲学家约翰·洛克。法国哲学家孔狄亚克把这种理念引入教育，形成了占据主导地位长达两个世纪的教育理论。学习是通过感官来实现的，观察是一切学习的基础，教学的意义在于教师能够循序渐进、合乎逻辑、清晰准确地把知识刻印在学生的大脑里。

　　行为主义学习理论研究的是个体如何模仿他人行为、愉快的或不愉快的行为结果怎样改变个体行为。行为主义学习理论经历了3个发展阶段，分别以俄国生理学家巴甫洛夫和美国心理学家桑代克、斯金纳及其经典实验为代表。行为主义学习理论的原理包括结果的作用、强化物、惩罚物、结果的及时性、塑造、消退、强化、维持等。一经应用到教学,在简单学习中效果极为显著,对教师产生极大的吸引力。利用表扬、关注、活动强化物或者物质强化物的教学,以及盛行于 20 世纪的成功教育都是行为主义学习理论的具体应用。

信息加工理论是建立在脑科学研究的基础上,通过脑科学研究的发现,探索信息的获取与加工、记忆与遗忘、理解与应用。布鲁纳的"联接"理论和奥苏贝尔的"有意义学习"理论等风靡一时的教学理论都源自信息加工理论,不过各有侧重和强调。而元认知理论是对认知的认知、对思维的思维,调节学习和思考的过程,至少包括计划、监控和评价 3 个功能。

建构主义学习理论主要源于心理学家皮亚杰和维果茨基的研究,核心观点是学习者必须自己去发现和转换复杂的信息,用新信息检验已有的旧经验,当旧经验不适用时,修改旧经验,如此循环往复,真正的学习才能发生。该理论提出了社会学习、最近发展区、认知学徒制、中介性学习等重要概念,成为合作学习、发现学习、项目学习等许多现代教育教学理论的基础。

近年来,基于脑科学、神经科学、心理学、教育学、计算机科学、哲学、社会学、人类学以及其他有关学习领域的研究形成了学习科学。1991 年,第一届学习科学国际会议的召开和《学习科学杂志》的创刊标志着学习科学的正式诞生。学习科学的重要发现和理论假设主要有以下 3 点:学生带着有关世界如何运作的前概念来到课堂;事实性、情境性、可应用的结构化知识是深度理解和探究能力培养的前提;反思对于发展深度概念性知识很有必要。

教学是人类有历史以来就一直进行的实践活动,形成了许多基于实践的教学模式与方法,并与理论互动,不断发展完善。从传统教学方法的角度来说,教学分为讲授法、谈话法、讨论法等,不一而足。

讲授教学作为传统的教学方式,从"白板说"到信息加工理论的认知科学,都支持直接讲授。教师作为专家来阐明教学目标,呈现相关材料,讲授新知识,检查评价;学生则作为接受者,对知识进行接受复制,并在测试中应用。

直接指导教学,从行为主义学习理论到建构主义学习理论都可以为直接指导教学找到理论支持,这是为学生循序渐进地掌握技能和事实性知识而设计的,例如学习乐器。教师作为指导者进行示范、讲解、指导、拓展,学生作为听从者进行模仿、练习、反馈,并接受考核。

模仿与游戏,根据建构主义学习理论,学习的社会特征明显,所以情境与合作学习非常重要,基于脑科学等的学习科学也支持这些观点。通过亲身参与,在虚拟现实中观察体验,在游戏与模仿中获得知识和技能。

案例学习可以看成模仿与游戏的简化版或理论版,通过对真实案例的研究,充分调动学习者已有的知识结构,在研讨中获得成长。

基于问题的学习的本质在于为学生提供真实的、有意义的问题情境,以此为调查和探究的出发点,以问题解决为核心,共同寻求解决方案。教师作为组织者,学生作为主体的问题解决者,综合并运用所有的知识储备,竭尽所能,积极探寻解决问题的办法,从而在知识、能力、情感诸方面获得发展。

项目学习(或任务学习)可以看作基于问题的学习的深化或升级版,在以问题为中心的基础上,更加强调多学科综合和问题的真实性,是建构主义学习理论和学习科学对教学实践的影响更加深入的结果。

从 2001 年开始,持续至今的基础教育课程改革以"为了中华民族的复兴,为了每一个学生的发展"为基本价值取向,实现了课程全面性、整体性与系统性变革。2009 年以"课程改革再出发"为口号推动改革走向纵深,2014 年核心素养的提出、2017 年高中新课程标准的修订、2022 年义务教育新课程标准的修订,全面推动了教学方法与学习方式的深度变革。从理念到实践,课堂教学发生了翻天覆地的变化,从教师主导到以学生为中心,从知识传授到三维目标的确立再到核心素养的培养,从讲授方式到基于问题的学习,从黑板到多功能触控一体机,教学实践越来越丰富多彩,同时也带来各种问题和争议。如何设计和评价一堂好课,成为教育科研和教育实践中的重要课题。

好的教学设计应该立足于理论与实践两方面,综合教育者、学习者、环境与信息,明确需求与目标,分析内容与现状,选好方法与策略,设计反馈与评价。新课程改革背景下教学设计的重要原则以下述 4 点尤为突出。

一是把握学习者的前概念,让内容贴近学生最近发展区。学习者的前概念,是指学生已有的对世界的认识,学习的发生是在原有的知识结构基础上先解构再建构的过程。教师把想要传授的知识、培养的能力、唤醒的情感与学习者原有的认知和经验在最近发展区建立起联系,学习才会发生,才可能高效。教学设计最初的目标一定是确定学生学习的基点,也就是最近发展区的边界。事先的测试和问卷有助于把握学生的状况,确定教学设计中的情境引入和内容切入。例如本书中初中数学《一次函数》的教学设计以登山的海拔与气温的具体数据引入,符合学生的生活认知,而从数到式,贴近学生的最近发展区。

二是根据教学目标选择教学方法的组合。每一种教学方法都是在教学实践中发展起来的,具有其自身的优势与长处,也都有相应的教育理论作为支撑。但是,学习是极其复杂的活动,僵化地固守某种教学方法是愚蠢的。根据教学目标选取教学方法的组合,对提高学习效率至关重要。优秀的教师在进行教学设计时,时而让学生模仿参与,时而抛出案例供学生研讨,时而直接讲授,时而设计需要学生合作完成的任务……一切取决于教学目标和学生自身的特点。例如本书中小学语文《伯牙鼓琴》的教学设计从聆听欣赏琴曲出发,进入教师指导教学,然后由学生分组合作完成教师指定的学习任务,最后强化训练。根据学生特点至少采用4～5种教学方法的组合。

三是设计真实或仿真情境。无论是知识技能还是思维方式,所有需要学习的内容都无法脱离情境,都源于具体的现实场景,而只有和现实场景相联系的知识才是活的知识(或可应用的知识)。目前广为推荐的项目学习(或任务学习)就一直在强调要在真实的情境下或设计出的仿真情境下进行学习。例如本书中高中物理《生活中的圆周运动》的教学设计是典型的基于项目(或任务)的学习,以火车转弯、汽车过拱桥、航天器失重3个真实情境设计任务,层层推进,深入学习离心运动。

四是激发学习兴趣、诱发深度学习。如何激发学习者的求知欲,让学习成为一种主动行为,是教育工作者面临的永恒挑战。各种办法和技巧在使用中都面临一个难题,那就是持续性。好的故事、精心设计的情境、吸引人的主题都可以引发兴趣,但有时也会很快消退。深度学习不但契合了建构主义学习理论,在复杂困难的现实中重构自己的知识结构,而且带来自我发问和主动表达,和现实对质,与他人辩论,从而激发长期持久的兴趣和深入持久的学习。例如本书中高中思想政治《法治社会》的教学设计,从热点事件"特斯拉女车主车顶维权"出发,通过分析研讨辩论,就事件引发的争议,法治视角下可能出现的问题和法治社会建设的影响与意义引发持续而深入的学习。

本书收录的教学设计精选自历届抚顺市职工技能大赛教育赛区中小学教师教学技能竞赛中的获奖作品,这些教学设计基于核心素养的培育要求,立足立德树人根本任务的落实,以学习者为中心,着眼于教师的"导"、依据教材的"用",体现了教学设计的重要原则,是一线教师对课程改革的理解、实践和探索的阶段性成果,具有指导意义。全书分为小学、初中、高中 3 个篇章,涵盖小学、初中、高中 3 个学段的语文、数学、英语、道德与法治(思想政治)、物理、化学、生物学 7 个学科的典型教学设计,共 68 篇。

在本书付梓之际,诚挚地感谢抚顺市总工会多年来坚持举办"抚顺市职工技能大赛教育赛区中小学教师教学技能竞赛",推动了中小学学科教师专业素养不断提升,感谢抚顺市教育局工会、抚顺市教师进修学院工作人员的辛苦付出。由于编者水平有限,书中难免有疏漏之处,请广大读者和同行批评斧正。

目　录

初中篇

高 中 篇

· 高中语文

· 高中数学

· 高中英语

· 高中思想政治

· 高中物理

· 高中化学

小 学 篇

语文 / 数学 / 英语

小 学 論

《圆明园的毁灭》教学设计

教材分析

《圆明园的毁灭》是统编小学语文教材五年级上册第四单元的第三篇讲读课文。本单元的语文要素是"结合资料,体会课文表达的思想感情"。这篇课文以浅显的语言,描绘了圆明园当时的繁华,讲述了圆明园被毁灭的过程,让学生直观感受这段耻辱的历史,激发学生的爱国情感,增强振兴中华的责任感和使命感。在本单元前两篇课文的基础上,进一步达到"结合资料,体会课文表达的思想感情"的阅读要求。

学情分析

五年级学生已经掌握了预习的方法,并能够通过预习对课文进行初步解读;也掌握了查找、整理资料的基本方法,能初步整合资料。本课将引导学生结合查阅的资料,深入了解圆明园的历史、文化价值,感受作者的痛惜之情,提高学生阅读理解文章表达的情感的能力。

设计理念

阅读教学是学生、教师、文本三者对话的过程。教师应引导学生在阅读中体会、想象、感悟,进而表达,使学生走进课文,走近作者,在阅读中有所思、有所感、有所悟,在阅读中展开想象,在阅读中发展能力,在阅读中激发不忘国耻、振兴中华的责任感和使命感,在阅读中积累词汇。

教学目标

知识与能力:读准"估""煌"等9个生字的字音,会写"毁""估"等15个生字。

过程与方法:借助关键词句,体会课文表达的思想感情,并通过有感情的朗读,读出作者情感的变化。能结合相关资料,理解"圆明园的毁灭是中国文化史上和世界文化史上不可估量的损失"的含义。

情感、态度与价值观:能结合相关资料,体会《七子之歌(节选)》《和平宣言(节选)》与本课课文表达情感的相似之处,激发学生的责任感。

教学重点

借助搜集的资料,深入了解圆明园的历史、文化价值,体会作者的情感。

代颖,抚顺市新抚区北台小学教师,获得抚顺市第十一届职工技能大赛教育赛区中小学教师教学技能竞赛状元。

教学难点

感受圆明园昔日的辉煌;学习整理搜集到的有关资料的方法,并在语文学习中加以运用。

教法学法

教法:创设情境法、启发引导法、情感朗读法和讨论法。

学法:以读促悟法、合作探究法、直观感受法。

教学媒体

多媒体课件。

教学过程

诗句导入　质疑问难

1.利用爱国诗人艾青的诗句导入本课,回顾单元人文主题和语文要素。

2.板书课题。引导学生结合搜集的资料,用一句话介绍圆明园。

3.补充题目:"……的毁灭",并理解"毁灭"一词,指导书写生字"毁"。

4.引导学生读课题,并提出自己的疑问。

【设计意图】语文教学应注重激发学生的学习兴趣,培养学生自主学习的意识和习惯,引导学生掌握语文学习的方法,为学生创设有利于自主学习、合作学习、探究学习的环境。明确阅读的目的性,为构建开放而有活力的课堂奠定基础。

初读课文　整体感知

1.围绕问题,学生初读课文,整体感知课文内容。要求:读准字音、读通句子。

2.检查预习效果。

3.汇报解决的问题。

(1)梳理文章的脉络。

(2)理解"不可估量"的意思。文中连续出现了两个"损失惨重",你的心情怎么样? 你能读出这种心情吗?

(3)文中哪里体现了"不可估量"? 按照学习提示的要求,小组合作读课文并圈画批注。

【设计意图】阅读是个性化行为,阅读教学应引导学生钻研文本,在主动积极的思维和情感活动中,加深阅读理解和情感体验,获得思想启迪。

研读课文　品味辉煌

1.汇报课文中哪些地方体现了圆明园在价值上的"不可估量"。

2.预设第2自然段,引导学生将课文读流利。

（1）出示图片，使学生理解"众星拱月"的意思，体会圆明园布局的宏伟。

（2）出示资料，学生借助资料再次感受圆明园布局的宏伟；根据"举世闻名"一词体会圆明园的历史地位和文化价值。

（3）结合资料介绍，询问学生此时有怎样的感受。要求学生有感情地朗读课文。

（4）一座世界上最大的皇家园林被两个贪婪的强盗毁灭了，引导学生读第1自然段。

3.预设第3自然段，围绕7个"有"，引导学生体会圆明园内建筑多、奇、美的特点。

（1）作者是如何展现圆明园的特点的？用列举的方式展现圆明园内建筑数量多、种类多的特点。

（2）引导学生依据文中对建筑种类的命名的介绍，感受圆明园建筑造型的奇特、美丽。

（3）出示视频资料，学生结合资料理解、体会作者表达的情感。通过不断地研读，激发学生情感，达到能有感情地朗读课文的教学目的。

（4）一座世界上最美的皇家园林被两个凶残的强盗毁灭了，引导学生读第1自然段。

4.预设第4自然段，围绕历史文物并结合资料进一步感受辉煌。

（1）抓住时间词语体会圆明园收藏的文物的种类和价值。

（2）出示图片资料和数据资料，引导学生借助资料感受圆明园收藏的文物的历史和价值。指导学生有感情地朗读。

（3）就是这样一座世界上珍宝最多的皇家园林被两个人性泯灭的强盗毁灭了。引导学生读第1自然段。

5.播放视频《火烧圆明园》片段，让学生直观感受这段屈辱的历史，从而体会作者表达的情感。

【设计意图】这一环节，课文介绍了圆明园的宏伟建筑，在教学时，做到以读代讲，让学生在读中有所感悟，体现学生的课堂主体地位，将新课标倡导的自主学习方式有效地落实。运用多媒体使教学达到较好的效果。

拓展延伸　升华情感

"圆明园里，荒野的风，呜咽地讲述着——一个古老的故事；残留的柱，痛苦地书写着——一个国家的耻辱。"读到这，你想说些什么？

【设计意图】注重语文课对学生形成良好思想道德品质与高尚情操、健康向上审美的作用,同时也尊重学生在语文学习过程中的独特体验,使情感、态度与价值观教学目标在落实中逐渐得到升华。

布置作业

课后请同学们按照要求完成前两项作业。学生可根据自己的实际能力选择阅读整本书,到书中寻找圆明园前世今生的故事。

【设计意图】关注学生发展,重视对学生阅读兴趣的培养;鼓励学生开展课外阅读,增加阅读量,营造人人爱读书的良好氛围。

作业设计

1.把你想说的话写下来,完成小练笔。

2.阅读课后"阅读链接"中的《七子之歌(节选)》《和平宣言(节选)》,结合资料体会两首诗歌与《圆明园的毁灭》所表达情感的相似之处。

3.拓展阅读:《名家眼中的圆明园》《昔日的夏宫——圆明园》《圆明园的史话》《圆明园流散文物》。

板书设计

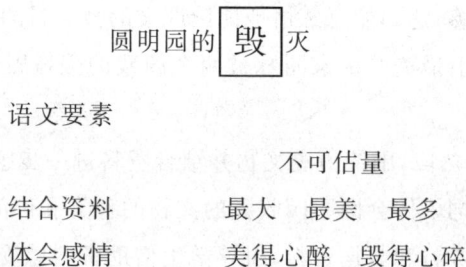

教学反思

本课是统编小学语文教材五年级上册"爱国情怀"主题单元的第 3 篇课文,在设计这一课时,我把重点放在了"结合搜集的资料,体会文章表达情感"这一阅读要素目标的落实上。在教学中,我抓住首段中统领全文的关键词"不可估量",引导学生反复探究研读。通过让学生对"园内布局宏伟""建筑造型奇特""文物收藏珍贵"三个方面进行深入探究,适时结合图片材料、视频材料、文字材料、数据材料等,使学生加深对课文内容的理解,从而体会文章表达的情感。在研读品悟课文的过程中,我注重对学生朗读的训练,为学生创设情景,以读代讲,引导学生在读中感悟和体会,充分体现了"自读发现——选读探究——品读感悟"的教学模式。新课标指出"阅读教学是学生、教师、文本之间对话的过程。阅读是学生的个性化行为,不应以教师的分析来代替学生的阅读实践。应让学生在主动积极的思维和情感活动中,加深理解和体验,有所感悟和思考,受到情感熏陶,获得思想启迪,享受审美乐趣"。

　　回顾本课的教学过程,我发现了一些不足之处:1.教学中对英法联军毁灭圆明园的段落处理不够细致,缺少有感情的朗读的指导,仅仅借助视频资料让学生去体会,脱离了文本,对学生情感升华的情境创设有些仓促。2.在学生查找、整理资料方面缺少指导,教学中更多使用的是教师查找和整理的资料。今后在教学中我将继续钻研和探究,将学生查找、整理资料的方法渗透在课堂教学中。

《从军行》教学设计

教材分析

本篇课文是统编小学语文教材五年级下册第四单元的首篇精读课文,本单元的人文主题是"责任",本课编排了三首古诗,展现了不同时代诗人的家国情怀,字里行间流露出一片赤子之心。王昌龄的《从军行》通过对边塞战场的描写,表现了戍边将士的崇高精神。诗的前两句描绘了边塞的辽阔景象,通过对青海、长云、雪山、孤城、玉门关等景物的描写,勾勒出戍边将士战斗、生活的环境;开阔、萧索的景色描写,也从侧面反映出将士戍边生活的孤寂和艰苦。诗的后两句以戍边将士的口吻,抒发了他们的豪情壮志。

学情分析

学生在四年级时已经掌握了"通过人物的动作、语言、神态体会人物心情,感受人物品质"的阅读方法,为落实本单元的语文要素打下了一定的基础。大部分学生能够读准字音,通过注释、插图初步理解诗歌的大意,但对"青海""雪山""孤城""玉门关"这几个词语了解得不多。课前可布置学生搜集相关资料,为学习本课做铺垫。

设计理念

在本节课的学习中,学生可通过借助注释、查找资料、结合插图等方法自主理解诗句含义;再抓住"百战""终不还"等词语,以边读边想象画面、有感情地朗读等多种形式的读来体会戍边将士的艰辛、内心情感以及诗人所表达的思想感情。

教学目标

知识与能力:读准字音,读通句子,能理解"百战"等词语的含义;能有感情地朗读诗文,背诵默写诗文。

过程与方法:借助注释、插图等,发挥想象,走进诗境,通过朗读理解诗文内容。

情感、态度与价值观:能了解戍边将士的艰苦生活,体会诗人对戍边将士不畏艰苦、不怕牺牲的崇高精神的歌颂和赞美。

刘畅,沈抚新城实验学校教师,获得抚顺市第十一届职工技能大赛教育赛区中小学教师教学技能竞赛"教学明星"。

教学重点

感受边塞诗的意境,理解诗文含义,体会戍边将士不怕牺牲的精神。

教学难点

引导学生注意对边疆环境和戍边将士的描写,想象画面,体会戍边将士的内心情感。

教法学法

教法:以读代讲法、创设情境法等。

学法:借助注释、插图,边读边想象画面等。

教学媒体

演示文稿。

教学过程

读首页、懂目标(2分钟)

通过单元页,学生整体感知本单元的人文主题与语文要素。

【设计意图】学生通过单元页的提示,整体感知单元人文主题和语文要素。有目的地展开新单元的学习。

知诗人、解诗题(2分钟)

1.通过人文主题导入课题。教师提问:你还知道哪些像林则徐这样具有民族责任感的诗人呢?

2.学生回顾以往积累的相关知识并汇报。当学生汇报到王昌龄的《出塞》等相关诗句时,顺势导入新课,揭示课题。(板书:从军行)

3.引导学生结合注释和课前查找的资料理解诗题含义。(板书:边塞诗)

【设计意图】引导学生回忆所学,了解诗人的相关信息,为后面体会诗人表达的情感做铺垫。

读诗句、明诗意(20分钟)

★读诗句

1.请同学们自由朗读古诗,注意读准字音,读通句子。提示平翘舌发音和多音字"还"的读法。

2.(出示带有节奏线的古诗)请学生借助节奏线读古诗。引导学生注意本诗韵脚,读出韵律。

【设计意图】本诗没有生字,但仍需提示学生读准字音。在读准字音的基础上,初步指导朗读古诗的方法。

★明诗意

1.请同学们默读古诗,边读边圈画、批注,并思考能借助注释和插图读懂哪些内容。

2.学生围绕诗中描写的景物汇报自己的阅读收获。说出自己是怎样读明白的。教师随机指导学习方法。

(1)青海长云暗雪山

①抓住"青海""长云""雪山"三个景物,引导学生理解诗句含义。(板书:青海、长云、雪山)

②借助插图,引导学生感受雪山绵亘蜿蜒,层层浓云笼罩在山头,雪山变得暗淡无光的画面。(板书:借助插图)

③引导学生一边想象画面,一边朗读诗句。

【设计意图】抓住重点词语理解课文主要内容。培养借助插图、边读边想象画面的阅读能力是小学中高年级的训练重点,应贯穿学生的每次阅读实践活动。

(2)孤城遥望玉门关

①出示玉门关图片,引导学生补充关于玉门关的资料,加深学生对诗句的理解。学生初步感受边塞的萧索、戍边将士的辛苦,了解边塞诗的特点。

②拓展介绍带有"玉门关"的诗句。引导学生感受边塞诗的特点。(板书:孤城、玉门关)

③教师提问:读到这句话时,你的眼前会浮现怎样的画面呢?

④指导朗读。

⑤教师小结。

【设计意图】结合"古诗意象"研究、"群文阅读"理念,引导学生理解诗句含义,感知边塞环境。

(3)黄沙百战穿金甲

①引导学生继续汇报自己在诗中读懂的内容,进一步理解诗句的意思。

②抓住"百战""穿"等词语,创设情境,引导学生想象画面,体会将士戍边时间的漫长及战斗的频繁、激烈。

③指导朗读。

(4)不破楼兰终不还

①教师提问:你猜想这句话是谁说的呢?(这是戍边将士的豪壮誓言)

②教师追问:你能根据将士的这句话,来揣摩一下他们内心的想法吗?(板书:百战、终不还)

③教师小结:这就是戍边将士的心声,铿锵有力,掷地有声!(引读)——黄沙百战穿金甲,不破楼兰终不还。

【设计意图】引导学生抓住对将士的语言描写,落实本单元语文要素。

入诗境、悟诗情(12分钟)

1.让我们一起走进边塞,脚踏黄沙,带着饱满的情绪再来读一读这首诗吧。(播放音乐)(板书:不畏艰苦、不怕牺牲)

2.教师小结,升华感情。教师提问:像戍边将士一样具有民族责任感的人还有很多,你想用"不破楼兰终不还"来赞美谁呢?

(预设:在这次疫情中逆行的白衣天使们,在冰天雪地中执勤的武警官兵们,加班加点赶制口罩、防护服、消毒液的车间工人们……)

【设计意图】创设情境,引导学生通过有感情地朗读,感受作者通过这首诗歌颂和赞美的戍边将士不怕牺牲的精神。联系生活实际体会诗句含义,体会单元的人文主题——责任。

会诵写、巧积累(4分钟)

1.引导学生根据诗句含义,背诵课文,并尝试默写。

2.总结学习方法,推荐阅读其他六首《从军行》。

3.布置作业。

作业设计

必做作业:背诵并默写《从军行》。

选做作业:用本节课学到的学习方法,阅读另外几首从军行。

【设计意图】尊重学生的个体差异,学生在选择作业时,可以根据自己的能力自主选择选做类作业。

板书设计

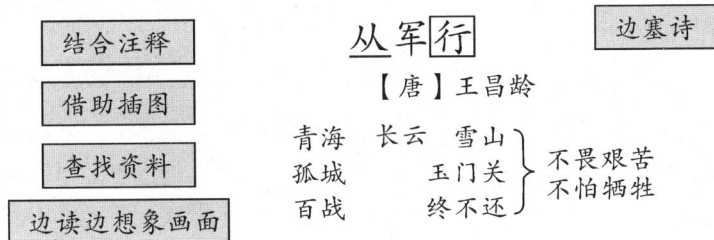

教学反思

《从军行》这首诗短短 28 个字,却让我们领略了绵延千里的边塞风光;感受到了戍边将士奋勇杀敌、舍身报国的爱国精神。在执教过程中,我深刻地感受到了课堂带给我和学生们的愉悦感……

重视方法指导,促进能力提升。

本节课我侧重于引导学生按照知诗人、解诗题—读诗句、明诗意—入诗境、悟诗情—会诵写、巧积累的顺序,通过结合注释、借助插图、查找资料、边读边想象画面等方法来学习古诗。德国著名教育学家斯普朗格曾说过:"教育的最终目的不是传授已有的东西,而是要把人的创造力量诱导出来,将生命感、价值感唤醒。"在落实情感、态度与价值观目标时,我引导学生关注生活中具有民族责任感的人,让学生用"不破楼兰终不还"来赞美他们,鼓励学生在生活中运用诗句表达情感。

结合群文阅读,鼓励学生积累。

本课在教学流程中也注重学生对相关主题诗词的积累。如在导入课题时,通过引导学生回忆具有民族责任感的诗人,来鼓励学生多多积累、背诵古诗。在教学边塞诗的常见意象"玉门关"时,再次鼓励学生积累古诗,感受这类诗词的共同特点。在拓展环节和布置的作业中,推荐学生阅读边塞诗。将潜移默化的鼓励植入每节课的教学中,能更好地培养学生学习古诗的兴趣。

体现课标思想,强化语文要素。

本课虽然是古诗,但我仍不忘落实本单元的语文要素:抓住人物的动作、语言、神态描写来体会人物的内心世界。我紧紧抓住"不破楼兰终不还"这句话,引导学生通过抓住人物的语言,揣摩将士内心的想法。本环节安排在学生充分理解古诗含义之后,有助于突破教学的难点。

《伯牙鼓琴》教学设计

教材分析

本课选自统编小学语文教材六年级上册第七单元。《伯牙鼓琴》是一篇文言文,讲述了千古流传的伯牙、锺子期"高山流水遇知音"的故事。文章虽篇幅短小,但故事性强,语言简洁易懂。学习这篇文章的目的有三:一是积累丰富的文言知识;二是体会伯牙、子期的真挚情谊;三是通过聆听,感受音乐的无穷魅力。

学情分析

六年级学生已初步掌握了反复朗读、结合课文注释、查询工具书等学习文言文的方法。这篇文章篇幅短小,语言简洁易懂,学生学习起来较为轻松。六年级学生正处在树立正确友情观的关键时期,理解"知音"一词,有助于学生正确对待友情;文中包含的更深层次的人文内涵则以感悟熏陶为主,不作过高要求。

教学目标

知识与能力:积累文中重点文言字词,反复朗读课文,培养文言文朗读语感。

过程与方法:借助课文注释和工具书自主疏通文义;通过诵读法、自主合作探究法体现学生的课堂主体性。

情感、态度与价值观:通过学习感受到伯牙与子期之间的真挚情谊,明白"知音"的含义,树立正确友情观。

教学重点

学生借助课文注释和工具书,通过自主探究和小组合作疏通文义,掌握整个故事情节。

教学难点

品味语言,明确"知音"的真正内涵,感悟传统文化的魅力。

教法学法

教法:创设情境法、启发引导法等。

学法:诵读法、自主合作探究法等。

教学媒体

多媒体课件等。

李玲,抚顺市新抚区民主小学教师,获得抚顺市第十一届职工技能大赛教育赛区中小学教师教学技能竞赛"抚顺市技术明星"。

教学过程

音乐导入，巧妙激趣

1.播放《高山流水》古琴曲,走近蕴含着动人故事的《伯牙鼓琴》,教师板书。

2.教师:文言文是我国传统文化的宝贵遗产,言简意赅,记录了我国悠久的历史、灿烂的文化,不少文言文还揭示了深刻的道理。《伯牙鼓琴》就是一篇震撼人心、发人深省的文言文。

【设计意图】通过乐曲激发学生的学习兴趣。学生在美妙的音乐中产生了解这个动人故事的兴趣。

初读课文，整体感知

1.读准确。

(1)读课文,要求学生读准字音,可以参照书上的注音来读。

(2)检查初读情况。

课件出示:"少选""汤汤乎""锺子期曰:'善哉乎鼓琴,巍巍乎若太山。'""锺子期死,伯牙破琴绝弦,终身不复鼓琴,以为世无足复为鼓琴者"。

教师明确:注释不仅可以帮助我们理解意思,也可以成为矫正读音的依据。

2.读出节奏。

(1)文言文读起来比较拗口,但只要注意停顿,就能读出文言文的节奏和韵味。教师范读。

学生活动:仔细听教师读,注意教师是如何停顿的,边听边画出停顿记号。

(2)指导学生进行各种形式的读。

学生活动:自读练习,注意读准字音,读通句子。(指名读—男生读—女生读—齐读)

(3)师生合作读。

【设计意图】朗读是初解文意的基础。教师通过示范指导、自由读、分男女生读、师生合作读等形式,层层推进,扎实训练,不仅让学生学会流畅地读文言文,还能让学生感悟文中每一句话中前后一一对应的特点,也为下面理解文言文做铺垫。

精读课文，品悟文意

1.教师:我们在朗读中已经渐渐走近了文言文,此刻我们开启学习文言文的第二步——理解。思考一下,读懂文言文有哪些方法?

学生活动:查工具书,如《古汉语词典》;借助注释来理解;多读,联系上下文理解;结合插图理解;小组讨论,请教同学。

2.小组合作,了解文言文的大意。

3.教师:考考你,敢试试吗?

挑战一:你能解释这个句子吗?

挑战二:你脑海里出现了哪两幅画面?

挑战三:从画面中,你感受到了伯牙和子期怎样的情感?

4.画面一

教师:走进第一个画面,读一读,你读懂了谁?

(1)教师提问:读懂伯牙,是从哪读懂的?(解释句意)

(2)教师提问:读懂伯牙,要读懂一个关键字,能看出来是哪个关键字吗?"志"是什么意思?

(3)教师提问:你知道伯牙是怎样弹出《高山流水》的吗? 弹得绝妙,因为音韵中有什么?(学生答"志")

(4)教师提问:此刻,伴着《高山流水》的韵律,你仿佛看到了怎样的伯牙?

(5)教师提问:读懂子期,是从哪读懂的?(锺子期曰:"善哉乎鼓琴,巍巍乎若太山。"锺子期又曰:"善哉乎鼓琴,汤汤乎若流水。")

(6)教师提问:伯牙鼓琴,一定赢得过许多赞美,通过别人的赞美和锺子期对伯牙的赞美,你读出了什么?

学生活动:锺子期精通音律,知其音,更知其志。

(7)教师提问:如果你是子期,伯牙鼓琴志在高山时,你仿佛看到了什么? 哪个字表现出了高山的特点? 读出这种画面来。

教师明确:不愧是顶立于天地间的泰山,巍巍两个字表现出了这么多内容,文言文真是用字凝练,意蕴丰富。指导书写"巍"字。

(8)教师提问:下面的句子你打算怎样读?(指名读)

教师提问:"汤汤"两个字好像让我们看到了宽广的长江、黄河,提到长江、黄河,你的脑海里会跳出哪些词语或句子? 就是这样的流水,读!

(9)男女生合作读。

【设计意图】引导学生开展各种形式的读,让学生深入文本,感受文意,为学生深入读书打开了一扇大门。学生能够熟读成诵,很好地达成阅读文言文的一个基本目标,最后通过吟诵不断加深对文言文的印象,感受吟诵文言文的魅力,同时受到美的熏陶。

迁移练习,理解知音

1.教师:伯牙的琴声不仅仅表现了高山与流水,还可能是"徐徐清风",此时应该说……如果是……,应该说……

学生活动:仿照文言文,练习仿说"徐徐乎若清风""皎皎乎若明月""皑皑乎若白雪"……

2.教师提问:这对心灵相通的朋友,相见恨晚。如果你是伯牙,此刻你的内心是怎样的?

教师:从此伯牙、子期就成了知己的代表,而高山流水成了知己的象征。(板书:高山流水会知音)

3.画面二

(1)教师:如果说,前一幅画面充满喜悦之情,那后面的这幅画面就充满了悲伤。传说……

(2)学生读:锺子期死,伯牙破琴绝弦,终身不复鼓琴,以为世无足复为鼓琴者。

(3)教师:摔碎瑶琴凤尾寒,子期不在对谁弹?让我们带着伯牙深深的伤痛和悲怆再齐读这句话。(板书:破琴绝弦不复鼓)

(4)资料袋:因为这个传说,人们把真正了解自己的人叫作"知己",用"高山流水"比喻知音难觅或乐曲高妙。

学生活动:齐读、男生读、女生读、齐读。集体背诵。

【设计意图】在前后两个画面的对比之下,引入故事的前因,帮助学生体会遇到知音的不易,进而感受失去知音的痛苦。

拓展延伸,布置作业

教师提问:一位是琴仙、一位是樵夫。是什么原因让两位身份不同、地位悬殊的人成了知音?又是什么原因让伯牙毅然决然地破琴绝弦,终身不复鼓琴呢?

教师明确:是古琴的魅力,是音乐的魅力,这就是艺术的魅力。(板书:艺术的魅力)

教师:课下继续阅读其他关于知音的传说、文章。有能力的同学可以找相应的文言文读一读。

作业设计

1.背诵《伯牙鼓琴》。

2.讲述《伯牙鼓琴》的故事给家人听。

3.阅读关于知音的文言文传说、文章。

板书设计

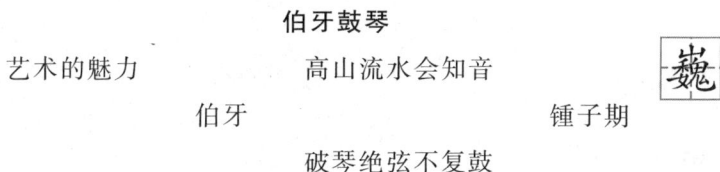

伯牙鼓琴

艺术的魅力　　　　　　　高山流水会知音

　　伯牙　　　　　　　　　　钟子期

破琴绝弦不复鼓

教学反思

《伯牙鼓琴》是小学六年级的一篇文言文。故事感人至深,短短几句话讲述了一个千古流传、感人肺腑的故事。我把教学重点放在对文言文语感的初步感知和对故事本身的体味上,通过诵读、体验、对话、联想等方式,聆听这声跨越时空的叹息,见证这种识其音更知其志的相遇,向往这份美好……

在诵读中感受语言美

"读"在文言文教学中尤为重要。在教学过程中,我采用"初读—理解—有感情朗读—感悟—个性朗读"的方式,引导学生读出文章中称赞的语气,读出文章中伯牙寂寞、孤独、心灰意冷的心情。通过多种形式反复朗读,让学生感受文言文的结构特点,感知文言文的韵律之美。

在想象中体验意境美

在文言文的教学中,我能够精心创设情境,激发学生的想象力。如上课伊始,播放《高山流水》古琴曲,让学生在悠远的古曲中想象、在好奇中走进蕴含着动人故事的《伯牙鼓琴》。"我们知道伯牙是当时楚国有名的音乐家,那作为一个有名的音乐家,他的琴声一定不只表现高山流水,除了巍巍高山,汤汤流水,伯牙的琴声还可能表现出哪些动人的场景呢?"在学生充分想象的基础上,再对"皎皎明月,依依杨柳,萋萋芳草,袅袅炊烟……"这样的场景进行句式练习,有效地调动学生感受文言文的结构之美,又步步深入,准确地演绎文本中丰富的信息。

在品析中领略人格美

"文以载道",文言文是古人思想的体现。教学中引导学生深入探讨文言文中蕴含的丰富哲理和人格之美。《伯牙鼓琴》用墨极简,画面感很强,喻示的正是一种真知己的境界,学生从文中可以体会朋友间相互理解、相互欣赏的纯真友情,感受艺术的美好。

《铺满金色巴掌的水泥道》教学设计

教材分析

　　本课选自统编小学语文教材三年级上册第二单元。《铺满金色巴掌的水泥道》讲述了一夜秋风秋雨后，天开始放晴，一片片梧桐叶撒在水泥道上，为水泥道增添了美景，字里行间流露着对美的发现，表达着美的情感。课文以儿童的视角观察身边的景物，发现平常生活之美，并展开丰富的想象，平凡之中透着美丽，朴素之中尽显诗意，为儿童发现生活中的美打开了一个全新的视角。

学情分析

　　三年级的学生已经具备了品悟语言文字的基础，他们与生俱来的对大自然的好奇心和探索欲望也易激发起他们对本文的兴趣。但受年龄的制约，根据具体的语境理解词句内容的能力还有待提高。因此，教师应引导学生深入理解、体会和感悟课文。

设计理念

　　《小学语文课程标准》中提出：学生能主动进行探究性学习，在实践中学习、运用语文，具有独立阅读的能力，学会运用多种阅读方法，注重情感体验。因此，在本课第二课时的设计上，注重学生对课文的文本内容理解，更加强了对学生探究性学习方法的指导与点拨，加强了学生的情感体验与升华，使得本课的感知—体验—感悟—融合—升华，浑然一体。

教学目标

　　知识与能力：会写"排列""规则"等词语，能运用多种方法理解"凌乱"等难懂的词语，并与同学交流理解的方法。

　　过程与方法：理解课文内容，通过揣摩语言来感受文章的语言美；通过诵读体会作者对大自然的喜爱之情。

　　情感、态度与价值观：在品读语言文字的过程中，产生热爱大自然的情感。

教学重点

　　通过对课文内容的理解，增强学生对大自然的热爱之情，从而体验大自然给人们生活带来的快乐；增强观察自然、了解自然的意识。

姚双，清原满族自治县实验小学教师，获得抚顺市第十一届职工技能大赛教育赛区中小学教师教学技能竞赛"教学明星"。

教学难点

1.学会抓住重点词句揣摩语言的读书方法。

2.学习观察事物,养成认真观察的好习惯。

教法学法

自主品味、合作研读、共同探究。

教学媒体

多媒体课件。

教学过程

妙语怡人　秋韵亦浓

导语:秋,明丽爽朗,秋雨过后,斑驳的梧桐树干醒目又生动,一层层手掌般的叶片投下的阴影浓密又清凉。文学家张秋生笔下的梧桐树让院墙外的水泥道散发着特殊的魅力。

学生活动:静听导语,入情入境。

【设计意图】引导学生运用已有的知识与方法,激发自主学习和探究的欲望。

梧叶有约　秋词亦俏

1.认识词语

教师:看,这些金色小巴掌飘落下来了,你能读好它们吗?自己读一读吧。通过上节课的学习,你想跟大家分享哪个词?(评价机制:奖励梧桐树叶)

2.借助词语,感知内容

教师:小巴掌又飘到句子中来了,读一读,并说说你有什么发现。(出示多媒体课件)

3.自由读文,标记美句

教师:想一想,说一说你从哪感受到这铺满金色巴掌的水泥道很美。把觉得美的地方做上标记。

学生活动:大声读词、自由分享、师生评议、感知、发现、交流、边读边标记。

【设计意图】鼓励学生用多种方法理解词语,在理解的基础上想象画面,读好句子。同时通过回顾上节课理解词语的方法:找近义词、结合生活经验、联系上下文等为本节课学习做铺垫。

对比品文　秋句亦美

1.默读第5~8自然段,理解词语,边想象边朗读。

(1)引导学生回顾第6~8自然段描写的画面。结合学生的交流,引导学生围绕"闪闪发光"等词语想象水泥道的美景。

（2）教师提问:作者把水泥道上铺满的落叶比作彩色的地毯,你发现它们有什么共同之处了吗?

（3）这几段中有两个比较难懂的词语,一个是"熨贴",一个是"凌乱"。指导学生运用上节课理解"明朗"的方法,如联系上下文、结合生活经验等理解词语的意思。

（4）教师提问:你觉得凌乱的梧桐树叶美吗? 为什么?

2.随文指导书写

理解"凌乱"这个词语时,提问什么是凌乱,学生通过查字典以及联系上下文的方法理解词语。顺势指导书写"乱"字,反馈时指向书写和格式是否正确,做到学评一致。

教师点拨引导。(用多媒体课件出示实景,凌乱的房间、凌乱的书包、凌乱的树叶,引导学生体会,凌乱的梧桐树叶呈现出的是一种自然之美)

学生活动:学生朗读,重点理解品读"闪闪发光""熨帖""凌乱"等词语,感受大自然的鬼斧神工。

【设计意图】本单元的语文要素是"运用多种方法理解难懂的词语",而本课侧重引导学生运用联系上下文、结合生活经验等方法理解词语。在品读第6～8自然段时通过对重点词语的理解体会文本所蕴含的情感,将学生巧妙地引入情境,移景入情。

移景入情　秋情亦醉

教师活动:

1.此情此景,如果你就走在这条水泥道上,你想做些什么呢?

2.文章开头提到的内容,在结尾处又写到了,这种写法的好处是什么呢?

3.最后一段中作者提到了:第一回觉得,门前的水泥道真美啊! 为什么回回走,年年有落叶的水泥道他第一回觉得美呢?

4.作者张秋生有一双善于发现美的眼睛,他的生活中处处是美景,阅读课后的"阅读链接",感受生动细致的描写。

学生活动:自由回答,体会写法,在迁移阅读中提高阅读能力。

【设计意图】以任务为驱动,引导学生在自主思考、互动交流中感受蕴含在语言文字中的美。促进学生在课文学习中情感的升华。

作业设计

1.课下请读一读《"啄木鸟"小队》《燃烧吧,篝火》等文章。

2.生活中的美无处不在,你有没有留心过上学、放学路上的美景呢? 试着把美景写下来。

【设计意图】作业设计凸显层次、梯度。从类文的比较阅读到境由心生、以笔传情的"小练笔",给学生铺设学习的台阶:一是解决写什么的问题,通过互动交流及教师点拨,拓宽学生的思路;二是解决怎样写的问题,将阅读迁移,为学生"怎样写"提供了帮助。

板书设计

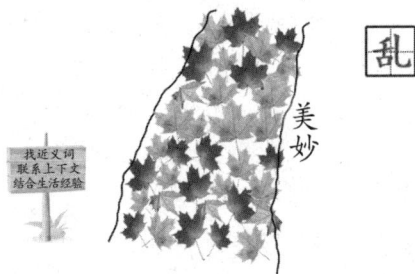

5 铺满金色巴掌的水泥道

乱

美妙

找近义词
联系上下文
结合生活经验

教学反思

这是一篇优美的散文,讲述了一夜秋风、秋雨过后,"我"在上学路上看到的风景。这篇课文最大的特点就是语言优美生动。为此,在本课的教学中,我把朗读、理解、运用紧密结合起来,让文本牵着学生寻找美、发现美、感受美。

美在文中

在整体把握文意的基础上,引导学生通过朗读想象画面,感受"我"所观察到的别样的秋景;然后借助"明朗""熨帖""凌乱"等词语带动段落的阅读,引导学生运用联系上下文、结合生活经验、找近义词等多种方法理解词语的意思。练习朗读技巧,积累语言,并通过交流提炼出理解词语的多种方法。

美在笔下

"对比品文 秋句亦美"这一环节为本课教学重点,让学生在比较、想象中感受文中把水泥道比作地毯、把梧桐叶比作小巴掌以及把小雨靴比作小鸟等比喻的好处,使学生发现日常生活之美。通过文本语言的反复对比,既感受到作者对梧桐叶生动形象的描写,又从中受到潜移默化的感染,从而不断习得表达技巧。

美在心里

我将课后的"阅读链接"与"小练笔"进行了整合教学,引导学生学习课文及"阅读链接"的表达方法,用几句话写写自己上学、放学路上的美景,进而培养学生善于发现美的能力,感受到生活中处处皆是美景。

课堂教学永远是一门遗憾的艺术,虽然课前对环节设计,重难点的把握都做了细致的推敲,但是在实际课堂教学中仍存在一些不足:本文描写生动、画面感强,应该引导学生在理解的基础上加强朗读,并运用多种方式读,引导学生感悟秋景之美;学生品读第6~8自然段的时间还是不够充分,所以学生对于"我"的心情变化品悟不到位;除此之外,本节课最后环节安排了"小练笔",让学生结合自己的观察写自己上学、放学路上的美景,对学生来说过难,应该让学生借助在实践活动中积累的素材,相互交流,打开思路后再写下来。

课程改革背景下的 创新教学设计

《鸡兔同笼》教学设计

教材分析

    本课是人教版小学数学教材四年级下册第 9 单元内容。"鸡兔同笼"问题是我国民间广为流传的数学趣题,最早出现在《孙子算经》中。教材在"数学广角"中安排这一问题,一方面可以通过生动有趣的古代数学问题使学生感受我国古代数学文化;另一方面使学生在解决问题的过程中了解解决问题的不同方法和策略。"鸡兔同笼"的原题数据比较大,不利于首次接触该类问题的学生进行探究,因此教材先编排例 1,通过化繁为简的思想引导学生先探索出解决该类问题的一般方法,然后再解决《孙子算经》中数据比较大的原题。在例 1 中,教材重点展示了列表法、假设法,有利于培养学生的逻辑推理能力。配合"鸡兔同笼"问题,教材在"做一做"和练习中安排了同类习题,让学生进一步体会这类问题在日常生活中的广泛存在,并巩固对列表法、假设法等解题策略的掌握。

学情分析

    "鸡兔同笼"问题对于四年级的学生来说,还是比较难理解的,四年级的学生虽然已经具备了应用逐一尝试法、列表法解决问题的基本能力,接触过多种解题策略,掌握了一些基本的解决数学问题的方法,具备一定的归纳、猜想能力,但是在数学的应用意识与应用能力方面还需进一步培养,所以教师应给学生充分的时间去探究、讨论,不强求一定要用某一种方法解题。

教学目标

    知识与能力:通过学习使学生初步认识"鸡兔同笼"的数学趣题,能通过观察、思考、操作等多种手段,探究、理解并掌握一种或一种以上解决"鸡兔同笼"问题的方法。

    过程与方法:通过自主探索、合作交流,学生经历运用列表法、假设法等多种方法解决"鸡兔同笼"问题的全过程,体会解题策略的多样性,渗透化繁为简的思想。

    情感、态度与价值观:使学生感受古代数学问题的趣味性和中国古代数学的先进性,增强文化自信,激发学生学习数学的兴趣。

吴艳玲,抚顺市新抚区民主小学教师,获得抚顺市第十一届职工技能大赛教育赛区中小学教师教学技能竞赛"教学状元"、辽宁省中小学青年教师教学竞赛小学组第二名。

教学重点

探究用不同的方法解决"鸡兔同笼"问题,并体会用假设法解决此类问题的优越性。

教学难点

理解、掌握运用列表法、假设法解决"鸡兔同笼"问题。

教学准备

多媒体课件、探究题卡。

教学过程

情境导入

教师:今天老师给大家带来一道在我国流传了 1500 多年,最早记载于数学名著《孙子算经》中的趣味数学题——"鸡兔同笼"。(课件出示教材中图)

【设计意图】使学生了解题目的来历,感受我国数学历史的悠久,激发学习兴趣。

自主探究

★初步了解题意。

1.阅读理解。

翻译成现代汉语:笼子里有若干只鸡和兔。从上面数,有 35 个头,从下面数,有 94 只脚。鸡和兔各有几只?

2.教师:猜一猜鸡和兔各有多少只?猜不出来,怎么办?

预设:学生猜测并验证。发现数据太大,不好猜。

教师:如果是 2 个头,6 只脚,有人能猜到吗?3 个头,8 只脚呢?说说你是怎样想的。

预设:学生能快速猜出答案并验证。

教师:看来化繁为简的确是我们解决复杂问题的好方法。那么,我们就把数据调小后研究解题思路。

【设计意图】猜想是多数学生之前解决这类问题最常用的方法,教师不应回避,要恰当运用,在学生亲身体验到数据大,不好猜时,顺势渗透化繁为简的数学思想。通过启发学生验证,强化了解题目中隐藏的条件:鸡有 2 只脚,兔有 4 只脚。为学习用假设法中求"小差"奠定基础。

★探究例 1。

教师:现在共有 8 个头,26 只脚,鸡和兔各几只,同学们还能很快猜出来吗?想一想,除了猜测还可以怎样解决呢?可以借助画图、列表等方法尝试找到答案。先独立思考,再小组交流,看看大家都是怎样研究的。

组织学生汇报探究结果。

1.画图法。

学生展示探究过程,呈现解题结果。

【设计意图】先展示画图法,是因为这种方法形象直观,便于学生理解。单纯用图示法,本身也是一种假设,但过程太慢,要引导学生化繁为简,用简单的图形表示复杂的含义,从而进一步巩固化繁为简的思想。

2.列表法。

教师:哪位同学看懂了这名同学的解题思路?你认为接下来他会怎么做?

预设:假设全是鸡,脚的数量少了,要增加脚,就要逐渐增加兔的数量,减少鸡的数量。

师生合作完成表格,呈现解题结果。

【设计意图】当汇报的学生填出两列表格之后,启发学生们理解列表格的意图,通过调整,逐步找到正确答案,同时使学生体会到列表法的优势是不重复、不遗漏。

教师:观察表格,你发现什么规律了吗?为什么每次调整都是两只脚的变化呢?

教师:刚才我们是一只鸡换成一只兔逐次调整的,发现这个规律后,你们想到快速调整的方法了吗?

预设:尝试用跨越的方法填表。

教师小结:列出表格后能清楚展示其中规律,发现了规律,我们就可以更快速地调整出答案了。

【设计意图】学生已经不是第一次使用列表法了,但表格中体现的规律对于用假设法解题是有铺垫作用的,需要学生深入理解。引导学生发现规律后及时加以应用,再列表时也可以不从头试起,熟悉数量关系后可以跨越式调整数据,逐步使学生体会到优化的数学思想。

3.假设法。

请用假设法的同学汇报解题过程。

预设:借助画图或列表提炼出用假设法计算解题的方法,整理出算式。

4.引导学生发现三种解题方法之间的内在联系。

教师:以上三种方法之间有联系吗?

教师小结:原来,假设法的每一步算式都能在表格中找到依据,看来不同方法间也是有关联的。

【设计意图】引导学生借助直观的图例和表格,从中总结出算数的方法,从而解决问题,并渗透数形结合的思想。

5.及时应用,加深理解。

教师:除了假设全是鸡,还可以怎样假设?请你用自己喜欢的方法快速找到答案。

【设计意图】引导学生用假设法解决问题,在运用中加深对该方法的理解。

★解决"鸡兔同笼"原题。

教师:回到1500多年前的原题。你想用什么方法解题?先独立解答,再交流方法及过程。

【设计意图】通过比较不同方法的特点,引导学生用假设法解决问题,并在运用中加深对假设法的理解,在逐次实践运用中渗透模型思想,体验假设法在解决数据较大的推理问题中的优越性。

巩固练习

1.对比"龟鹤问题"与"鸡兔同笼"问题之间的联系。先独立完成解题,再与同学交流解题方法及过程。

【设计意图】学生通过对比,再次强化解题模型。了解日本的"龟鹤问题"起源于我国古代趣题,增强学生的文化自信。

2.解决"男女生植树问题"。让学生说说自己是怎样想的。

3.根据学生解答练习题的表现及时进行学习评价。

教师小结:今天我们学习的这些方法不仅可以解决"鸡兔同笼"问题,这一类的问题都可以用这些方法来解决。

4.介绍古代解题方法。

借助课件讲解《孙子算经》《算法统宗》中的"半足法""倍头法""四倍头法",启发学生如何观察对比,体会古今方法的异同。

【设计意图】使学生了解"半足法""倍头法""四倍头法",了解我国古代数学的先进性。通过学生自己的对比,再次强化假设法的解题模型,同时增强文化自信,激发民族自豪感。

全课总结

1.总结收获。

教师:通过本节课的学习,你有哪些收获?

教师小结:同学们学会了多种解决"鸡兔同笼"这个经典的数学问题的方法,

假设法是我们解决数学问题时常用的一种方法。其实解决"鸡兔同笼"问题,还有"解方程法""抬脚法"等多种方法,有待同学们继续研究。

【设计意图】及时整理知识技能收获与学习方法收获,为后面的学习积累有益的经验。

2.布置课后作业。

作业设计

★我实践

1.鸡兔同笼,共有 25 个头,72 条腿。鸡有( )只,兔有( )只。

2.自行车和三轮车共 10 辆,总共有 26 个轮子。自行车有( )辆,三轮车有( )辆。

3.植树节那天,有 12 名教师参与植树,每名男教师植树 3 棵,每名女教师植树 2 棵,一共植树 32 棵。参与植树的男教师有( )名,女教师有( )名。

★我挑战

1.张华用 10 元钱正好买了 20 分和 50 分的邮票共 35 张。这两种邮票各买了多少张?

2.某次奥林匹克数学竞赛共有 20 道题,评分标准是:每做对一题得 5 分,每做错或不做一题扣 1 分。小华参加了这次竞赛,得了 64 分,他做对了几道题?

板书设计

鸡兔同笼   化繁为简

画图法　列表法

鸡	8	7	6	5	4	3
兔	0	1	2	3	4	5
脚	16	18	20	22	24	26

假设法

假设都是鸡:

$8 \times 2 = 16$(只)

$26 - 16 = 10$(只)

$4 - 2 = 2$(只)

兔:$10 \div 2 = 5$(只)

鸡:$8 - 5 = 3$(只)

教学反思

知识与技能

运用观察、思考、操作等多种手段,帮助学生经历探究解决"鸡兔同笼"问题的全过程,学生能在课堂上正确解答例题和练习题,对"鸡兔同笼"问题的解决策略掌握情况较好,在本节课中,90%以上的学生都应该能掌握至少一种解决问题的方法,从他们发言的踊跃性及小组合作中解题方法的多样化都可以观察出来。

问题解决

学生在课堂上经历运用列表法、假设法等多种方法解决"鸡兔同笼"问题,体会解题策略的多样性。在自主探究环节中,通过学生认真倾听问题,积极参与探索、主动交流讨论,可以看出学生解决问题的能力有所提高,解答方法符合题目特点和学习水平。通过学习,学生愿意将"鸡兔同笼"问题作为典型问题和典型方法收集在自己的成长袋中来证明学生基本达到此目标。

情感态度

课堂上学生通过感受古代数学问题的趣味性,激发了民族自豪感。通过体会"鸡兔同笼"问题在生活中的广泛应用,学生学习数学的兴趣被激发。在课堂教学的全过程中,学生的学习状态说明了情感、态度目标的达成情况,尤其是总结环节,他们会在问题解决的汇报中流露出成功的喜悦,感受到数学知识的价值和数学学习的乐趣,教师运用语言对学生进行引导,助推情感、态度的发展达到高潮。

本课在教学时间的控制上还略显紧张,一些环节的处理还应从主次有别的角度更好地进行设计。如学生的困难在于如何应用列表法进行逐一举例,以及通过表格发现"鸡兔同笼"问题中所蕴含的规律,将解题模型归纳出来,而非合作探究出"跳跃举例"和"取中举例"这两种列举方法。在教学中,应将教学重点设置为引导学生经历逐一举例的过程和对其中规律的探索上,有了这些铺垫,学习的难点就能迎刃而解了。

《百分数的意义》教学设计

教材分析

本课是人教版小学数学教材六年级上册第 6 单元内容。百分数是在学生学过整数、小数,特别是分数概念和用分数解决实际问题的基础上进行教学的。认识百分数是小学生对"数"的概念的又一次扩展。教材引导学生结合实例解释每一个百分数的具体含义,进而概括出百分数的意义。这些知识是学生进一步学习百分数与分数、小数的互化和用百分数知识解决问题的重要基础。在理解百分数的意义中,重点感知百分数的重要性和应用的广泛性。

学情分析

通过调查,大部分学生在日常生活中都直接或间接地接触过一些简单的百分数,他们已经认识了百分数,并且能够正确读、写百分数,只是对百分数的意义的理解比较模糊,极易把百分数等同于分母是 100 的一般分数。学生对"百分数与分数之间的区别"理解更是模糊。经过几年的学习,学生已经具备一定的独立思考能力、探究能力、知识迁移能力,小组合作的意识也比较强。

教学目标

知识与能力:理解百分数的意义,掌握百分数的读法、写法,感受百分数的应用价值。

过程与方法:通过交流、讨论、辨析等数学活动,体会百分数的意义。理解百分数可以表示部分与整体的关系或两个数量之间的比较关系,培养学生的抽象、归纳、比较、分析的能力,深刻理解百分数与分数的联系和区别,积累数学活动经验,进一步发展数感。

情感、态度与价值观:体会百分数在生活中的应用价值,渗透环保意识。体会我国经济与社会的快速发展,激发民族自豪感。

教学重点

理解百分数的意义。

教学难点

在具体的情境中理解百分数的实际含义,掌握百分数与分数的区别。

常颖,抚顺市顺城区大自然小学教师,获得抚顺市第十一届职工技能大赛教育赛区中小学教师教学技能竞赛"教学明星"。

教学准备

课前收集百分数的相关资料,多媒体课件。

教学过程

创设情境,初步感知

1.联系生活,引出百分数。

(课件出示:两件大衣成分表)

教师提问:购物时,应选择哪件大衣呢?

【设计意图】从最常见的衣服标签信息入手,创设"帮老师选一选"的问题情境,引入百分数的教学,使学生经历从关注外表(颜色、款式)到关注内在(成分:表示羊毛含量的百分数),自然而然地建立了学生的生活经验与教学内容之间的联系。

2.明确研究内容,揭示课题。

(1)课题:百分数。

(2)交流课前收集到的百分数的信息。

(3)教师提问:关于百分数,你想了解哪些知识?

【设计意图】从生活经验入手,引出本节课的学习重点——百分数。设计这样的引入内容,很自然、贴切;同时在教学伊始,就将百分数呈现给学生,为后面的学习交流提供便利。

深入探究,展开活动

活动一:交流百分数的读法、写法

1.以小组为单位,借助课前收集的资料,分别研究百分数的读法和写法。

2.练习、反馈学习成果。(练习单)

3.交流百分数读写中需要注意的事项,重点强调"%"的写法。

活动二:理解百分数的意义

1.借助具体情境,小组内交流自己对百分数的理解(百格图、线段图、语言描述等)。

2.全班汇报,根据学生的汇报,教师板书。

例如:衣服标签上,98%含棉量表示棉的含量占整件衣服材质的 $\frac{98}{100}$。

饮料瓶配料表中,20%橙汁表示橙汁占这瓶饮料的 $\frac{20}{100}$。

......

3.引导学生发现这些百分数的共同特点。

小结:这样的百分数都是表示部分占总体的百分之几,最多不超过100%。

【设计意图】采用"同化"的方式提取、总结概念,引导学生找出相比的量是哪两个,感受这两个量之间的关系。另一方面,该环节的设计旨在引导学生利用旧知自主探索新知,同时也为突破本节课教学难点进行了铺垫。

4.教师提问:200%表示什么含义?(课件出示:我校机器人社团中男生人数是女生人数的200%)引导学生理解200%表示男生人数是女生人数的$\frac{200}{100}$。

5.教师提问:200%还可能表示什么含义?引导学生列举生活中的其他例子。

6.教师提问:300%、260%表示什么含义?举例说明含义。

小结:这样的百分数表示两个量之间的关系。

7.结合板书,总结概括百分数的意义。

明确:百分数只表示两个量之间的关系,也叫作百分率或百分比。

【设计意图】遵循"建立表象—形成模型—得出概念"的总体教学思路,通过大量的具体实例,引导学生说说百分数表示的具体含义,而不是局限于对"百分数表示一个数是另一个数的百分之几"这一抽象概念的表述。

活动三:探究百分数与分数的联系和区别

1.引导学生根据自己的思考,汇报区别与联系。(读法、写法,是否需要约分,分子、分母等方面的异同)

2.出示改写题,深入理解二者的区别与联系。

3.小结:分数不仅表示分率还可以表示一个具体的数量,而百分数只表示分率,不能表示具体数量,所以百分数后不带单位名称。

活动四:感知百分数的应用价值

1.学生汇报生活中百分数的应用实例,感知百分数应用很广泛。

2.出示某牛奶成分含量表。(分别呈现分数形式、百分数形式)

教师提问:你喜欢哪种表达形式?为什么?

3.理解百分数具有直观、便于比较、便于对数据进行分析、做出预判等优势。

练习巩固,加深理解

1.基础练习:填一填(百分数读写题)。学生在练习单上自主完成练习,集体订正。

2.拓展提升:第1小题:选一选(选择合适的百分数填空)。学生在练习单上自主完成练习,全班汇报、交流。

第2小题:地球上的水资源,海水占了(97.3%),淡水占了(2.7%)。(课件内容:在地球上仅有的2.7%的淡水中,77.2%在冰川和雪山上,不能食用;22.4%在

土壤里,也不能食用;只有这 0.4% 的地表水,可以食用。仅有的地表水里,67.8% 的水资源已经被污染)

第 3 小题:小学生每天大约需要喝水( )千克。(强调:不能填百分数)

【设计意图】了解地球表面水资源分布情况,感受水资源的稀少,培养学生的环保意识。通过对比练习,突破了本堂课的教学难点,同时帮助学生加深对百分数意义的理解。

课堂总结,拓展延伸

1.教师:今天我们学习了百分数的知识,你是怎样学习的? 有哪些收获?

2.拓展千分数的知识。

作业设计

★基础训练

1.教材 84 页第 1 题:读出下面服装中各成分的百分数。

2.教材 84 页第 2 题:写出下面的百分数。

3.教材 84 页第 3 题:在方格纸上按下面的百分数涂出相应数量的方格。

★拓展延伸

1.阅读教材 81 页"你知道吗?"理解恩格尔系数。

2.查找我国 2021 年的恩格尔系数。

★实践应用:从百分数中看中国速度。搜集用百分数表示的与中国发展相关的数据,引导学生关注国情、增强民族自信。

板书设计

百分数的意义

百分数表示一个数是另一个数的百分之几。

98% 表示棉的含量占整件衣服材质的 $\frac{98}{100}$。

29% 表示地球上陆地面积大约占地球总面积的 $\frac{29}{100}$。

200% 表示男生人数是女生人数的 $\frac{200}{100}$。

……

教学反思

学生是学习的主体,是自身知识的建构者。通过一节课的学习,学生在课堂上不但学习了知识,提升了能力,开阔了视野,还体会了数学与生活的密切联系,并将课堂学习延伸到更为广阔的生活中去。教学过程中我主要突出了以下几点：

正视起点，感悟生活中的数学

数学来源于生活，并应用于生活。新课开始，我联系生活的具体实例（选择衣服）引出百分数的概念，导入课题。在学生汇报课前收集的生活中的百分数时，带领学生研究百分数的知识，引导学生用不同的方式理解百分数的意义，不但调动了学生的积极性，加深了学生对百分数意义的理解，而且拉近了数学与生活的距离，提高了学生应用数学解决问题的能力。

自主探索，培养合作意识

《数学课程标准》强调为学生提供充分的从事数学活动和交流的机会，获得广泛的数学活动经验。在本课中，无论探究百分数的意义，还是比较百分数与分数的联系和区别，我都给学生提供了大量的观察、操作、讨论、交流的机会，使所有学生都能在自主思考、合作交流中获得成功感，树立自信心。教学循序渐进，不仅使学生获得知识与技能，同时，学生在数学课堂中愿意合作、主动合作、善于合作、有效合作的能力也逐步增强。

联系实际，体验应用价值

学习百分数的目的就是应用百分数来解决问题。纵观本节课，涉及的素材都源于生活。无论是在进行百分数和分数的区别与联系教学时，还是在后续运用百分数解决问题过程中，学生对数据进行分析比较，既得出了正确的结论，体验了百分数在生活中便于比较的应用价值，又在解决问题的过程中，了解了我国水资源的情况，增强了环保意识。学生在学习、交流中读懂了数据背后的"故事"，突显了百分数作为统计中常用量的应用价值。

深入研究，优化作业设计

通过深入思考研究，我将收集生活中的百分数作为前置作业，既培养了学生收集信息的能力，同时也将这些信息作为研究"百分数意义"的载体；课堂上，练习单中的相应题目以交流反馈的形式呈现，对学生的学习效果进行即时反馈；课后作业的布置体现了层次性与多样性，"查找我国2021年的恩格尔系数""从百分数中看中国速度"的实践作业更是将课内学习延伸到课外，同时也更加突显了百分数在信息时代大数据统计中的作用。

《两位数乘两位数笔算乘法(不进位)》教学设计

教材分析

本课是人教版小学数学教材三年级下册第 5 单元内容。两位数乘两位数笔算乘法是在学生学习了笔算多位数乘一位数的基础上开展的教学活动,这部分知识在小学阶段"数与代数"的学习中有着举足轻重的作用。学生掌握了两位数乘两位数的计算方法,不仅可以解决与之有关的实际问题,为以后学习三位数乘两位数打下基础,而且为除数是两位数的除法和混合运算的学习做好了准备,同时也为学生解决生活中遇到的乘数是更多位数的乘法问题奠定了基础。本单元的笔算乘法内容分两个层次编排,本节课教学的内容为不进位的两位数乘两位数笔算乘法,重点教学乘的顺序及各部分积的书写位置,帮助学生理解笔算的算理,突出各部分积的实际含义。

学情分析

通过前一阶段的学习,学生已经掌握了两位数、个位是零的三位数乘一位数,两位数乘整十数、整百数的口算方法,并且能够比较熟练地进行两位数乘一位数的笔算,这为学生理解两位数乘两位数笔算乘法的算理提供了知识基础。但是三年级的学生学习数学,还需要有较多的动手操作和直观表达作为支撑。因此,教师在教学中应该借助直观手段,通过数形结合,引导学生亲历建构两位数乘两位数数学模型的过程,帮助学生理解算理,掌握算法;为学生提供数学思考、倾听、交流的机会,培养学生的数感和推理能力。通过自主、合作、探究的学习模式,引导学生从形象思维过渡到抽象思维,将新知识逐渐内化到已有的认知结构当中去。

教学目标

知识与能力:掌握两位数乘两位数(不进位)笔算乘法的计算方法,理解算理并能正确、规范地进行计算。

过程与方法:在借助点子图探索两位数乘两位数(不进位)笔算方法的过程中,培养几何直观。通过对多种算法的比较分析,体验各方法的异同,掌握解题的策略,培养分析能力和优化意识,从而提高解决问题的能力。

韩莉,抚顺市新抚区南台小学教师,获得抚顺市第十一届职工技能大赛教育赛区中小学教师教学技能竞赛"教学明星"。

情感、态度与价值观:通过积极参与对数学问题的探究活动,学会用数学的眼光观察生活、思考问题,树立学好数学的信心。通过对"铺地锦"方法的介绍,增强学生对中华传统文化的认同感和自豪感。

教学重点

理解两位数乘两位数(不进位)笔算乘法的算理。

教学难点

理解"用十位上的数去乘时,所得积的末尾数要和十位上的数对齐"。

教学准备

多媒体课件。

教学过程

复习旧知　引入新课

1.教师:同学们,学习数学离不开计算,今天这节课学习的内容依然与计算有关。

2.复习巩固两位数乘一位数和两位数乘整十数的计算方法。(用多媒体课件出示口算题)

【设计意图】创设情境,激发学生的学习兴趣。有针对性的口算练习不仅复习了旧知,而且为新知的学习打下了基础。

自主探究　学习新知

活动一:发现数学问题　培养估算意识

(1)教师出示主题图,学生从图中发现数学信息、提出数学问题并正确列出算式,清楚列式依据。(教师板书:14×12＝)

(2)教师:这个乘法算式和以往学习的乘法有什么不同?引导学生发现本节课要研究的数学问题。(教师板书课题:两位数乘两位数)

(3)教师:14×12的积大约是多少?学生通过汇报估算方法和结果,发现估算方法不唯一。

【设计意图】创设学生熟悉的生活情境,容易激发学生的学习兴趣,感受数学来源于生活。发现新知与旧知的异同,建立新旧知识间的联系。设计估算环节,目的是让学生体会估算在生活中的广泛应用,形成估算意识,提高估算能力。

活动二:采用多种方法解决数学问题

(1)教师:14×12的准确答案是多少呢?

部分学生结合以往学习经验,想到用列竖式的方法计算。

(2)教师:如果把每本书看作一个圆点,就可以得到一幅点子图。大家可以选择自己喜欢的方法,既可以列竖式计算,也可以借助手中的点子图,先分一分、圈一圈,再算一算,求出 12 套书一共有多少本(14×12 的答案)。

允许学生选择自己喜欢的方法解决问题。

(3)汇报计算结果,明确 $14 \times 12 = 168$。

①教师:哪位同学是借助点子图计算的? 说一说你的方法。(汇报借助点子图的计算方法)

预设 1:把 12 套书平均分成 3 份,先求 4 套书的本数再乘 3。

预设 2:把 12 套书分成 10 套和 2 套,分别求出 10 套和 2 套书的本数,再把积加起来。

预设 3:把 12 套书分成 7 套和 5 套,分别求出 7 套和 5 套书的本数,再把积加起来。

教师:这些方法有一个共同之处,你发现了吗? 通过观察、比较发现:它们都是把两位数乘两位数转化成了两位数乘整十数或两位数乘一位数,把新知转化为旧知,从而解决了问题。

②汇报用竖式计算的方法。请学生边板演边试着说出自己的计算方法。

【设计意图】在自主探究的过程中,既允许学生借助点子图把新知转化为旧知来解决问题,也尊重部分学生的知识经验,允许他们尝试用竖式计算,再通过对两种方法的汇报交流,为进一步探究两位数乘两位数笔算乘法的算理打下基础,同时使学生在数学学习方法上也有所收获。

活动三:借助点子图 理解笔算算理

(1)教师:用竖式计算的方法有什么道理? 你能找到和这种方法有联系的点子图吗?

引导学生发现:只有将 12 套书分成 10 套和 2 套时,才和竖式计算有联系。

(2)结合例题比较点子图和竖式计算,理解每步乘法计算的意义和对应积的含义。

(3)说明用十位上的数去乘时,积个位上的“0”起占位的作用,为了简便通常不写。

(4)结合例题,将两种方法整体对比,发现它们虽然形式不同但道理是相通的。

【设计意图】学生通过对比观察,初步发现竖式计算和点子图计算的联系,老师的追问可引导学生探究理解每一步乘法计算的意义,在明确意义的基础上,了解用十位上的数乘时,“0”省略的原因,从而真正理解“用十位上的数去乘时,所得积的末尾数要和十位上的数对齐"。

活动四:算法择优

(1)教师:刚才,大家借助点子图和竖式计算想出了这么多种方法来解决问题,你最喜欢哪一种?为什么?

引导学生发现列乘法算式的方法最为简洁,更便于计算。

(2)教师:所以,今天学习的重点就是"两位数乘两位数笔算乘法"。(教师板书,将课题补充完整)

【设计意图】采用对比的方法,引起思维的碰撞,引导学生发现采用竖式计算在解决问题时更具有普遍性,体会算法择优的重要性。

活动五:两位数乘两位数笔算方法小结

回顾笔算过程,总结算法,强调计算时需要注意的地方。(课件同步出示方法小结)

课堂训练　巩固提升

1.出示练习题,学生自主完成,全班汇报结果。

巩固难点:用十位上的数去乘时,积的末位要和十位对齐。

提示计算易错点:两个积相加的时候,满十要向前一位进"1"。

2.拓展练习:一本书有 300 页,如果每天读 22 页,2 周能读完吗?如果每天读 40 页,1 周能读完吗?

3.传统文化教育:介绍明朝《算法统宗》中记录的"铺地锦"的方法。

【设计意图】将数学学习与生活实践紧密相连,使学生体会数学的实用性。培养学生乐于阅读的好习惯,学会合理分配时间,渗透思想教育。通过对古代数学知识的介绍,培养学生对中华传统文化的认同感和自豪感,激发学生学习数学的热情,增强文化自信。

课堂总结　拓展延伸

教师:同学们,我们今天学习的是什么内容?我们是通过什么方法研究的?

作业设计

1.基础训练:(1)教材 47 页第 1 题:下图中一共有多少个鸡蛋?计算后,你有什么发现?

(2)教材 47 页第 3 题:下面的计算正确吗?把错误的改正过来。

(3)教材 47 页第 4 题。

★拓展延伸:用"铺地锦"的方法计算 21×23,然后用列竖式计算的方法验证结果是否正确。

板书设计

两位数乘两位数笔算乘法

$14 \times 12 = 168$

$$
\begin{array}{r}
1\,4 \\
\times\ 1\,2 \\
\hline
\end{array}
$$

2套书的本数 ← 2 8 …14×2的积
10套书的本数 ← 1 4 0 …14×10的积
1 6 8 （个位的"0"不写）

10套
2套

$14 \times 10 = 140$
$14 \times 2 = 28$
$140 + 28 = 168$

教学反思

"双减"政策实施后,作为一名数学教师,如何在实现课堂"提质增效"的同时,更好地落实课程标准要求,培养学生的数学思维能力、落实数学核心素养呢?在本节课的教学中,我主要从以下几个方面去做:

学生参与知识形成过程,培养几何直观

让学生经历知识的形成过程,是新课标倡导的重要理念之一。本节课在探索两位数乘两位数(不进位)笔算乘法的算理时,首先让学生尝试用已有的知识解决新的问题,可以借助点子图表示自己的计算方法;在交流展示多种解决问题方法时,学生借助点子图汇报自己的计算过程,这样的设计形成了图形与算式、方法之间的联系;最后,在理解竖式计算的算理时,学生再次借助点子图,理解笔算每一步的意义,感悟计算的道理。整节课,学生在通过数学活动逐步加深对计算方法理解的同时,还增强了数感和推理能力。

感受解决问题策略,培养算法择优意识

算法多样化是学生自主探究学习过程中的常见现象,多样的算法是学生思维的火花,教师在提倡算法多样化、鼓励学生个性化发展的同时,不能忽略了对算法择优意识的培养。本节课在组织交流 14×12 的多种算法时,学生通过对不同计算方法和点子图的归纳、分类、比较,发现了它们"把新知转化为旧知解决问题"的相同点,还比较了每一种方法的优劣:"把 12 分成 10 和 2 比较好计算""把 12 分成两个 6,两部分的数相同,只要计算一次乘法再相加就可以了,也比较好计算""并不是所有的两位数都可以平均分成两部分,还是分成整十数和一位数这种方法更好""竖式计算最简洁"……不仅使学生经历了探究解决问题策略和算法的多样化的过程,而且让学生体会了乘法算式方法的简洁,渗透了数学思想方法,培养了学生的分析能力和算法择优意识。

厘清计算环节,培养良好计算习惯

在两位数乘两位数的竖式计算中,掌握"乘的顺序和积的书写位置"等关键知识以及形成的学习方法,是学生进一步学习多位数乘法笔算的重要基础。因此,培养学生细心计算的习惯非常重要,在本节课的教学中,引导学生发现第二步乘法的积的个位上的"0"省略的原因,真正理解"用十位上的数去乘时,所得积的末位与十位对齐";训练学生能在计算过程中有效地对各环节实施自我监控,特别要关注自己易出错的环节,如做加法时容易忘记进位等。这些做法都对学生培养细心计算的好习惯,起了积极作用。

立足课堂实践,渗透传统文化教育

数学是人类文明的重要组成部分。本节课最后对"铺地锦"方法的介绍,让学生在学习数学知识的同时,也增强了对中华传统文化的认同感和自豪感。

《毫米的认识》教学设计

教材分析

  本课是人教版小学数学教材三年级上册第 3 单元内容。本节课是在认识厘米这个长度单位的基础上开展的。教材通过实际操作并借助生活中熟悉的事物帮助学生初步建立 1 毫米实际长度的直观印象。学生通过先观察、指一指、数一数直尺上的刻度,再动手量一量,用手势比一比,动口说一说生活中的实例等多种活动,进一步深化对 1 毫米实际长度的感知。学生在估测—实际测量—比较—验证的过程中强化印象,从而逐步形成空间观念。

学情分析

  学生通过上一个阶段的学习已经了解了一些有关测量的知识和方法,也有用尺子进行测量的经历,但对毫米这一长度单位没有正式接触过,只在日常生活中对毫米有粗浅的感性认识。由于学生缺乏测量物体长度的经验,生活中又很少用到毫米这个长度单位,所以对 1 毫米的长度的印象很难建立。

教学目标

  知识与能力:通过估计、测量、交流、讨论等活动,让学生体会"毫米"在实际生活中的必要性,建立 1 毫米的长度观念。知道毫米和厘米之间的关系,并能进行简单的换算。

  过程与方法:在实践活动中学会用毫米作单位进行测量,明确测量步骤和方法。

  情感、态度与价值观:感受数学与生活的紧密联系。培养合作意识以及学习数学的兴趣,体验与他人合作交流解决问题的过程。

教学重点

  能在具体的情境中估计并测量物品的长度,掌握厘米与毫米间的进率。

教学难点

  帮助学生建立 1 毫米的长度观念。

教学准备

  多媒体课件、直尺、硬卡片、1 分硬币、身份证、一张光碟,两人一把米尺。

高硕韩,沈抚新城方大实验小学教师,获得抚顺市第十一届职工技能大赛教育赛区中小学教师教学技能竞赛"教学明星"。

教学过程

复习旧知，导入课题

★回顾旧知

教师:我们已经学过了有关长度单位的知识,还记得你学过哪些长度单位吗?要准确测量物体的长度,需要用到什么工具呢? 在测量的时候,我们要注意哪些问题?

【设计意图】回顾学过的长度单位和测量方法,为学习新知识奠定基础。

★体会"毫米"产生的必要性

1.学生估测数学书的长、宽、厚各是多少,教师板书记录。

2.学生以小组为单位进行测量,用自己喜欢的方式记录测量结果。指名汇报。

3.创设情境,引出课题。

教师提出问题:数学书的宽不是整厘米数,厚不足 1 厘米,遇到这样的情况怎么办呢?

【设计意图】引导学生估测身边常用的物品,培养估测能力。学生通过测量发现数学书的宽、厚用厘米或米作单位不能准确表达,自然而然地引出新的长度单位——毫米。

合作探究，感悟新知

★认识毫米

1.教师:关于毫米,你了解多少呢?

2.教师:请同学们拿出直尺,在尺子上找一找 1 毫米。

3.教师:指一指 1 毫米。(引导学生用笔尖来指)

4.教师:数一数 1 厘米中有多少个 1 毫米。(在黑板上贴出放大的直尺,再找其他的 1 厘米数一数)

引导学生发现:每个 1 厘米中都有 10 个 1 毫米。

【设计意图】通过分享、交流,学生了解 1 毫米,利用熟悉的尺子初步认识 1 毫米。

★感知毫米

1.用手势表示 1 毫米的长度。

2.教师借助硬卡片演示,学生按照老师的指导进行操作。

3.再一次用手势表示 1 毫米的长度。

【设计意图】借助硬卡片使学生进一步感受、认识 1 毫米,建立对 1 毫米实际长度的印象。

★说一说生活中的1毫米

1.教师:想一想,在我们的生活中哪些物品的厚度大约是1毫米?

2.学生举例,教师与学生交流,并出示实物。

3.提出问题:什么情况下我们用毫米作单位?(学生先独立思考,再与小组内同学交流,小组派代表汇报交流)

4.再次用毫米测量数学书的宽和厚。

5.引导学生数数学书的宽。(先数整厘米,再数几毫米,合在一起就是数学书的宽)

【设计意图】利用多媒体课件及实物教具,进行直观演示,帮助学生建立1毫米的概念,让学生多举一些生活中的例子,使学生对毫米有更深刻的认识,同时让学生体会到数学与生活的紧密联系。通过"数一数"活动,学生对厘米和毫米之间的关系有了深入的理解。

课堂练习,巩固新知

★基础练习

1.教材22页"做一做"第1题"填一填"。学生独立完成,全班统一订正。

2.教材22页"做一做"第2题"量一量"。指名汇报,演示测量方法。

【设计意图】基础练习的第1题,帮助学生掌握在测量时如何用厘米和毫米共同表示测量结果。第2题是让学生用直尺进行测量,并写出以毫米为单位的结果,在训练测量技能的同时,巩固厘米和毫米的进率。

★变式练习

1.选择适合的长度在( )里画"√"。

黑板　　　　　　　　　长:4厘米　4毫米　4米
　　　　　　　　　　　　( )( )( )

曲别针　　　　　　　　长:3毫米　3厘米　3米
　　　　　　　　　　　　( )( )( )

2.课件出示题目:你觉得她用的哪些长度单位是不正确的?请你帮她改一改。

(以下为课件内容)

小红说:"今天早晨我起床晚了,非常着急,从2毫米长的床上蹦下来,急忙跑到卫生间,拿起 10 米长的牙刷开始刷牙,刷完牙后匆忙地吃了早饭去上学。到教室后,看到老师已经在上课了,我赶紧拿出 15 毫米长的铅笔和 8 米厚的笔记本,认真做起了笔记。"

【设计意图】变式练习的目的是考查学生对常见物品的估测能力和实际测量能力,用于巩固已建立的长度观念。第 2 题结合学生每天接触的物品,设计一些错误使用长度单位的例子,激发学生的思考兴趣,使学生准确运用长度单位。

课堂总结,拓展延伸

教师:这节课你学会了什么? 你是怎么学会的? 你还想知道些什么呢?

【设计意图】引导学生回顾整堂课的内容,进一步加深对知识点的掌握,引导学生思考学习探究的过程,注重培养学生的学习能力。

作业设计

★基础作业

1.厘米和毫米之间的简单换算。

2.画一条长 3 厘米 7 毫米的线段。

3.教材 24 页"练习五"第 5 题:先估计,再测量。对比估计和测量的结果,调整估测的方法。

★拓展作业

1.查阅网络资料,找一找还有哪些更大或者更小的长度单位。

2.查阅我国古代有关长度的计量单位。

★实践作业

1.和爸爸妈妈一起量一量家里用毫米作单位的物品,用你喜欢的方式记录下来。

2.调查抚顺市 2021 年的降水量,看看 2021 年全市平均降水量是多少? 哪个季节平均降水量最多?

板书设计

毫米的认识

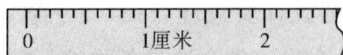

1 厘米中间的每一个小格的长度是 1 毫米

1 厘米=10 毫米

教学反思

长度单位的知识是学生身边的数学,课堂教学中充分渗透数学来源于生活的观念,激发了学生的求知欲,并通过开展大量的体验活动让学生对毫米的认识逐步加深。教学过程中我主要从以下几个方面突破重难点：

重视建立长度观念

在教学过程中，我注重用多种不同的体验活动和实物来提供支撑，帮助学生建立对 1 毫米的长度观念，在让学生用手势表示 1 毫米的长度时，注重引导学生一边用手势表示一边叙述，帮助学生在表达中不断内化对 1 毫米长度观念的理解。在说出长或厚大约是 1 毫米的实物时，让学生多举一些生活实例，并让学生看一看、捏一捏，通过多种感官进行感知。

加强对学生的指导

在教学中，为了使学生的活动更加有效，我十分关注学生的体验感。如：在让学生指一指直尺上的 1 毫米时，学生发现 1 毫米太小，用手指根本指不清楚，我引导学生想办法解决，寻找身边较细的物品，如可以用笔尖来指一指。再如：在数数学书的宽时，指导学生怎么数更方便。

注重估测能力的培养

估测在生活中应用广泛，也是用测量知识解决实际问题的具体表现。例如："变式练习"的第 1 题利用常用物品来培养长度观念，提高估测能力。再如："练习五"第 5 题，先估计，再测量，最后让学生将估计的结果和实际测量的结果进行比较，进而调整估测方法，提高估测能力。

培养合作探究意识

课堂上引导学生自己去发现问题，鼓励他们通过观察、思考、合作探究来解决问题。每个学生的学习能力不同，我努力营造合作学习的氛围，激励学生去讨论、分享，并学会合作，提高学生在课堂上的学习效率。同时，培养他们在学习中团结合作的意识和不断探索的精神，以及学会学习的能力。

注重优化作业设计

有效的作业设计是"提质减负"的重要措施，为此，我分层设计教学内容，先让学生掌握在测量时如何运用厘米和毫米共同表示测量结果，训练学生的测量技能，再结合学生每天接触的物品，设计一些错误使用长度单位的例子，激发学生的思考兴趣。后置作业的设计实践性较强，便于学生体会数学与生活的紧密联系，同时意识到在现代社会应该学会通过各种途径学习新知。

Lesson 25　Teaching Design

Contents of courses:

Unit 5 Lesson 25 of the primary English textbook，Book 7 (PEP).

Textbook analysis:

The contents of this unit is still about the month. After the study of this unit，students will be able to talk about twelve months in English. Lesson 25 is the first lesson of Unit 5. Students can learn more about the Party's birthday and Army Day. They can get the information of July and August by reading the text，and then use it in practice.

Analysis of students' learning:

The students in Grade 6 are very active in class. They have high enthusiasm for learning English. They are willing to think，and communicate with others. They have a certain understanding of the Party's birthday and Army Day，and want to know more about the festivals. They are very interested in topics like months and festivals.

Teaching objectives:

Language knowledge:

Students can listen to，speak and read the new sentences. (July is the seventh month of the year. July 1st is the birthday of the Communist Party of China (CPC). August is the eighth month of the year. The People's Liberation Army (PLA) Day is on August 1st.)

Language skills:

Students can understand the sentences by listening to the keywords in the paragraph. They can introduce the two months and express their ideas.

Emotion:

Students can know more about the festivals of our country. They will love our army，our Party and our motherland.

尹延红，顺城区将军第一小学教师，获得抚顺市第十一届职工技能大赛小学英语比赛第一名。

Learning strategies:

Students can get useful information by cooperating with their classmates in groups. They can use the English knowledge to express and communicate actively.

Cultural awareness:

Students have a better understanding of Chinese culture by learning the text.

Teaching emphasis:

Students can understand and read the text.

Teaching difficulties:

Students can talk about the two months and the festivals.

Teaching methods:

Group cooperative learning method, discussion teaching method, multimedia assisted teaching method, and task-based teaching method.

Teaching preparation:

Objects, exercise paper and multimedia courseware.

Teaching Procedures:

Step 1   Activity 1

1. Greet and sing a song.

2. Have a free talk.

Talk about the favorite month and the festival with the students.

【Design purpose】 Create a relaxing and pleasant learning environment. Arouse the students' interest of English learning. Review the knowledge about months.

Step 2   Activity 2

1. Let the students listen and answer. (What month are we going to talk about?)

【Design purpose】 Attract students' attention and enter the situation.

2. Show the calendar and talk about the orders of the months.

Let the students practice the sentences in groups. (July is the seventh month of the year. August is the eighth month of the year.)

【Design purpose】 Let the students talk freely and prepare for presenting new knowledge.

3. Learn the text.

(1)Watch a video and answer. (What festivals are in July and August?)

(2)Read and answer. (The Party's birthday and Army Day.)

(3)Learn the new words: CPC and PLA.

Let students practice the new words in pairs.

(4) Read and answer. (When was the Communist Party of China/the People's Liberation Army founded?)

(5)Learn the words. (founded)

(6)Learn the sentences. (The Communist Party of China was founded on July 1st. The People's Liberation Army Day is on August 1st.)

Let the students practice the sentences.

(7)Listen and try to imitate.

(8)Read.

Let the students read the text in many ways like in pairs, in groups, one by one and so on.

【Design purpose】 Let the students learn knowledge from simple to difficult. Help them master the new words and sentences.

Step 3　Activity 3

1. Students fill in the blanks and try to retell the text.

2. Do an exercise and discuss. Read and do.

【Design purpose】 Let the students retell the text by practicing. Encourage the students talk freely and prepare for writing compositions.

Step 4　Activity 4

1. Let students make posters about months.

2. Show the poster in groups with music.

3. Write a composition about "My favorite month".

【Design purpose】 Cultivate the students' ability to use the language. Let the students combine their feelings and write compositions. Develop the students' writing ability.

Step 5　Activity 5

Summarize and assign homework:

1. Continue to discuss months with their family and friends.

2. Listen and read Lesson 25.

3. Recite the text of Lesson 25.

【Design purpose】Based on the requirements and goals of the practical course, let the extra-curricular time become the continuation and extension of the practical course. Realize the pleasure of learning English. Cultivate students' comprehensive ability to use English and achieve the real purpose of learning knowledge.

Blackboard design:

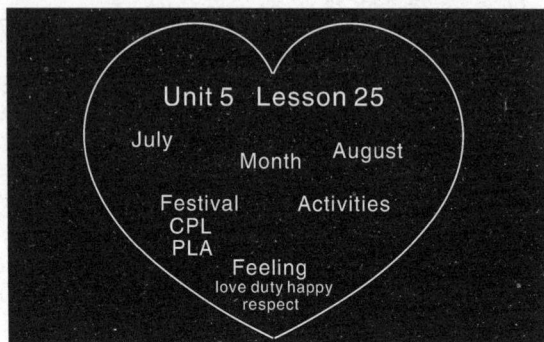

Teaching reflection:

Advantages:

1. I created a relaxing and pleasant learning environment by singing and other ways. I stimulated students' interest in learning English. I designed many ways to help the students practice the new knowledge. I helped the students build up confidence and encouraged them to speak English.

2. When the most students couldn't pronounce the Communist Party of China and the People's Liberation Army correctly in this class, I adjusted in time and added a set of exercises, so the students could master the new knowledge and prepare for the next activity.

Disadvantages:

In this class, I didn't pay enough attention to the students with learning difficulties, and I should try to create opportunities for them to speak English. This class was mainly based on the teacher's evaluation, and it lacked of students' mutual evaluation and self-evaluation. In the future teaching, I should pay attention to the diversity of evaluation.

Lesson 15　Teaching Design

Contents of courses:

Unit 3 Lesson 15 of the primary English textbook，Book 5 (PEP).

Textbook analysis:

The contents of this unit is about jobs. After the study of this unit，the students will be able to talk about jobs in English. This lesson covers one part (Just talk). It's the third lesson in Unit 3. The students caught some words about jobs. It mainly deals with the dialogue.

Analysis of students' learning:

The students in Grade 5 have learned English for 2 years. They are young and active in class. They are willing to share their experience of life in English. They are happy to introduce their families and career planning to others. They are very interested in these topics.

Teaching objectives:

Language knowledge:

1. After functional practice，the students can listen，speak，read the new words (introduce，parents，future) and sentences (What do you want to be in the future? I want to be...).

2. After functional practice，the students can read and understand the dialogue.

3. After functional practice，most students get to know imperative sentences in Lesson 15.

Language skills:

The students can talk about their families' jobs in English and act out the dialogue.

Emotion:

Through group learning, students can talk about their families' jobs in English and love them.

于群，抚顺市新抚区北台小学教师，获得抚顺市第十一届职工技能大赛小学英语比赛第二名。

Learning strategies:

Through communicative learning, they can talk about other people's jobs.

Cultural awareness:

The students can know the influence of cultural differences on career planning.

Teaching emphasis:

The students can read and act the dialogue.

Teaching difficulties:

The students can talk about their families and their jobs.

Teaching methods:

Situational teaching method, TPR teaching method, communicative teaching method.

Learning methods:

Group learning method, skimming and self learning method.

Teaching preparation:

Knowledge expansion:

The students can understand the meaning of family through associations and pictures.

Teaching aids:

Multimedia courseware and pictures.

Teaching Procedures:

Step 1   Warming-up

1. Greet the students.

2. Show the game.

Ask the students to pick words about jobs in pairs.

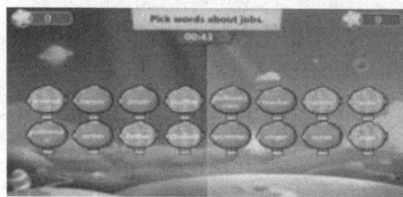

3. Show more words about jobs.

Ask the students to read tips and guess what he/she does.

【Design purpose】Arouse their interests. And review the words about jobs.

Step 2   Presentation

1. Show the pictures of the teacher's parents.

Ask the students to answer the questions. (What does he/she do?)

Then ask the students to practise the key sentences. (What does your father do? What does your mother do?)

【Design purpose】Students can learn words and sentences in real situations.

2. Show the chant. What do your parents do?

3. Listen and guess.

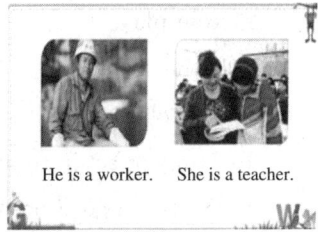

He is a worker.　She is a teacher.

Ask the students to listen to the tips and answer the questions.

4. Show the key sentences. (What do you want to be in the future?)

Interview the students. And ask the students to practice the sentences in pairs.

【Design purpose】Practice the key sentences in real situations.

5. Interview your friends.

Ask the students to ask and answer the questions.

(What does he/she do? What do you want to be in the future?)

【Design purpose】Help the students to catch the key sentences about jobs.

6. Show the picture of Wei Min and talk about the picture.

Then show the key word "introduce". Ask the students to read in groups.

7. Watch the video of Lesson 15.

Ask the students to watch the video and fill in Wei Min's ID card.

8. Ask the students to introduce themselves.

【Design purpose】Encourage the students to open their mouth and show themselves.

9. Read the dialogue quickly.

Ask the students to read and choose right answers.

【Design purpose】It can help the students to get the general information about it.

Step 3　Practice

1. Follow the tape.

2. Read in roles.

First，divide the students into groups in parts. Boys take a role in Wei Min. And girls take a role in the hostess. Second，ask the students to practice in pairs.

3. Role play.

Ask the students to act the dialogue in front of the class.

T：Can you act in front of the class?

T：You're a good hostess. I like your show.

【Design purpose】Help the students to talk about jobs in English.

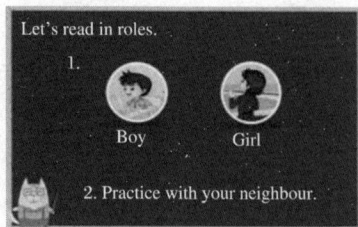

Step 4   Production

1. Read and choose.

Show the passage about family. Ask the students to read it twice.

First，skim the passage. Second，scan the passage and choose the right answers.

2. Write and talk about their families.

Show the tips about families. And ask the students to write.

Then ask the students to introduce their families in front of the class.

【Design purpose】Improve their learning abilities of writing.

3. Show the meaning of family.

Step 5   Homework

1. Complete the exercise paper.

FAMILY
Father And Mother I Love You

2. Act out the dialogue with their classmates.

Homework design：

Lesson 15

一、选择正确的答案

1. _____ does your father do？He is a worker.

    A. What   B. Where   C. What's

2. Is your mother an actress？_____

    A. Yes，she is.   B. She is a singer.   C. Yes，she does.

3. Let me introduce my parents _____ you.

    A. In   B. to   C. of

二、选择句子补全对话

Wei Min：Hello，everyone！My name is Wei Min. I'm eleven. I'm a student in Class

        Three，Grade Five. _____ This is my father and this is my mother.

Hostess：_____

Wei Min：He's an actor.

Hostess：_____

Wei Min：No. She's a factory
　　　　worker.

Hostess：_____

Wei Min：I want to be an actor.

Hostess：_____

A. That's a good idea!

B. What do you want to be in the future?

C. Is your mother an actress?

D. Let me introduce my parents to you.

E. What does your father do?

Blackboard design：

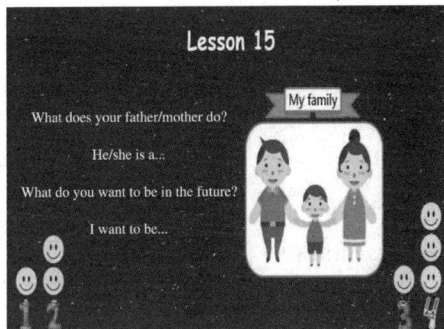

Teaching reflection：

　　在本课的教学中,我努力营造直观、有趣的英语学习环境。通过触控游戏、竞赛等方式,鼓励学生积极参与,激发学生的学习兴趣。本课的话题是介绍家庭和职业,针对这个话题,我创设了许多学生熟悉的情境。在导入重点句子 What does your mother/father do? 时,我展示了自己父母的工作照片,和学生进行问答练习,进而引导学生谈论自己父母的职业,把抽象的英语句子融入学生的日常生活中,让学生在自然的氛围中学习。在本课的学习过程中,学生最感兴趣的就是谈论自己未来的职业,如何拉近与未来职业的距离呢? 我想,自己从学生到教师的成长历程可以作为一个很好的例子。所以,我通过多媒体课件展示了自己从学生到教师的成长过程,让学生猜测"What does he want to be in the future?""Who is the boy?"问题的答案,充分调动学生的听觉、视觉,帮助学生在学习过程中观察、思考、发现、联想,让学生身临其境,愉悦地学习。

　　在本课的授课过程中,也有些许不足。游戏环节采用的是两人一组进行比赛的方式。虽然有一定的竞技性和趣味性,但只面向部分学生,应加大参与度,面向更多的学生。本课中我用分组竞赛的方式进行评价,忽视了对学生个体的评价,应该关注每个学生的情感,多与学生进行情感沟通,用激励性的语言现场评价,鼓励学生大胆展示自己,肯定学生的表现。

Lesson 35　Teaching Design

Contents of courses：

Unit 6 Lesson 35 of the primary English textbook，Book 7（PEP）.

Textbook analysis：

This lesson is the fifth lesson of this unit. The contents of this unit are about the seasons. It is a reading passage about autumn and winter. It explains to the students the climatic characteristics of autumn and winter and the activities of people in autumn and winter. Through the process of text reading，the teacher will try to guide students to understand the characteristics of China's climate and love the nature.

Analysis of the students' learning：

The students in Grade 6 have learned English for 3 years. They already have the ability to learn actively，and their English learning ability is gradually improving. However，there are still some differences in students' abilities and some students have bad study habits. The teacher needs to guide the students to understand the text easily and to express with the knowledge，so that they can achieve the good study effect.

Teaching objectives：

Language knowledge：

Students can master the new words and sentences about autumn and winter.

Language skill：

After the functional practice，the students can use the words and the sentences creatively to introduce the seasons.

Emotion：

Students can feel the beauty of the seasons and love the nature by talking about the seasons. Students will be interested in English，and their confidence in learning English will be built.

叶莹，抚顺市顺城区大自然小学教师，获得抚顺市第十一届职工技能大赛小学英语比赛第三名。

课程改革背景下的创新教学设计

Learning strategies:

Students can know about autumn and winter by listening, speaking, reading and writing. They can talk about their favorite seasons and what people do by communicative learning.

Teaching emphasis:

Students can understand and use the new words in the context, and describe autumn and winter correctly and freely.

Teaching difficulties:

Students, based on their own life reality, learn the expression of the four seasons, so that they can use the knowledge in the real situation of communication.

Teaching methods:

Task-based teaching method, communicative teaching method, discussion teaching method, communicative learning method, group cooperative learning method and learning through games.

Teaching preparation:

Multimedia courseware, objects, exercise paper.

Teaching Procedures:

Step 1   Organization and warm-up

Have a free talk. The teacher asks some questions.

1. How many months are there in a year?

2. What's the first month? What's the second month? How about March? And how about April? How about December? Then tells them March, April and May make spring. What's spring like? Can you tell me something about spring?

3. What color is spring? How's the weather in spring? ...

【Design purpose】Review leads to the topic of this lesson and makes students eager for new knowledge.

Step 2   Presentation

1. Show a video of the four seasons of Fushun.

2. Ask a question "What's the third and fourth season?"

【Design purpose】Improve the students' abilities in English listening and understanding, and command the important drills. Improve the students' ability in listening, speaking, observation and cooperation.

3. Show the students a form of the seasons and ask them to read the text.

4. Help the students to solve the key and difficult points.

(1) When does autumn/winter begin?

(2) How's the weather?

(3) What color ...?

【Design purpose】Improve the students ability of using language.

Step 3 Practice

1. Fill in the blanks according to the contents of the text.

2. Have a free talk.

(1)What do people do in different seasons?

(2)It begins .../The weather .../... is the ... season./We often ...

【Design purpose】Develop students' ability of speaking and using language creatively. (Students can get oral exercises. At the same time, they can also improve their English reading ability, performing ability and creativity.)

Step 4 Production

1. Let students write a composition about seasons.

2. Read the composition with music. Students evaluate each other and learn from each other.

【Design purpose】Develop the students' writing ability. Write a composition about seasons by themselves. Share the composition with the class. Develop their keen interest in English, and encourage them to speak more in and out of class.

Step 5 Summary

1. Enjoy a poem.

Enjoy it and try to learn to say it. Feel the beauty of the language.

2. Summarize and assign homework.

Homework design:

1. Read the text with emotion.

2. Draw a picture of your favorite season, and talk about it with your parents or friends.

3. Collect more information about the seasons, and say the differences of them.

【Design purpose】According to the interests of students, stimulate students' thirst for knowledge and initiative，and cultivate students'habit of inquiry learning. And pave the way for better excavation of textbooks.

Blackboard design：

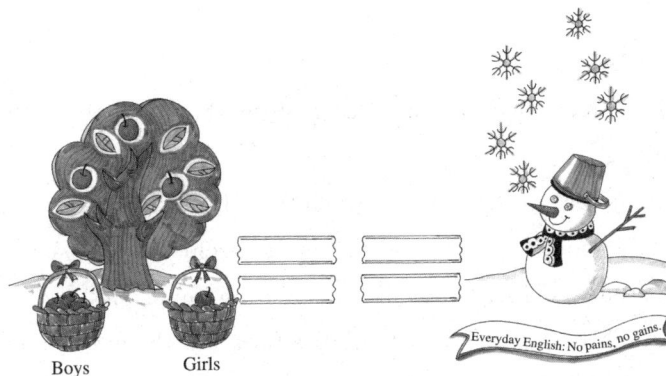

Boys　　Girls

Everyday English: No pains, no gains.

Teaching reflection：

优点：

一、创设宽松、愉悦的学习氛围

从轻松自如的交谈(Free talk)开始，进入学生熟悉的日常对话环节，并复习上节课所学的知识，再到新知识"autumn""winter"的呈现，自然亲切，贴近学生生活实际，在"润物细无声"中，激发学生学习英语的兴趣，使学生初步建立了学习英语的自信心，培养学生的语感和良好的语音语调，形成初步用英语进行日常交际的能力，为进一步学习打下基础。

二、设计分层、递进的学习过程

整节课，我从学生的学习兴趣、生活体验和认知水平出发，创造性地使用教材，使学生在丰富多彩、趣味横生的活动中感知、习得和运用英语。从单词到短语，从句型到语段，层层推进，让学生在不知不觉中学习，并且自如地说英语，让不同层次的学生在课堂中都能有所收获。

不足：

教学内容总体上比较完整，但也存在一些不足。例如：过程设计过多，教学环节较多，因此学生合作学习、合作探究的时间较少，在汇报环节，学生的表述不流畅。我希望能在未来的教学准备和教学活动设计方面做得更好、更严谨。

Lesson 26 Teaching Design

Contents of courses：

Unit 5 Lesson 26 of the primary English textbook，Book 3 (PEP).

Textbook analysis：

The contents of this unit are about clothes. Lesson 26 is the second lesson of this unit. It's about Lisa's birthday. Lisa's parents give presents to her. It's very close to students' daily life. This lesson is an important lesson of this unit. It serves as a link between the past and the future in the whole unit.

Analysis of students' learning：

The students are in Grade 4. They are very active and full of curiosity. They are willing to work and communicate with each other. They have learned several words about clothes in Grade 3，which lays a good foundation for this lesson. However，they don't have enough skills to solve English problems. So in class，they need to be instructed and inspired.

Teaching objectives：

Language knowledge：

1. After the functional practice, the students can listen to, speak and read the new words (hat, dress, blouse) and sentences. (What's in the box? Open it and see. It's a dress.)

2. After the functional practice, the students can understand, listen to, speak and read the dialogue of Lesson 26.

3. After the functional practice, the students can write the new words. (hat, dress)

4. After the functional practice, the students can talk about the topic—clothes.

Language skills：

1. The students can retell and act out the dialogue of Lesson 26.

2. The students can make up new dialogues (What's in the box? It's a/ an ...).

仲晨，望花区古城子第二小学教师，获得抚顺市第十一届职工技能大赛小学英语比赛第四名。

课程改革背景下的创新教学设计

Emotion:

1. The students learn to be grateful to their parents.

2. The students can experience the fun of learning English.

Learning strategies:

1. The students learn to read, retell, act out the dialogue with classmates.

2. The students learn to take part in the activities actively, imitate carefully and open mouth bravely.

Cultural awareness:

The students know about birthday culture in different countries.

Teaching emphasis:

The students can understand the dialogue well, and act out the dialogue in a real scene.

Teaching difficulties:

The students can celebrate their birthdays in English in the daily life.

Teaching methods:

Task-based teaching method, communicative language teaching method, TPR.

Learning methods:

Pair work and group work.

Teaching preparation:

Knowledge expansion:

The students know the difference between *skirt* and *dress*, *blouse* and *shirt*.

Teaching aids:

CAI, stickers.

Teaching Procedures:

Step 1   Warming-up (5 minutes)

1. Greet the students.

2. Review the words and sentences in lesson 25 on PPT and say them quickly.

Then show a message from Lisa, and she invites the teacher and the students to her birthday party.

T: Today is Lisa's birthday. Let's go to Lisa's birthday party together.

【Design purpose】Arouse students' interest in English.

T: Let's sing a birthday song for Lisa.

Step 2　Presentation and drill (15 minutes)

1. Show a present. Lisa gets presents and guesses what's in the box. (Write the sentence on the blackboard and do some drills.)

T: Let's open it and see. (Write the sentence on the blackboard, and use gestures to make students understand the meaning.)

2. (Show an open box on PPT.) Teach the word *hat* and ask students to read and write in pairs in groups.

3. Show another box and ask students to guess what's in the box. And teach the word *dress*.

T: Look, the dress is pretty. (Stick *pretty* on the blackboard.) Pretty means beautiful.

【Design purpose】Help students understand the meaning of *pretty*.

4.Use the same way to teach the word *blouse*. Use pictures to show the difference between *dress* and *skirt*, *blouse* and *shirt*.

5. Play a turntable game and ask and answer with the key sentences in pairs.

6. Chant with music.

【Design purpose】Consolidate the words and sentences with music.

7. Show students a video of Lisa's birthday and ask them to answer. (What presents does Lisa get?)

T: Today is Lisa's birthday. She gets many presents from her friends. What does she get from her parents? Let's watch a cartoon.

【Design purpose】Train students' ability of getting important information.

Step 3　Practice and Production (20 minutes)

1. Read the dialogue loudly.

【Design purpose】Develop students' ability of reading.

2. Read the dialogue in groups and in roles.

【Design purpose】Cultivate students' ability of cooperation.

3. Retell the dialogue.

T：Look，here are some blanks in the dialogue，can you retell the dialogue? (Show the dialogue on PPT.)

4. Make up new dialogues with the key sentences in groups.

T：Imagine today is your father's birthday，your mother's birthday，your friend's birthday or your teacher's birthday. Choose one and make up a dialogue to show your love.

【Design purpose】Encourage students to use the target language in real scenes.

5. Act out the new dialogues.

6. Show students some pictures of birthdays of other countries.

【Design purpose】Help students know birthday culture in other countries.

Homework design：

1. Finish the exercise book of Lesson 26.

2. Make birthday cards and give them to your parents on their birthdays.

【Design purpose】Tell students to be grateful to their parents and show their love bravely.

Blackboard design：

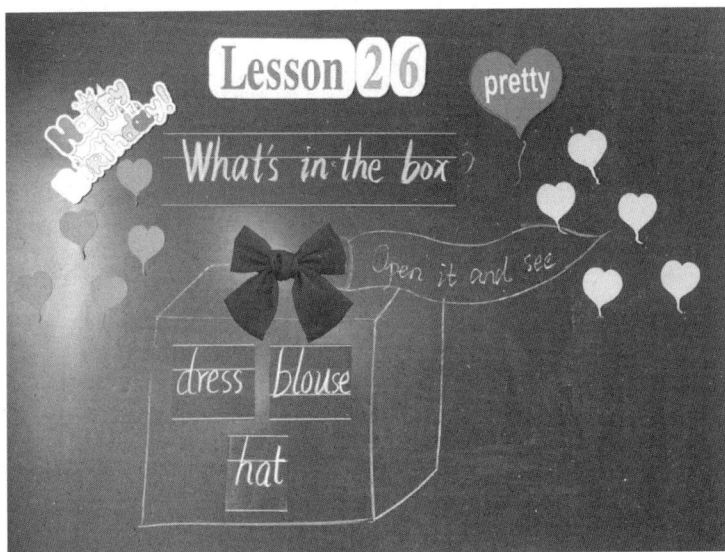

Teaching reflection：

本课以讲授 blouse 和 dress 两个新词汇,掌握这两个词汇的书写,并能够运用句型"What's in the box?""It's a dress."进行日常交流为重点。首先,我通过动感的音乐带领学生复习 25 课的单词、句子,激发学生的学习热情。通过设置 Lisa 给我们来信,邀请同学们参加她的生日聚会的情境,将本课的重点词汇及句型融入生日的各个环节。在授课过程中,我开展了合唱、转盘游戏等活动巩固学习知识点,很好地激发了学生的参与热情,调动了学生的学习积极性,活跃了课堂气氛。在输出环节,我设置了选择情境表演的任务,让学生从父亲生日、母亲生日、教师生日、朋友生日四个情境中选择一个进行表演,让学生在表演的过程中学会感恩,自然地进行了情感教育。最后,我向学生展示了其他国家人们过生日的场景,让学生了解生日文化,拓展视野。在本节课中,学生能积极地参与到活动中来,愉快地学习。

本课存在以下不足:在评价机制上未设置梯度,可能会让没有获得奖励的学生失去学习的兴趣。本节课教学深度还需加深,练习活动还是只停留在本课的知识点范围内,应该加以扩充。

初 中 篇

语文 / 数学 / 英语 / 道德与法治 / 物理 / 化学 / 生物学

《记承天寺夜游》教学设计

教材分析

　　《记承天寺夜游》是部编版语文教材八年级上册第三单元《短文二篇》中的第二篇,是苏轼在被贬黄州期间写的一篇短文。本文运用记叙、描写、抒情等多种表达方式,创造了一个空旷澄澈的艺术世界,传达出作者乐观、旷达的心境。本文短小精悍,言简意赅,其情其景耐人寻味,可以说是写景抒情的精品文章,是学生学习写景抒情文章的典范。

学情分析

　　学生对文言文的学习已经有了一年的基础,积累了一定的文言基础知识,再加上本文浅显易懂,在课文注释和工具书的帮助下,能够自主疏通文义。但要理解"闲人"的含义,对学生来说,还有一定的困难。

教学目标

　　1.在反复诵读中把握文章的主要内容。了解文章写景抒情的方法。品味朴素自然、意味隽永的语言。

　　2.结合作者生平和文章创作背景,在读—品—悟中领悟文章的思想感情。

　　3.体会作者旷达的心境,培养自己良好的心性。

教学重点及难点

　　重点:分析文章的景物描写并体味其意境。

　　难点:体会作者旷达乐观的心境。

课型及课时安排

　　教读课,1课时。

教法与学法

　　教法:问答讨论法、创设情境法。

　　学法:合作探究法、朗读法。

教学准备

　　苏轼的相关作品、多媒体课件。

胡小丹,抚顺市第十五中学教师,在抚顺市第十一届职工技能大赛教育赛区中小学教师教学技能竞赛中获得"抚顺市技术状元"称号。

教学过程

环节一：初识苏轼，溯源引流

导入新课

1.用梁衡先生的《秋月冬雪两轴画》导入新课。

2.作者简介。

【设计意图】培养学生收集信息、整理信息的能力。

环节二：初读，读出"闲"味

1.注意字音、停顿。

2.揣摩情感，体会韵味。

3.自由朗读课文，读准字音、停顿，把握情感。

【设计意图】培养学生朗读文言文的能力，培养文言语感。

环节三：译读，梳理"闲"事

1.对照注释，独立翻译课文，圈画疑难词语和句子。

2.同组交流疑难点。

3.温故知新，进行古汉语词语的积累。

【设计意图】培养学生运用圈点勾画的方法积累词语，并能针对重点词句提出自己的疑问。

环节四：品读，感悟"闲"情

1.作者为什么要夜游承天寺？

2.作者所见夜景如何？（用原文回答）

3.如何理解作者夜游的感慨。

【设计意图】让学生学会品味语言的方法，学会自主合作学习，在愉快的合作中主动地分析问题、解决问题。

环节五：诵读，深谙"闲"理

1.知人论世，补充介绍苏轼的经历，感悟人生哲理。

2.拓展阅读：在贬谪黄州期间，苏轼写出了四篇精品文章，请结合资料，感悟作者的人生智慧。

【设计意图】引导学生了解苏轼同一时期的作品，体会他豁达向上的人生态度和旷达的心境，培养自己良好的心性。

环节六：总结归纳，布置作业

1.积累文中的重要字、词、句。

2.推荐阅读：苏轼的《念奴娇·赤壁怀古》《赤壁赋》《后赤壁赋》，林语堂的《苏东坡传》。

板书设计

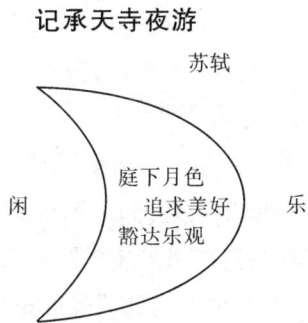

记承天寺夜游

苏轼

闲　　庭下月色　　乐
　　追求美好
　　豁达乐观

【设计意图】重点突出、图文并茂,便于学生识记。

教学反思

　　按照传统的教学方法,《记承天寺夜游》的教学点可以有很多:理解重点词句;欣赏文中写月色的句子,体会作者的心境;结合作者在黄州的经历,探究"闲人"的内蕴……但在 45 分钟的时间内不可能解决所有的问题,那么就只能选择其中最有价值的一点来教学、来挖掘。本课我想通过探究"闲"的含义来把握苏轼豁达的心境,继而领悟其人生态度。黄州是苏轼最重要的人生驿站,在人生的低谷期,苏轼完成了自己豁达乐观人生观的塑造,达到了自己创作的巅峰。我通过资料拓展的方式,让"苏轼情怀"带给学生更多正能量的指引。

《龟虽寿》群诗阅读教学设计

课程改革背景下的创新教学设计

教材分析

《龟虽寿》是部编版语文教材八年级上册第三单元"课外古诗词诵读"中的第二首。新教材重视阅读能力与阅读兴趣的培养,着力构建"三位一体"的阅读教学体系。"课外古诗词诵读"是"三位一体"中"课外阅读"的重要组成部分。课外古诗词诵读注重古诗词积累,开展由课内到课外的拓展阅读等,是课堂教学的有效补充和有机延伸。《龟虽寿》是诗人在征战乌桓凯旋时所写的《步出夏门行》四章中的最后一章。诗中所展现的乐观向上的精神,历久弥新。教学本课,除了让学生体会本诗的主要内容和情感态度外,还要透过曹操其他的诗歌,让学生多角度、多方位地了解其诗词风格及人物形象,从而构建"三位一体"的阅读教学体系。

学情分析

《龟虽寿》是《步出夏门行》四章中的第四章,学生在七年级时学过《观沧海》,所以对诗人及本诗的写作背景并不陌生。曹操是一个家喻户晓的人物,也是一个争议颇大的人物。所以,这节课除了教材所选诗歌,我还挑选了曹操的另外三篇诗歌进行群诗阅读,让学生在不同的诗歌中体会在不同身份下不一样的曹操。曹操的诗歌尽管时代久远,但语言并不难理解,加上注释,学生理解起来并不会太困难。

教学目标

1.理解诗意,培养对诗句的鉴赏能力。

2.透过诗歌,从不同方面体会诗人的人物形象。

3.理解诗中蕴含的人生哲理和情感态度。

教学重点及难点

重点:透过诗歌,从不同方面体会诗人的人物形象。

难点:理解诗中蕴含的人生哲理和情感态度。

课型及课时安排

古诗词群诗阅读课,1课时。

臧鑫,抚顺市第十九中学教师,在抚顺市第十一届职工技能大赛教育赛区中小学教师教学技能竞赛中获"教学明星"称号。

教学方法

朗读法,读、析、悟相结合法,合作探究法。

教学准备

PPT 课件、品读卡、群诗阅读材料。

教学过程

环节一:导入新课——烽火乱世现豪杰(1分钟)

师:东汉末年分三国,烽火连天战不休。乱世英雄谁煮酒?建安风骨胸怀阔。大家猜猜他是谁?对,他就是曹操。今天这节课让我们来品读曹操的几首诗,一起论诗话英雄。

【设计意图】教师以一段小诗引入,让学生猜人物,引起学生注意,进入本课的学习。

环节二:探索新知——煮酒论诗话英雄(35分钟)

1.讲读:卓尔不群的智慧者——《龟虽寿》(15分钟)

(1)读

教师范读,学生明确字音、节奏。

学生自由读,教师指名读,师生边读边探讨,这首诗应该读出怎样的感觉。

明确:慷慨豪迈,乐观自信,老当益壮等。

(2)析

这首诗分为三个层次,每一个层次都向我们介绍了一个人生哲理。同学们通过小组合作学习,任选一个层次,说说这首诗写了什么,向我们介绍了怎样的人生哲理,你想用怎样的语气读出来。

学生小组汇报,教师点拨指导。

明确:这首诗的三个层次。

第一层,曹操的生命观。

曹操身居高位,却懂得尊重自然规律,不强求长生不死,这在封建迷信盛行的时代十分难得。

朗读提示:语速稍慢,语气低沉,情感悲伤一些。

第二层,曹操的事业观。

结合写作背景,了解到曹操征讨四方多年,基本统一了北方。已经53岁的曹操,胸中仍激荡着壮志豪情。人不是由于时光的流逝而变老,而是随着理想的毁灭而衰老。志不灭而人不老。

朗读提示:语速稍快一些,语气高昂有力、振奋。

第三层,曹操的养生观。

曹操的养生理念和我们现代人特别相似,他认为一个人如果能够调养身心,保持健康愉快的心情,就可以延年益寿。他身体力行,积极锻炼身体,因此能率军三十余年,并亲临前线,经受了残酷的战争磨难,在行动中实践了自己积极养生的主张。

朗读提示:坚定的语气,充满希望的感觉。

带着对本诗的理解,回读全诗。

(3)悟

这首诗蕴含的哲理对我们的学习生活有什么启示?

学生自由谈。

【设计意图】首先通过教师范读,学生练读等方式,让学生整体感知这首诗。再从诗的三个层次入手,从内容到哲理,小组合作学习,并用朗读的形式促进理解,体会曹操的人生智慧,突破重点。

2.自读:以小组为单位,按读、析、悟的方法合作学习,任选一首诗歌或其中几句进行品读,完成《品读卡》。(20分钟)

品读卡

读 合作读诗句 ＿＿＿＿＿＿＿＿＿

析 内容及情感 ＿＿＿＿＿＿＿＿＿

＿＿＿＿＿＿＿＿＿

悟 形象或启示 ＿＿＿＿＿＿＿＿＿

广纳贤才的曹丞相——《短歌行》

厌战思归的曹将军——《苦寒行》

书尽乱世的写实诗人——《蒿里行》

以小组为单位从上面三首诗中选择一首,按《品读卡》的要求自读诗歌,然后小组汇报,教师点拨,组织学生朗读,体会诗中的情感。

明确:这三首诗歌从不同侧面体现了曹操的情感态度,《短歌行》——广纳贤才,《苦寒行》——厌战思归,《蒿里行》——忧国忧民。

【设计意图】从课外选取了三首曹操的诗歌,通过小组合作探究,让学生以《品读卡》的形式,透过诗歌,全方位、多角度地展现曹操的思想和形象,了解其诗歌风格。感受经典、热爱经典,从而突破难点。

环节三:交流——诗酣情怡谈收获(3分钟)

曹操历来是一个颇有争议的人物,这节课,透过曹操的四首诗歌,大家对他又有了怎样的新认识呢?请用一个词来更新你心中曹操的形象。

学生自由谈,全班交流。

【设计意图】让学生通过赏读诗歌,解读自己心目中的曹操的形象,使学生心目中曹操的形象不再局限于小说和影视作品,而是更全面立体,更亲近鲜活。让学生不再仰视经典,勇于走近经典,感受经典,不限于积累课内古诗词,同时愿意走向课外,从而推动"三位一体"教学模式的构建。

教师结语

最后我想借厦门大学易中天教授对曹操的评价结束今天的学习:曹操一生,政治上最得意的一笔是"挟天子以令诸侯",军事上最成功的一仗是官渡之战,后果最为严重的一次疏忽是放走刘备,失败最惨的一次是在赤壁,最受肯定的是他的才略,最受指责的是他的人品,最有争议的是他的历史功过,最没争议的是他的文学成就。

环节四:作业——诗海遨游品曹公(1分钟)

阅读《薤露行》《冬十月》《步出夏门行·艳》,进一步了解曹操。

板书设计

龟虽寿

曹　操

智者　积极乐观

丞相　广纳贤才

将军　厌战思归

诗人　忧国忧民

教学反思

1.精心设计导语。导入部分以一首小诗介绍曹操,请学生猜人物,自然引出本课要研读的人物,调动学生的学习积极性。

2.注重读的训练。有教师范读、学生分句朗读、有感情地朗读、理解后回读等形式,在读中体会诗中蕴含的情感及人物形象。

3.不足之处是课堂时间有限,学生展示时间略不充足。

附:群文阅读文本

短歌行

对酒当歌,人生几何!譬如朝露,去日苦多。慨当以慷,忧思难忘。何以解忧?唯有杜康。

青青子衿,悠悠我心。但为君故,沉吟至今。呦呦鹿鸣,食野之苹。我有嘉宾,鼓瑟吹笙。

明明如月,何时可掇?忧从中来,不可断绝。越陌度阡,枉用相存。契阔谈讌,心念旧恩。

月明星稀,乌鹊南飞。绕树三匝,何枝可依? 山不厌高,海不厌深。周公吐哺,天下归心。

苦寒行

北上太行山,艰哉何巍巍! 羊肠坂诘屈,车轮为之摧。树木何萧瑟,北风声正悲!

熊罴对我蹲,虎豹夹路啼。溪谷少人民,雪落何霏霏! 延颈长叹息,远行多所怀。

我心何怫郁? 思欲一东归。水深桥梁绝,中路正徘徊。迷惑失故路,薄暮无宿栖。

行行日已远,人马同时饥。担囊行取薪,斧冰持作糜。悲彼《东山》诗,悠悠使我哀。

蒿里行

关东有义士,兴兵讨群凶。初期会盟津,乃心在咸阳。军合力不齐,踌躇而雁行。

势利使人争,嗣还自相戕。淮南弟称号,刻玺于北方。铠甲生虮虱,万姓以死亡。

白骨露于野,千里无鸡鸣。生民百遗一,念之断人肠。

《答谢中书书》教学设计

教材分析

　　《答谢中书书》是部编版语文八年级上册第三单元《短文二篇》中的第一篇文言短文。本单元的教学重点是学习描绘自然山水的优秀诗文。要求学生在反复诵读中进入文中情景交融的境界，并对作品的语言特色有所体会。《答谢中书书》是一篇优秀的写景短文，作者抓住景物特征来写，观察了不同时间段（晨昏、四季）景物的变化，并且情景交融，体现了品味山水之美的自豪感。本课对学习本单元的诗文起了承前启后的作用。

学情分析

　　八年级学生的经历和知识积累水平有限，让他们体验作者发现的美和寄寓的情有一定的难度。所以必须灵活安排教学过程，精心设计问题，启发学生思维，根据学生的实际特点，引导得法，这样才能帮助学生领会古文内涵。

教学目标

　　1.借助书下注释，疏通文义。学习从多角度欣赏山水之美。

　　2.诵读品味，知人论世，合作探究作者情感的变化。

　　3.培养热爱大自然的美好情趣，感受作者的志趣，启发成长。

教学重点及难点

　　学习从不同角度欣赏山水之美，体会作者抒发的情感，启发成长。

课型及课时安排

　　教读课，1课时。

教学方法

　　教法：朗读指导法、点拨法、创设情境法。

　　学法：朗读法、合作探究法、情境体验法。

教学准备

　　PPT课件。

王艳玲，抚顺市顺城区长春学校教师，获得抚顺市第十一届职工技能大赛教育赛区中小学教师教学技能竞赛中荣获"抚顺市技术明星"称号。

教学过程

环节一：导入，引其文

本节课我们从一人说起：他才高八斗，具宰相之才，却固守山林；他隐居深山，有仙风道骨，喜风吹松涛。他就是南朝人陶弘景，他用山水小品记录四时风光，让我们走进他的名篇《答谢中书书》，饱览美景吧。

环节二：初读，明其意

用自己的话来说一说这封书信的内容。

1.齐读题目，解释含义。

答谢中书书：回复给谢中书的信。

2.范读美文，阅读提示。

读对字音，读准节奏。

3.小组合作，理解内容。

借助注释，疏通文义。

【设计意图】参照注释和工具书疏通文义，解决常识积累和文言词语特殊用法归类问题。完成教学目标 1。

环节三：品读，入其境

1.圈点批注，概括景物特征。

2.品味词句，赏析山川之美。

山川之美，美在＿＿＿＿＿＿＿＿＿＿＿＿＿（原句或具体赏析）。

明确：自选角度，以小组为单位，讨论交流。

◎由高峰到清流，再到石壁、青林翠竹，由仰视到俯视再到平视，这样的视角变换，让我们将自然万物尽收眼底，实在是美！

◎大自然中，有视觉所及的山川、河流、夕阳、林木、晓雾等美景，又有听觉所闻的林间鸟鸣，调动各种感觉器官，感受万物之生机。

◎"将""欲"二字，赋景以动态，而动中自然有静。"乱""竞"极写动态，打破清晨、傍晚的宁静，使得景物极具生命力。"蝉噪林逾静，鸟鸣山更幽"，这样动静结合，使整个山林更有活力……

3.朗读美文，感受美丽意境。

【朗读提示】

画面再现：晓雾将歇（轻缓），猿鸟乱鸣（欢快，重读）。

情感共鸣：自康乐以来，未复有能与其奇者（遗憾，拖延）。

环节四：研读，学其法

交流讨论，总结学习山水小品文的方法。

【学法总结】

欣赏景物,抓住特征,动静虚实,色味形声

观察视角,远近俯仰,调动感官,视听变换

注意顺序,时空交替,赏析手法,品味语言

【设计意图】以读促解,引导学生品味词句,联想画面,把握文章写景特征,提升学生阅读能力。突破重点,完成教学目标 2。

环节五：悟读，感其情

1.开头句"山川之美,古来共谈"的"共"字,与结尾的"未复"二字是否矛盾?

明确:不矛盾,"共"与"未复"前后呼应,形成对比,彰显古人的雅量深致,惋惜世人对秀美山水的无动于衷。而作者却能够继康乐之后,从中发现无尽的乐趣,隐含自矜自得之意。

2.下面是陶弘景隐居之后回答皇帝诏书所问而写的一首诗,读后你如何评价诗人的选择?

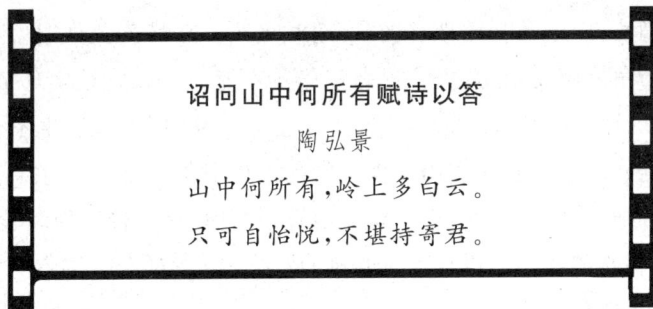

诏问山中何所有赋诗以答

陶弘景

山中何所有,岭上多白云。

只可自怡悦,不堪持寄君。

阅读链接：

南北朝时,政局动荡,矛盾尖锐,不少文人遁迹山林,从自然美中寻求精神上的解脱。因而他们在书信中常常描山绘水,表明自己所好,并作为对友人的安慰。

明确:表达了作者沉醉于山水的愉悦之情和能够与古今山水知音共赏美景的得意之感。其现实意义为在纷繁忙碌的生活中保持一份宁静恬淡,坚守内心的悠然与绚丽。

【设计意图】知人论世,结合背景材料深入理解作品,培养学生高阶思维能力。完成情感目标,突破难点。

环节六：布置作业

1.背诵《答谢中书书》,用学到的知识预习《与朱元思书》。

2.推荐阅读:谢灵运《过白岸亭》。

板书设计

《答谢中书书》

教学反思

  教读内容比较短浅的文言小品文,我采用小组"合作探究式"学习方法,指导学生借助工具书自主学习,组内交流补充。教给学生方法,引导学生发现"美"。让学生反复诵读,以读为基础理解文章,适时点拨。在品读美文时,启发想象,引导学生从多个角度感受山川之美,提高审美鉴赏能力。课堂教学环节的设计,以读贯穿整节课,读、品、研、悟环环相扣。通过这一课的学习,学生不仅感受到祖国的山川之美、文章之美,还在山水美文的陶冶中更加明确了人生态度。在规定的时间内较好地完成了课堂教学的所有内容,并且取得了较好的教学效果。

  另外,文言文翻译还应更加强调基础,特别是应该对文中重点文言词汇进行重点理解,积累拓展。

《庄子与惠子游于濠梁之上》教学设计

教材分析

　　《庄子与惠子游于濠梁之上》是部编版语文八年级下册第六单元第一课中的一篇文言短文。本单元所选的文章都是传统的名家名篇,其中有对精神自由的渴望,有对学习生活、理想社会的期望,有不平则鸣的呐喊,有对民生疾苦的同情。本文讲的是庄子与惠子的故事,描写了二人围绕"鱼之乐"的一次辩论,表现了庄子机智、巧妙的论辩风格。

学情分析

　　八年级学生有一定的文言文阅读基础,虽然庄子散文的思想性、艺术性极高,理解起来难度较大,但是这篇课文的故事性、趣味性很强,通过诵读、讨论、表演等方式,学生可以体会庄子机智巧妙的论辩艺术和悠然从容的生活态度。

教学目标

　　1.积累本课文言词语,翻译课文。

　　2.欣赏庄子机智巧妙的论辩艺术。

　　3.感受庄子悠然从容的生活态度。

教学重点及难点

　　重点:积累本课文言词语,翻译课文。

　　难点:欣赏庄子机智巧妙的论辩艺术,感受庄子悠然从容的生活态度。

课型及课时安排

　　教读课,1课时。

教学方法

　　教法:诵读法、小组讨论法、启发点拨法、情景表演法。

　　学法:朗读法、合作探究法。

教学准备

　　PPT课件。

杨雪,抚顺市清原满族自治县土口子乡中学教师,在抚顺市第十一届职工技能大赛教育赛区中小学教师教学技能竞赛初中语文比赛中荣获第四名,被评为抚顺市"技术明星"。

教学过程

环节一：导入新课

导语：今天老师带大家来观看一场穿越千年的辩论赛，让我们一起走进《庄子与惠子游于濠梁之上》。（板书课题）

文题解读：从题目中你找到了哪些信息？（人物、事件、地点）

那今天我们观看的就是庄子与惠子二人在濠水的桥上游玩时进行的一场小辩论。

【设计意图】激发学生的学习兴趣。

环节二：介绍辩手

先秦大家"濠梁之辩"即将开战，对于双方辩手你知道多少呢？

介绍双方辩手庄子与惠子以及他们的参赛口号。（PPT 分别出示）

1.庄子：名周，字子休，战国中期思想家、哲学家、文学家。道家学派代表人物，与老子并称"老庄"。最早提出"内圣外王"思想。

代表作品为《庄子》。庄子被诏封为南华真人，其书《庄子》被奉为《南华真经》。其中名篇有《逍遥游》《齐物论》等。其作品被称为"文学的哲学，哲学的文学"。

庄子的文章想象力极为丰富，语言运用自如，灵活多变，能把微妙难言的哲理说得引人入胜。

【参赛口号】唇枪舌剑，谁与争锋？

2.惠子：即惠施（约前370—约前310年），战国时期曾做过魏国的相国，博学善辩，是名家的代表人物。

他与庄子是好朋友，经常一起辩论。但他所著的《惠子》已佚，惠施的言行散见于《庄子》《荀子》《韩非子》《吕氏春秋》等书中。

【参赛口号】宏辞论道，以辩会友！

【设计意图】了解庄子和惠子。

环节三：濠梁之辩

1.了解辩论题目

提问：他们的辩论题目是什么呢？学生回答。

明确：庄子是否知鱼之乐。

【设计意图】明确辩题和观点。

2.初知辩论过程

过渡："庄子是否知鱼之乐"听起来就很有趣，下面来看看他们的唇枪舌剑。

同桌之间先读原文,再结合书下注释,试着用自己的话说出大意。

第一回合辩论:

过渡:先看第一回合,是哪位辩手先发言的?

庄子曰:"鲦鱼出游从容,是鱼之乐也。"

过渡:庄子刚一说出他的观点,惠子就提出了质疑,怎么说的呢?

惠子曰:"子非鱼,安知鱼之乐?"

强调要分别读出悠闲自得的感觉和疑问的语气。强调"安"的意思。

追问:从这句话看,庄子为什么说他知道鱼的快乐?

第二回合辩论:

过渡:庄子并没有回答,而是从容反问,开始了第二回合辩论。

庄子曰:"子非我,安知我不知鱼之乐?"

过渡:那惠子是如何应对的呢?

惠子曰:"我非子,固①不知子矣;子固②非鱼也,子之①不知鱼之②乐,全矣!"

强调"安""固""之""全"的意思。

强调语气变化:从"以退为进的赞同"到"抓住漏洞的反击",再到"胜券在握的得意"。

第三回合辩论:

过渡:庄子有没有被击败呢?请看第三回合辩论。

庄子曰:"请循其本。子曰'汝安知鱼乐'云者,既已知吾知之而问我,我知之濠上也。"

强调"安""云者"的意思。

追问:辩论就在庄子镇定从容的发言中结束了,那么庄子是如何化解惠子的发难的呢?

【设计意图】结合书下注释,疏通课文大意,了解辩论过程,积累重点词语,体会庄子的机智灵活。

3.再现辩论情景

教师出示剧本如下,提出辩论要求(内容、语气),请学生表演辩论。

【生1】(惠子啊)你看鱼儿在河水中游得多么悠闲、自得,这是鱼的快乐啊。

【生2】(切!)你又不是鱼,你怎么知道鱼的快乐?

【生1】(嘿,抬杠是不?)你又不是我,你怎么知道我不知道鱼的快乐?

【生2】(的确!)我不是你,固然不知道你了,你本来也不是鱼,你不知道鱼的快乐,是可以肯定的!

【生 1】(来来来,咱俩从头捋一捋)从我们最初的话题说起。你刚才说"你怎么知道鱼的快乐",说明你已经知道我知道鱼的快乐而问我。(好,我告诉你!)我是在濠水的桥上知道的。(掩住口鼻,窃笑……)

【设计意图】再次感知课文内容,体会二人的辩论态度。

4.讨论辩论结果

在二人的辩论中到底谁是胜者,历来争论不休,有人说庄子略胜一筹,有人说惠子更胜三分。你认为哪个观点更有道理?你更欣赏谁的智慧?小组讨论,交流汇报。

总结:同学们的分析都有理有据,二人其实没有是非输赢之分,只是看问题的角度不同。(板书:庄子,机智巧妙;惠子,逻辑性强)

【设计意图】体会庄子机智巧妙的论辩艺术。

5.感受辩手差异

二人观点的差异不只在这一件事情上,我们再通过《惠施的大葫芦》这个故事来感受一下:

庄子和惠施出去游玩,看见有户人家院子里种着葫芦。有几个葫芦长得很大,高高地悬挂在葫芦藤上。庄子说:"这些葫芦做成容器,能装很多东西吧。"惠子说:"这不算什么。魏王有一次送给我一些葫芦种子,我把它们种在地里,结出来的葫芦硕大无比,每个的容量都有五十斗。"庄子饶有兴趣地问:"这些葫芦现在在哪儿?"惠子说:"我一开始想拿它们来装水,可是它们不够结实,装上水会给撑破;我又把它们剖成瓢,可是那么大的瓢又能干什么用呢?所以东西太大的话,也没什么用处。"庄子说:"难道你把它们扔了?"惠子说:"是呀,没用的东西留着做什么。我一个一个扑通扑通都给打碎了,扔啦。"庄子惋惜地说:"唉,要我说,你也太不懂得使用大的东西了。小的葫芦可以拿来装水,大的葫芦也一定要装水吗?再退一步说,葫芦非得用来装水不可吗?你有五十斗容量的大葫芦,为什么不把它制成腰舟,绑在身上浮游于江河湖海呢?为什么老想拿它来装东西呢?你的脑筋这次实在是不灵活啊!"

提问:从这个故事中你看到了一个怎样的惠子?(板书:寻根究底)

追问:而庄子呢,庄子与朋友出游,见鱼知乐,反映了庄子当时怎样的心境和生活态度?

明确:庄子崇尚自由,所以能在自由活泼的生命中由衷地感受到愉悦,就连辩论也是非常淡定从容、机智巧妙的。这样的生活态度就和水中悠闲的鱼一样

悠然从容。这就是庄子追求的"天地与我并生,而万物与我归一"。(板书:悠然从容)

【设计意图】通过了解二人的不同,进一步体会庄子悠然从容的生活态度。

环节四:总结布置作业

教师总结顺口溜:先秦大家辩鱼乐,庄子尚美又自得,惠子求真很苛刻。辩论机智又巧妙,胜败已然不重要,旷达超脱乐逍遥。

结语:生活不只是眼前的苟且,还有诗和远方,让我们像庄子一样过诗意的生活,把生活过成诗。

课后推荐阅读:1.《惠子相梁》;2.《庄子送葬》;3.《庄周梦蝶》。

【设计意图】增加阅读量,进一步体会庄子的思想。

板书设计

庄子与惠子游于濠梁之上

庄子:机智巧妙——悠然从容

惠子:逻辑性强——寻根究底

教学反思

本课由两千多年前的一场辩论切入,有利于消除学生对文言文的抵触心理和畏难情绪,从而激发学生的学习兴趣;通过对辩论题目、观点、过程、结果的分析和对辩论情景的再现,学生不但理解了课文大意、积累了重点文言词语,而且体会到了庄子、惠子二人观点的不同;课外小故事的拓展,则进一步让学生体会了二人的不同,进而体会到庄子机智巧妙的论辩艺术和悠然从容的生活态度。

《立体图形和平面图形》教学设计

教材分析

本节课是人教版数学教材七年级上册第四章《几何图形初步》"4.1 几何图形"中的内容。立体图形与平面图形是初中学生学习几何图形的开始,本节课将认识更多的几何图形,从实物中抽象出几何图形,了解它们的广泛应用,培养学生的空间观念,为今后进一步学习更复杂的几何图形及其性质做好准备。

学情分析

本节课是初中几何的起始课,因此要充分考虑七年级学生的知识水平和认知程度。

1.学生在小学阶段已经学习了一些图形与几何的基础知识,了解了三角形、四边形、圆、圆柱、正方体、长方体等图形的形状。

2.学生主要依靠形象思维,但是已经具备基本的观察和对比分析的能力,因此可以从实物和简单图形入手,培养数学思维,发展初步的空间想象能力。

3.学生活泼、好动,好奇心和表现欲比较强,能够进行有效的合作与交流。

课型及课时安排

新授课,1课时。

教学目标

1.知识技能:初步认识立体图形和平面图形,能从具体物体中抽象出立体图形和平面图形并归纳出它们的概念,能根据几何图形举出相应实例。

2.数学思考:在探索实物与立体图形和平面图形的活动过程中,对具体图形进行概括,发展几何直观。

3.解决问题:能从具体事物中抽象出几何图形,并用几何图形描述一些现实中的物体。

4.情感态度:形成主动探究意识,丰富数学活动的成功体验,激发学生对几何图形的好奇心,感受几何图形的美及实用价值,培养热爱数学的情感。

教学重点及难点

重点:能通过实物和模型辨认简单的几何体,了解立体图形与平面图形的

顾妍,抚顺市第二十六中学教师,辽宁省职工技能大赛暨全省中小学青年教师教学竞赛优秀选手,抚顺市第十一届职工技能大赛初中数学比赛第一名获得者。

定义。

难点:从具体实物中抽象出几何图形。

教学准备

教师:学案、彩笔、圆柱、正方体、圆锥、球、棱锥、棱柱、三角形、长方形、圆等教具及多媒体课件。

学生:彩笔、圆柱、正方体、圆锥、球、棱锥、棱柱、三角形、长方形、圆等学具。

教学方法

情景教学与多媒体演示法相结合。根据学生已有的生活背景和初步的数学知识及数学活动经验,在课堂上通过展示各种实物、直观教具进行示范性实验。

教学过程

环节一:情景引入

活动内容:观看街舞视频。

教师活动:播放街舞视频,提出问题。

学生活动:通过观看视频,从中找出熟悉的图形。

【设计意图】学生通过观察再次感受这些熟悉的图形。在做中学,玩中学,通过街舞视频激发学生对几何的学习兴趣,发展几何直觉。

环节二:探究新知

活动内容:观察图片,考考大家的抽象能力。

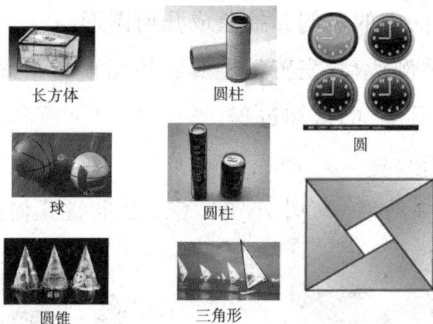

长方体　　　圆柱　　　圆　　　球　　　圆柱　　　圆锥　　　三角形

教师活动:课件展示图片,提出问题。

学生活动:(1)通过观察抽象出几何图形。(2)对这些几何图形进行分类,分成两类。

【设计意图】通过给出图片,隐藏图片,让学生经历从具体实物抽象出几何图形的过程,锻炼学生的抽象能力,逐步建构实物与几何图形之间的联系,发展学生的空间观念和对几何图形的直觉,完成教学目标。

環節三：形成概念

活動內容：生成立體圖形與平面圖形的概念。

教師活動：再舉例，長方體是立體圖形，因為它的各個部分不都在同一平面；三角形是平面圖形，因為它的各部分都在同一平面，鞏固定義。

學生活動：參與討論、思考。

【設計意圖】豐富認知領域，進一步培養學生的類比思維和形象思維，讓學生在合作學習中能大膽發表自己的見解，同時學會傾聽、欣賞，理解他人好的見解，並從中獲益。引導學生關注身邊的數學問題，逐步養成用數學知識解決問題的意識和習慣。

環節四：能力拓展

活動內容：列舉生活中的實例，看看哪些可以抽象成下列幾何圖形。

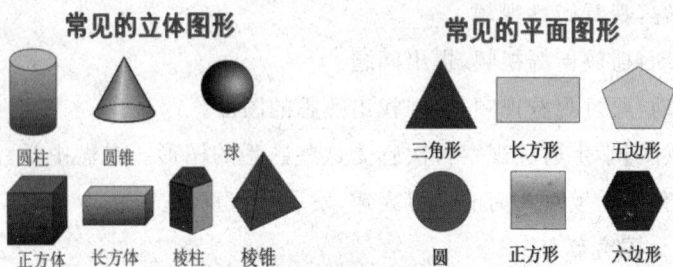

常見的立體圖形　　　　　　　　常見的平面圖形

圓柱　圓錐　球　正方體　長方體　棱柱　棱錐　三角形　長方形　五邊形　圓　正方形　六邊形

教師活動：引導學生列舉生活實例並抽象成幾何圖形。

學生活動：列舉生活中的實例並抽象成幾何圖形。

【設計意圖】通過舉例活動，完善學生對立體圖形與平面圖形的認識，引導學生形成"具體—抽象—具體"的認知過程。

環節五：學以致用

活動內容：1.大家來動手——小小美工家。2.欣賞幾何圖形。

教師活動：引導學生利用幾何圖形創作主題作品。

學生活動：用畫筆（或立體模型）進行有主題的創作，並展示彙報。

【設計意圖】結合本節課所學的內容，通過活動進行很好的鞏固。這樣設計問題符合數學知識的連貫性原則，讓學生在學習過程中體驗成功的快樂，並通過数学思想方法的渗透,提高学生的数学思维能力。

环节六:课堂小结

小结:1.大家在本节课学到了什么知识?

2.你运用了什么数学方法解决了今天的问题?

3.关于本节课,你还有什么想法或疑惑?

教师活动:引导学生进行多方面的归纳总结。

学生活动:总结知识点和学习体会。

【设计意图】课堂小结设计以开放的形式呈现,给学生提供一个交流和倾听的机会,让学生对所学知识进行总结,实现自我反馈,从而构建起自己的知识经验,形成自己的见解。

环节七:布置作业

1.结合身边的实际物体,看一看可以得到哪些几何图形,其中哪些是立体图形,哪些是平面图形?

2.动手画一画你所熟悉的立体图形。

板书设计

第四章　几何图形初步

4.1　几何图形

4.1.1　立体图形与平面图形

几何研究:形状　大小　位置关系　　　　　　　学生作品展示

教学反思

本课通过观察多姿多彩的图片,让学生亲身经历将实际问题抽象成数学模型的过程,能够由实物形状想象出几何图形,由几何图形想象出实物形状,进一步丰富学生对空间图形的认识和感受,让学生在主动学习、探索学习的过程中获得知识,培养能力,体会数学思想方法。教师引导学生积极参与数学学习活动,真正成为数学学习的主人,充分体现学生的主体地位,有意识地让学生在抽象思维、情感态度等方面取得进步与发展。

《一次函数》教学设计

教材分析

本节课选自人教版数学教材八年级下册第十九章第二节第二小节（19.2.2 一次函数）第1课时。一次函数是初中阶段学生所要学习的各类函数中最简单的一种函数，它反映了函数的特点及函数的思维方式、研究方法和应用模式。因此，学好一次函数是学好其他函数的基础。

学情分析

一次函数是中学阶段接触到的最简单、最基本的函数，它在实际生活中有着广泛的应用。一次函数的学习是建立在学习平面直角坐标系、变量与函数和正比例函数的基础上的。本节课的主要内容是学习一次函数的有关概念。由于一次函数与现实生活联系密切，在引入一次函数概念时，教材充分考虑概念的实际背景与形成过程，通过学生较熟悉的实际问题，让学生观察和分析实际问题中变量关系的变化规律，使学生领会和理解函数的基本概念及其思想方法。

课型及课时安排

新授课，共3课时，本节课为第1课时，内容是一次函数的概念及一次函数解析式的特点。

教学目标

1.理解一次函数的概念，掌握一次函数解析式的特点。

2.结合实际问题分析数量关系，列出一次函数的解析式，建立一次函数模型，利用函数知识来解决实际问题。

3.体验特殊和一般的辩证关系，掌握探究问题从特殊到一般的常用方法。

教学重点及难点

重点：理解一次函数的概念。

难点：根据实际问题列出一次函数的解析式。

教学准备

视频素材。

张静，抚顺市第十五中学教师，获得抚顺市第十一届职工技能大赛教育赛区中小学教师教学技能竞赛第二名。

教学方法

根据本节课内容的特点及学生的实际情况,主要采用师生互动探究式教学方法。在教学过程中遵循"学为主体,教为主导,练为主线"的教学思想。另外,在教学过程中采用多媒体辅助教学,直观呈现教学素材,增大教学容量,提高教学效率。

教学过程

环节一:创设情境

教师播放视频:攀登的新中国

【设计意图】通过中国登山队这一实际情境引入,使学生认识到现实生活和数学密不可分,为后面学习一次函数的概念做铺垫,同时向学生渗透热爱运动、努力拼搏的精神。

环节二:导入情境

教师用多媒体视频呈现问题,学生思考并回答:

中国登山队大本营所在地的气温为 5 ℃,海拔每升高 1 km 气温下降 6 ℃。

(1)登山队员由大本营向上登高 2 km 时,所处位置的气温是多少?

(2)登山队员由大本营向上登高 4 km 时,所处位置的气温是多少?

(3)登山队员由大本营向上登高 x km 时,他们所处位置的气温是 y ℃,试用解析式表示 y 与 x 的关系。

在学生完成问题(3)后,教师追问:这个函数是正比例函数吗?

学生回答后,教师明确告诉学生:这就是本节课要学习的一次函数,并板书课题。

【设计意图】逐层设计问题,降低了问题的难度,增强了学生学习的自信心,符合学生接受新知的规律。

环节三:活动探究

〈活动 1〉分析数量,思考回顾

下列问题中,变量之间的对应关系是函数关系吗? 如果是,请写出函数解析式。

(1)~(4)见教材 90 页"思考";

(5)有人发现,在 20~25 ℃时蟋蟀每分钟鸣叫次数 c 与温度 t(单位:℃)有关,即 c 的值约是 t 的 7 倍与 35 的差;

(6)把一个长 10 cm、宽 5 cm 的长方形的长减少 x cm,宽不变,长方形的面积 y(单位:cm²)随 x 的变化而变化。

教师引导学生分析问题,判断变量之间的对应关系是否是函数关系。如果是,学生写出函数解析式,并指出函数解析式中的常数、自变量和函数。

【设计意图】使学生经历从现实生活中抽象出数学问题的过程,从而激发学生的好奇心和求知欲。通过指出常数、自变量、函数,对函数的概念进行回顾,从而为后续环节找一次函数解析式的共同点奠定基础。

〈活动 2〉函数分类,初现概念

问题 1:将这些函数分类,说说你的分类依据。

问题 2:它们是正比例函数吗?

问题 3:它们与正比例函数有什么区别?

教师根据学生的具体表现,通过引导、点拨使学生进行观察、比较,进而得出结论。

【设计意图】培养学生的观察、分析、归纳、概括等思维能力。

〈活动 3〉形成概念、知识衔接

概念:一般地,形如 $y = kx + b(k, b$ 是常数,$k \neq 0)$ 的函数,叫做一次函数。

追问 1:这里为什么强调 k 是常数且 $k \neq 0$ 呢?

追问 2:若 $b = 0$ 呢?

明确:正比例函数是一次函数的特殊情况。

教师讲解一次函数的概念,并板书。

教师追问,学生交流、讨论,互相补充。

【设计意图】通过对概念的形式的分析使知识的衔接更顺畅。

〈活动 4〉理解概念,简单应用

一组关于概念的基础训练(见学案)。

【设计意图】进一步理解一次函数的概念,应用迁移,巩固提高,培养学生解决问题的能力。学生利用概念中对比例系数及常量的分析理解并完成本题。

环节四:深化概念,典例分析

例 1:已知函数 $y = (2 - m)x + 2m - 3$。求当 m 为何值时:

(1)此函数为一次函数;

(2)此函数为正比例函数。

学生先独立完成,学生代表回答并在黑板上演示答案。

拓展延伸:已知一次函数 $y = kx + b$,当 $x = 1$ 时,$y = 5$;当 $x = -1$ 时,$y = 1$。求 k 和 b 的值。

教师引导,学生完成解题过程。

【设计意图】学生结合实例深入理解一次函数概念的内涵,做到具体问题具体分析。拓展延伸题目使学生解决问题的能力得到进一步提升,并及时反馈学习效果,为后面学习用待定系数法求一次函数解析式做铺垫。

环节五:习题训练,巩固新知

一组训练(见学案),将本节课学到的知识及时应用,进行巩固练习。教师关注学生是否出现错误,存在的问题是否通过核对答案解决。如果没有解决,辅助学生解决问题。

【设计意图】考查本节课所学内容,巩固提高。

环节六:知识梳理,课堂总结

1.通过本节课的学习,你有什么收获?

2.你有学习经验分享给同学们吗?(思想方法、解题思路、易错提示等)

【设计意图】梳理本节课所学的内容,学生之间的经验分享更能促进数学思想方法的渗透。

环节七:布置作业

必做作业:教材第90页"练习"第1、2题,第91页第3题。

选做作业:《数学能力培养》第72页练习题。

【设计意图】充分发挥作业的巩固作用和发展作用,通过分层布置作业,夯实基础,巩固提升。

板书设计

19.2.2 一次函数

1.一次函数:一般地,形如 $y＝kx＋b$(k,b 是常数,$k≠0$)的函数

例1:

拓展:

当 $b＝0$ 时,$y＝kx$

2.结构:

(1)k:$≠0$

(2)x:次数是1

(3)常数项 b:任意实数

教学反思

本节课的教学过程,体现了在新课程理念指导下的课堂教学。在教学过程中,让学生自主学习、自主探究,培养了学生用数学知识解决生活中的问题的能力。用登山创设情境,学生置身于问题情境中,能对数学产生兴趣。本课采用步步引导的方式,为学生最终解决问题设铺垫,符合学生的认知规律。学生在找所列函数解析式的共同特点时有困难,在教学时用了大量时间让学生观察、讨论,从而突破本节课的难点,增强了学生的学习兴趣,培养了学生的表达能力和团结合作能力。

《数学活动:多边形镶嵌平面图案》教学设计

教材分析

本节课选自人教版数学教材八年级上册,"多边形镶嵌平面图案"是在学生学习了三角形、多边形相关知识的基础上展开的。通过这个数学活动,学生可以经历从实际问题抽象出数学问题,建立数学模型,综合应用已有知识解决问题的过程,从而加深对相关知识的理解,提高思维能力。

学情分析

本节课探究的问题的实际背景是日常生活中的铺地砖问题,在具体的探究过程中,学生很容易利用一种正多边形进行镶嵌,但是判断两个、多个正多边形、任意多边形是否能镶嵌成平面图形是有一定难度的。在这个过程中,学生如何利用所学知识解决问题,是需要引导和共同探究的。

课型及课时安排

数学活动课,1课时。

教学目标

1.通过小组合作,能完成简单的正多边形镶嵌,找到镶嵌的方法。

2.培养学生观察、分析判断、归纳的能力。在数学活动中,尝试从不同角度探究问题,重视知识之间的联系,体会从一般到特殊和从特殊到一般的认识过程。

3.培养积极参与数学活动的兴趣,体验获得成功的乐趣,欣赏数学美。

教学重点及难点

教学重点:掌握平面图形镶嵌的条件,培养实际操作能力。

教学难点:多个多边形进行平面镶嵌的条件。

教学准备

彩纸、剪刀、量角器、三角尺。

教学方法

本节课主要采用问题讨论法、讲解法及多媒体辅助法等教学方法,在教学过程中,教师发挥引导、指导和辅助的作用,让学生尽可能地参与到探究活动中来。

李明阳,清原满族自治县第二初级中学教师,获得抚顺市第十一届职工技能大赛教育赛区中小学教师教学技能竞赛第四名。

教学过程

环节一：创设情境，引入新课

情境：小明家装修要铺地砖，他邀请同学小强一起去装饰城挑选地砖。来到装饰城后，他们发现有很多多边形的地砖，该怎样选择呢？

师：播放视频，提出问题，引导学生利用所学知识帮助小明解决难题。

【设计意图】创设问题情境，激发学生学习兴趣，使学生从情境中走进数学课堂，体会数学来源于生活又应用于生活，进而导入新课，并为下面环节做铺垫。

环节二：合作交流，探究新知

【活动探究一】教师出示装修图片和地砖形状图片，学生观察、欣赏、交流这些图案是由哪些图形拼成的？这些图案又有什么共同特点？

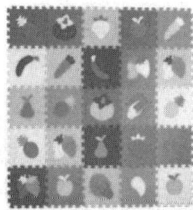

【活动探究二】演示课件动画，观察图形密铺时的特点。

问题：观察镶嵌的图案公共顶点处角度的数量关系。

结论：平面镶嵌的条件是公共顶点处所有角的和为360°。

【设计意图】师生共同探究平面镶嵌的条件。

环节三：动手操作，体验镶嵌

【活动探究一】一种正多边形的平面镶嵌的条件。

问题1：正五边形可以镶嵌吗？课件展示，学生解答。

结论：一种正多边形镶嵌的条件如下：1.边长相等；2.每个公共顶点处几个内角的和为360°；3.正多边形的内角度数能整除360°。

问题2：庭院的地面用两种图形镶嵌时，该怎样选呢？

【活动探究二】两种正多边形的平面镶嵌的条件。

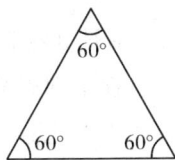

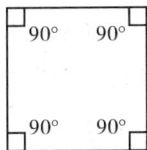

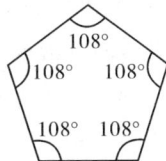

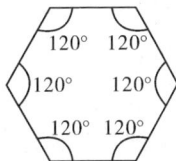

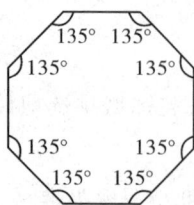

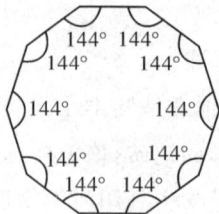

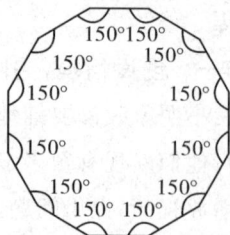

思考:选哪两种正多边形可以进行平面镶嵌呢?所选正多边形的内角度数与个数有怎样的关系?

【设计意图】在上一环节,各小组已经制作了若干边长为 8 cm 的正多边形,在制作过程中已经知道各内角的度数,此时出示问题让学生思考,然后小组合作完成拼摆、记录任务,提高了学生利用所学知识解决问题的能力和团队协作能力。

小组展示:

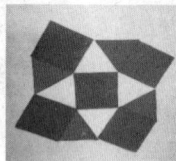

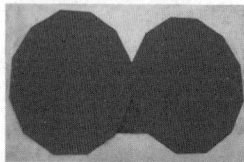

结论:$m\alpha+n\beta=360°$(α,β 为正多边形一个内角的度数;m,n 为对应的正多边形的个数)

【设计意图】学生通过拼摆和完成表格,进一步理解了平面镶嵌的特点,进而发现了两个正多边形能够拼摆成功的原理——公共顶点处的各角度数和为 $360°$,进而师生共同总结两个正多边形能镶嵌的条件。

问题 3:只有正多边形可以镶嵌吗? 用形状、大小相同的三角形、四边形可以镶嵌吗?

【活动探究三】一种任意多边形的平面镶嵌。小组合作后展示。

结论:一种任意多边形平面镶嵌的条件:任意多边形内角和能被 360 整除。

【设计意图】通过探究问题,学生在自主探究、合作交流的过程中理解多边形镶嵌平面图案的原理,既巩固了相关知识,又培养了数学思维能力及观察、猜测、验证、推理和交流的能力。

环节四:总结交流,自我评价

教师与学生一起回顾本节课所学的主要内容,学生交流学习收获和体会。

【设计意图】让学生通过交流学习收获和体会来解决问题,使学生原来模糊的认识、零散的经验得以梳理,从而初步掌握多边形镶嵌平面图案的数学原理。让学生看到自己的进步,获得成功的体验,从而提高学习热情。

环节五:布置作业,课外拓展

(1)上网搜集多边形镶嵌平面图案的优质图片。

(2)有兴趣的同学可以设计一幅美丽的镶嵌图案。

【设计意图】让不同的学生得到不同的发展。

板书设计

数学活动:多边形镶嵌平面图案

镶嵌的特点:无空隙、不重叠。

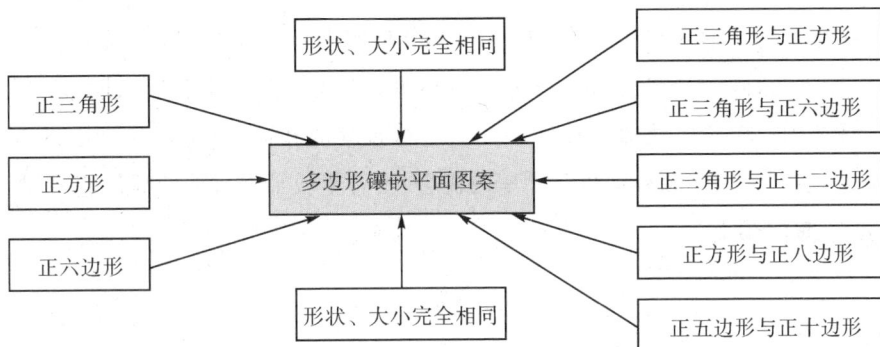

结论:$n = \dfrac{360°}{\alpha}$

(n 为正整数,α 为一个内角的度数)

结论:内角和能被 360 整除

结论:$m\alpha + n\beta = 360°$

(m,n 为正整数,α,β 为正多边形一个内角的度数)

教学反思

优点:以房屋装修为主线,通过操作活动、探究、图案设计,学生的兴趣得到激发,学生积极参与,课堂气氛活跃。学生自主探究、合作交流的意识和能力得到加强,掌握了探究的方法和原理,对多边形镶嵌图案有了较深的理解,巩固了相关知识,教学目标基本完成。在动手、动脑、动口的过程中,学生的思维能力、操作能力、表达能力有了一定的提高,加深了对"数学来源于生活又应用于生活"的认识,学会了欣赏数学美、创造数学美。

不足:课堂时间把握得不好,先松后紧,有些学生没有得到展示自我的机会。

改进措施:在今后的教学中,加强学习和研究,向优秀教师学习经验,在进行教学设计时要充分考虑各种因素,提高驾驭课堂的能力,做到收放自如。给学生创设展示自我的机会,让每个学生都能在参与学习的过程中得到展示的机会,增强学生的自信心。

《勾股定理》教学设计

教材分析

本节课选自人教版数学教材八年级下册第十七章,勾股定理是数学中几个重要定理之一,它揭示的是直角三角形中三条边的数量关系。它在数学的发展中起着重要的作用,在现实世界中也有着广泛的应用。学生通过对勾股定理的学习,可以在原有知识的基础上对直角三角形有进一步的认识和理解。

学情分析

学生已初步形成对几何图形的观察和分析能力。部分学生解题思维能力比较高,能够正确归纳所学知识,通过学习小组讨论交流,能够形成解决问题的思路。现在的学生希望教师设计便于他们进行观察的几何环境,给他们提供自己探索、发表自己见解和展示自己才华的机会,更希望教师满足他们的创造愿望。

课型及课时安排

新授课,1课时。

教学目标

1.了解勾股定理的文化背景,体验勾股定理的探索过程,了解利用拼图验证勾股定理的方法,了解勾股定理的内容;能利用已知两边求直角三角形第三边的长。

2.通过拼图活动,体验数学思维的严谨性,发展形象思维;在探索活动中,学会与人合作,并能与他人交流思维过程和探索的结果。

3.通过对勾股定理历史的了解,对比介绍我国古代和西方数学家关于勾股定理的研究,激发学生热爱祖国悠久文化的情感,激励学生奋发学习;在探索勾股定理的过程中,体验获得结论的快乐,增强克服困难的勇气,培养合作意识和探索精神。

教学重点及难点

重点:探索和证明勾股定理。

难点:用拼图方法证明勾股定理。

张健,抚顺市清原满族自治县土口子乡中学教师,获得抚顺市第十一届职工技能大赛教育赛区中小学教师教学技能竞赛第五名。

教学准备

直尺、纸、笔、趣味视频。

教学方法

本节课采用启发探究、演绎教学、讲练结合式的教学方法,根据初中学生好动、好比、好奇的特征,在课堂上进行由浅入深的启发诱导,随着教学内容的深入,使学生跟随老师一步一步地动脑、动手、动口,在探究交流中培养学生学习的积极性和主动性,将学习方式由"学会"变为"会学"。

教学过程

环节一:激趣导入

通过人类向外太空发射各种形式的信号引出"华罗庚曾建议向外太空发送勾股图",引入勾股定理。

学生观察,自由发言。

【设计意图】以学生感兴趣的生活中的事物举例,让学生产生好奇心,从而引入新课。

环节二:知识回顾

回顾整式的分类及单项式、多项式中的知识点。升幂、降幂排列的回顾及练习。

学生共同回顾并自主完成练习。

【设计意图】回顾旧知为本节课的学习做铺垫。

环节三:探索新知

1.观看视频,了解勾股定理的由来,有哪些名人为勾股定理的证明做出过杰出贡献。

学生观看趣味视频。

【设计意图】通过趣味视频来进一步激发学生的学习兴趣,使学生在不知不觉中进入学习的最佳状态。

2.以毕达哥拉斯到朋友家做客的故事引出勾股定理的具体内容。

(1)同学们,请你也来观察图1、图2中的地面,看看能发现什么。

(2)你能说出图2中正方形 A,B,C 面积之间的关系吗?

(3)图2中正方形 A,B,C 所围的等腰直角三角形三边之间有什么特殊关系?

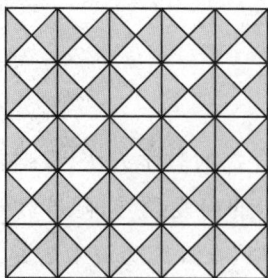

图1

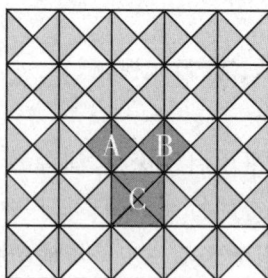

图2

学生观察并思考问题,自主思考后小组讨论。

【设计意图】通过自主探究、合作交流解决问题的方式,让学生充分发挥主体作用,学生在观察、归纳、总结后,充分发表看法。

3.通过"补形法"和"分割法"验证勾股定理的具体内容,即直角三角形两直角边平方的和等于斜边的平方。

学生练习,学生代表发言,教师引导归纳。

【设计意图】渗透从特殊到一般的数学思想,为学生提供参与数学活动的时间和空间,发挥学生的主体作用;培养学生的类比迁移能力及探索问题的能力,使学生在相互欣赏、争辩、互助中得到提高。

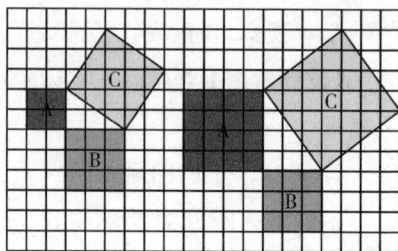

图3

4.分别用赵爽拼图、毕达哥拉斯拼图及美国总统拼图来验证勾股定理。

对勾股定理的内容进行小结。

学生共同探究勾股定理的证明过程。

【设计意图】体验数学学习的严谨性。

5.典例精析与练习。

【典例及变式】

例1.如图4,在 Rt△ABC 中,∠C＝90°,两直角边长分别为 a ,b ,斜边长为 c 。

(1)若 $a＝b＝5$,求 c ;

(2)若 $a＝1$,$c＝2$,求 b 。

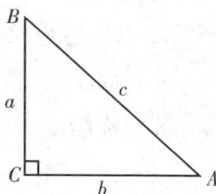

图4

【变式题1】在 Rt△ABC 中,∠C＝90°,设两直角边长分别为 a ,b ,斜边长为 c .

(1)若 $a：b＝1：2$,$c＝5$,求 a ;

(2)若 $b＝15$,∠A＝30°,求 a ,c 。

【引导归纳】已知直角三角形两边关系和第三边的长求未知两边时,要运用方程思想设未知数,根据勾股定理列方程求解。

【变式题 2】在 Rt△ABC 中,$AB=4$,$AC=3$.求 BC 的长。

注重引导:本题斜边不确定,需分类讨论,如图5、图6。

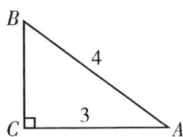 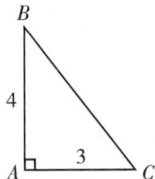

图5　　　　图6

【引导归纳】当直角三角形中已知的两条边没有指明是斜边还是直角边时,其中较长的边可能是直角边,也可能是斜边,这种情况下一定要进行分类讨论,否则容易丢解。

例 2.如图 7,已知∠$ACB=90°$,$CD\perp AB$,$AC=3$,$BC=4$。求 CD 的长。

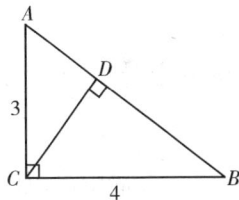

【引导归纳】由三角形的面积公式可知,直角三角形两直角边的积等于斜边与斜边上高的积,它常与勾股定理联合使用。

图7

【练习巩固】

1.图8中的两个直角三角形均由三个正方形围成,每个正方形中的数字表示这个正方形的面积,分别求图中直角三角形的面积 x,y 的值。

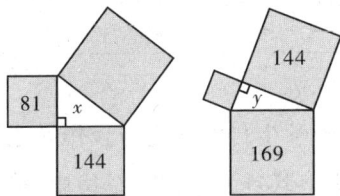 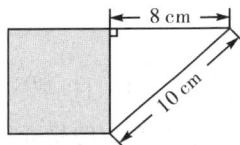

图8　　　　　　　图9

2.图 9 中阴影部分是一个正方形,则此正方形的面积为_____。

3.在△ABC 中,∠$C=90°$,设两直角边长分别为 a,b,斜边长为 c。

(1)若 $a=15$,$b=8$,则 $c=$_____。

(2)若 $c=13$,$b=12$,则 $a=$_____。

4.若直角三角形中,有两边长分别是 5 和 7,则第三边长的平方为_____。

5.求斜边长 17 cm、一条直角边长 15 cm 的直角三角形的面积。

学生先独立完成,然后互相纠错、评价,学生代表板演,教师巡视指导。

【设计意图】培养学生观察、类比、归纳、合作探究的学习能力;典例精析让学生对新知加深印象,练习活动让学生巩固新知。

环节四:总结归纳

梳理本节课所学知识并让学生畅所欲言,说出本节课的收获。

【设计意图】学生小结,互相补充,梳理本节课所学内容,整合本节课的收获,培养学生归纳总结、梳理知识的能力,渗透数学的学习方法和思想,让学生掌握本节课的核心。

环节五:布置作业

1.必做题:教材 28 页第 1～3 题。

2.选做题:

如图 10,以 Rt△ABC 的三边长为斜边分别向外作等腰直角三角形。若斜边 AB＝3,求△ABE 的面积及阴影部分的面积。

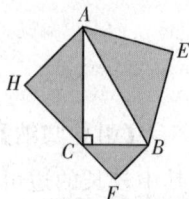

图 10

板书设计

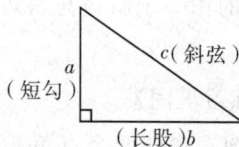

17.1　勾股定理

勾股定理:如果直角三角形的两条直角边长分别为 a,b,斜边长为 c,那么 $a^2+b^2=c^2$。

公式变形:$a=\sqrt{c^2-b^2}$,

$b=\sqrt{c^2-a^2}$,　(a,b,c 为正数)

$c=\sqrt{a^2+b^2}$,

教学反思

新课程标准要求我们将数学教学置于学生自主探究与合作交流的数学活动中,将知识的获取与能力的培养置于学生形式各异的探索经历中,关注学生探索过程中的情感体验,并发展学生的实践能力及创新意识,为学生的终身学习及可持续发展奠定坚实的基础。为此,我在教学设计中注重以下几点:一是让学生主动想学。通过"向外太空发送勾股图"和观看趣味视频,引入课题。一方面激发学生的求知欲望,另一方面也对学生进行了学习方法指导和解决问题能力的培养。二是在课堂教学中始终注重学生的自主探究。这充分体现了教师是学生数学学习的组织者、引导者、合作者。三是教会学生思维,培养学生多种能力。四是注重数学应用意识的培养。

Unit 2   I'll help to clean up the city parks.
Teaching Design

Ⅰ. Analysis of the teaching material

This lesson is from Unit 2，Section A (1a—2d)，Grade 8，Book Ⅱ of *Go for it* ! (PEP edition). The topic of this lesson is offering help and caring for others. The grammar of this lesson is the usage of infinitives. The students should also master how to give advice by using "could". This lesson introduces the value of helping each other and showing humanistic care.

Ⅱ. Analysis of the students

The students are in Grade 8. They have strong feelings to express themselves and personality. They want to know more about the world and share their feelings with others. They have more opportunities to show their personality and learn from others in the English class activities. They can be encouraged to cooperate and experience.

Ⅲ. Type and teaching arrangement

Listening & Speaking Lesson

One period

Ⅳ. Teaching aims

1. Knowledge aims

The students should memorize and use the following words and phrases：

volunteer，notice，lonely，sign，clean up，come up with，put off，cheer up，give/hand out，call up，used to，care for.

2. Ability aims

(1) The students can give advice by using "should" and "could".

(2) The students can use infinitives to offer help.

3. Emotion and attitude aims

To encourage the students to make our life more educational by volunteering to

---

白雪，抚顺市第二十二中学教师，获得抚顺市第十一届职工技能大赛教育赛区中小学教师教学技能竞赛初中英语学科状元，辽宁省中小学青年教师教学竞赛中学英语组第二名。

help others.

V. Teaching key points & Teaching difficult points

1. Teaching key points

The students can give advice by using "should" and "could".

2. Teaching difficult points

The students can offer help by using the target language and infinitives.

VI. Teaching preparation

Multimedia teaching equipment，PPT，papers

VII. Teaching methods

Task-based teaching method

VIII. Teaching procedures

Step 1　Warming up (2 minutes)

The teacher plays a video from Dr. Lu. She is an education expert and her speech is "Be a happy volunteer!" The teacher helps the students to understand the word "volunteer".

Who are they?

Dr. Lu Shizhen's speech

Who are they?

Dr. Lu Shizhen's speech

Design intention： The teacher uses the topic video to help the students understand the meaning of the new word "volunteer" and grasp the topic of this lesson.

Step 2　Leading-in and presentation (8 minutes)

The teacher presents some pictures and leads into the target language. The teacher shows three different places for volunteering to make students get more education from them. Then the students play a game to remember the target language.

Design intention： The teacher helps the students to learn the new words and phrases in situational learning. The teacher makes the students more excited about volunteering. Playing a game helps them achieve the target knowledge aims.

volunteers

They <u>volunteer to</u> help others.

clean up the city park
打扫（或清除）干净

The ways we could help others

In the hospital

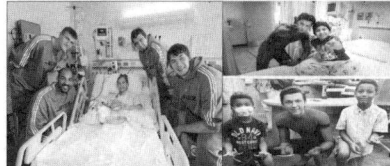

We could visit sick kids to cheer them up.
变得更高兴，振奋起来

Many hands make light work.

She doesn't want to put off helping the
sick people.
推迟
She comes up with a good idea.
想出，提出
She calls up doctors to help.
征召

Volunteering is great!

Step 3　Pair work (4 minutes)

The teacher leads the students to use infinitives to offer help. Students work in pairs and try to think of as many ways as possible.

Design intention： Pair work makes the students cooperate with each other. Changing the information makes the students more creative and active.

Step 4　Listening (8 minutes)

The teacher explains what the students have to do during the listening period. The students listen and finish the tasks. After listening，the teacher helps the students use the listening details to practice the conversations in pairs.

Design intention： This activity makes students develop the listening skills. The students can master the target language in a controlled manner.

Step 5　Role-play the conversation (8 minutes)

The teacher shows two questions about 2d and plays the tape. The students listen for the specific information. Then the teacher helps the students role-play the conversation. After that，the teacher tells the students to fill in the notice and encourages all the students to become volunteers this year.

Design intention： Role-play makes the students have a profound understanding of volunteering. Then the teacher helps the students fill in the notice about 2d. Students try to use the target language in a real situation.

Step 6   Group work (6 minutes)

After listening, the teacher designs a situation activity for the students to prepare a volunteer plan for the International Volunteer Day. And the students have to talk about what their own plan is about and how they can help others. Then the students do the exercises and sum up the lesson.

Design intention： This group work can make the students achieve both knowledge and educational aims. The teacher asks the students to discuss the plan about volunteering. They list and show their own opinions. The teacher tries her best to call up all the students to take part in the activity and encourages the students to name their own volunteer groups.

Step 7   Emotion education and homework (4 minutes)

The teacher presents pictures about the true meaning of volunteering (help, support, sharing and giving) to encourage the students to help others. At the same time, the teacher draws a sign of volunteering on the blackboard. The teacher educates the students that small contribution can make a difference to the world. At last, the teacher assigns the students homework today.

Each contribution—no matter how small —can help make a difference.
每一份贡献，无论多么微小，都能带来改变。

Design intention： The famous saying of Annan encourages the students to help people from now on. Volunteering makes the future better and more beautiful.

Ⅸ. The blackboard design

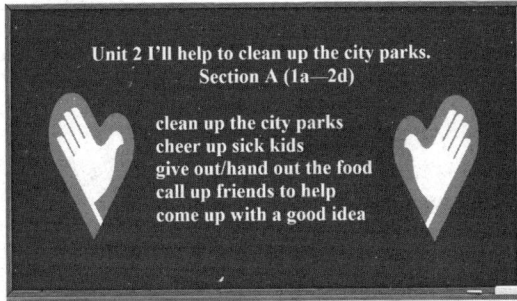

Unit 2 I'll help to clean up the city parks.
Section A (1a—2d)

clean up the city parks
cheer up sick kids
give out/hand out the food
call up friends to help
come up with a good idea

Ⅹ. Teaching reflection

The teacher leads the students to master the key points and difficult points through practice and drills. The teacher can design the activities and guide the students by using the advantage of the topic. If they have trouble, the teacher should encourage them to think, discuss and show their opinions bravely. Emotion education helps cultivate the students' morality. The students enjoy learning this lesson in a real situation.

Unit 5　What were you doing when the rainstorm came?
Teaching Design

Ⅰ. Analysis of the teaching material

This lesson is from Unit 5, Section A (3a—3c), Grade 8, Book Ⅱ of *Go for it*! (PEP edition). This is a reading class. On the basis of Section A, with reading as the core, students can read a story about how people helped each other after the storm in Alabama, USA. They can further understand the usage of the past continuous tense and learn some common vocabulary in living scenes. At the same time, I also pay attention to the emotional education of teenagers. Cultivate them to know that they should be more united, friendly and help each other in the face of disasters. This lesson plays a key role in breaking through the teaching difficulties of distinguishing "when" from "while".

Ⅱ. Analysis of the students

In the training of listening, speaking and reading in the first lesson, the students basically understand the usage of the past progressive tense. However, they are still lacking in the ability to use this tense to talk about what was happening in the past. Through the study of the article, on the basis of understanding and perception, students can imitate and comprehensively use the target language. It's the difficult point of this lesson. Creating a relaxing reading language environment for students, stimulating students' reading desire, and enhancing students' comprehensive language using ability is the main goal of this lesson.

Ⅲ. Type and teaching arrangement

Reading

This is the second part of this unit.

张伟，抚顺市教师进修学院附属中学教师，获得抚顺市第十一届职工技能大赛教育赛区中小学教师教学技能竞赛第二名。

Ⅳ. Teaching aims

1. Knowledge and ability aims

(1) To use the target new words and useful expressions: storm, wind, light, report, area, wood, window, flashlight, match, beat, against, asleep, fall asleep, rise, fallen.

(2) To talk about past events.

(3) To tell a story.

2. Process and method aims

(1) Leading into language situations, working in groups.

(2) Situational teaching approach, task-based language learning.

3. Emotion and attitude aims

Learn to be kind and help each other.

Ⅴ. Teaching key points & Teaching difficult points

To use the target new words and to talk about past events.

Ⅵ. Teaching preparation

Multimedia teaching equipment, PPT, papers

Ⅶ. Teaching methods

Task-based teaching method

Ⅷ. Teaching procedures

Step 1　Leading-in (2 minutes)

The teacher draws a TV on the blackboard. It is reported that a heavy rainstorm was in the area.

Step 2　Presentation (8 minutes)

The teacher shows PPT to the students one by one and tells a story:

We could hear strong winds and it felt like midnight.

Ben's dad was putting pieces of wood over the windows.

His mom was making sure the flashlights and radio were working.

Step 3　Pre-reading (5 minutes)

The teacher asks the students to read the passage in silence and asks what the main idea of each paragraph is.

1. The students skim the passage and choose the answers from the blackboard.

2. The students listen to the passage and get the main idea of each paragraph.

Step 4   While-reading (8 minutes)

While-reading—3b.

The teacher asks the students to read the passage aloud and answer the questions: Where did the rainstorm happen? What was the weather like before the heavy storm started?

Step 5   After reading (7 minutes)

The teacher guides the students to use the following words to describe the text: strong wind, no light, reported that, pieces of wood, beat heavily.

Step 6   Consolidation (7 minutes)

The teacher plays a video about Super Typhoon Mangkhut (山竹台风), and then asks the students to work in groups and discuss.

The students work in groups and give their opinions. What else can bring people closer together? How can we help each other in times of difficulty?

After that the teacher makes a conversation: Although the storm broke many things apart, it brought families and neighbors closer together.

Step 7   Summary (2 minutes)

With the teacher's help, students summarize what they have learnt in this class.

Step 8   Homework (1 minute)

The teacher asks the students to write a composition about how we can help each other in times of difficulty.

Preview homework

What were you doing at the time last Sunday? Fill in the chart. Then ask your partner.

	You	Your partner
9:00 a.m.		
11:30 a.m.		
4:00 p.m.		
9:00 p.m.		

Ⅸ. The blackboard design

Unit 5　What were you doing when the rainstorm came? Section A（3a—3c）

with no light

beat against the window

fall asleep

The storm brought people closer together.

Ⅹ. Teaching reflection

Students can use reading strategies to deal with many problems in this class. But if they don't make good preparation for the class, they'll not use the strategies well. So the teacher should ask the students to prepare for the new lesson.

Unit 5 Do you want to watch a game show?
Teaching Design

Ⅰ. Analysis of the teaching material

This lesson is from Unit 5, Section B, reading part (2a—2e), Grade 8, Book Ⅰ of *Go for it*! (PEP edition). For the central topic, it revolves around "talking about hobbies and making plans". Section A is the collection and learning of basic language content. Section B further expands students' basic knowledge and comprehensive language application abilities on the basis of Section A. At the same time, some reading and writing activities are also arranged in this class. During the teaching process, the teacher integrates the teaching content of this unit and guides students to try to describe their favorite cartoon images. This unit is a practical and interesting topic for students. Learning in this class is of great help to improve students' comprehensive language application abilities under specific context, enrich students' life, cultivate their sentiment, and benefit students' moral education.

Ⅱ. Analysis of the students

The students of Grade 8 are active in thought and have a wide range of hobbies. Some students want to express themselves very strongly, while some students are ashamed to express their ideas. They are eager to learn, but at the same time tend to be lazy. The purpose of learning is not clear. After one year of English learning in junior high school, the eighth grade students lay more stress on the study of written English and have relatively few chances to speak English. At this time, the phenomenon of polarization have already appeared in students' English learning, so teachers are required to pay attention to the layered setting of the questions, to fully inspire each child's enthusiasm for learning, so that every child in this classroom can have the sense of mastering and learning something. At the same time, students' reading abilities can be

郝旭,抚顺市清原满族自治县第三初级中学教师,在抚顺市第十一届职工技能大赛初中英语比赛中荣获"抚顺市技术明星"称号。

课程改革背景下的——创新教学设计

improved through learning.

Ⅲ. Type and teaching arrangement

Reading.

This topic is one period. The content of this lesson is based on Mickey and focuses on training students' reading abilities.

Ⅳ. Teaching aims

1. Knowledge aims

(1)Words & phrases

culture, famous, appear, become, rich, successful, might, main, reason, film, unlucky, lose, come out, be ready to, try one's best

(2)Sentences

When people say "culture", we think of art and history.

One of the main reasons is that Mickey was like a common man, but he always tried to face any danger.

2. Ability aims

Improve scanning/skimming reading abilities through article reading.

3. Emotion and attitude aims

Through reading, students understand the status of cartoons in American culture, especially the birth and fame of Mickey Mouse, thus deepening our understanding of Chinese culture, forming cross-cultural awareness and enhancing patriotism.

Ⅴ. Teaching key points & Teaching difficult points

1. Master the new words and expressions.

2. Read the passage to get relevant information and improve students' comprehensive reading abilities.

3. Talk about their favorite cartoon characters by using the expressions they have learned.

Ⅵ. Teaching preparation

Multimedia, colored chalk

Ⅶ. Teaching methods and Studying ways

Teaching methods: situational approach, task-based teaching method

Studying ways: Cooperation, communication

Teaching procedures

Step 1　Warm up & Lead in

1. Greet the students and play a video to lead in the class.

T：What's the video about?　　　S：Cartoons.

T：Do you like cartoons?　　　　S：...

2. Show pictures to talk about their favorite cartoons.

Design intention：Lead into the new lesson by a video, to make the students interested in the lesson.

Step 2　Presentation

1. Pre-reading

Show pictures and let the students guess the teacher's favorite cartoon character. Then let the students guess the main idea of the article according to the pictures.

Design intention：Stimulate students' interest in learning and lead to fast reading.

2. While-reading

(1)Skimming

Read the article and match each paragraph with the main idea.

Give the students 2 minutes to do it. Before reading, give them the reading strategy.

Choose some of them to give the right answer.

Design intention：Help the students master the new knowledge and the reading skills.

(2)Scanning

Give the students 3 minutes to work in groups and fill in the charts. Before reading, the teacher also shows them the reading strategy.

Choose some of them to give the right answer. At the same time teach the new knowledge "come out", "the Hollywood Walk of Fame".

(3)Careful reading

①Read Paragraph 1 and finish Mickey's file.

Give the students 3 minutes to complete the part and show the answers.

Give explanation and teach the new knowledge "with".

②Complete "Who, What, How" questions according to the picture and the article.

③Read Paragraph 2 and fill in the blanks.

Give the students 4 minutes to work in groups. Then match the answers.

Show the background of Mickey.

④Read Paragraph 3 and choose T or F.

Give the students 2 minutes to complete the part.

Match the answers and show the key points "not as/so … as".

Design intention: Train the students' abilities of listening, speaking, reading and writing. Tell them some reading strategies so that they can get better understanding of the article.

3. Post-reading

(1)Try to retell the article according to the mind map.

Give the students 4 minutes to prepare for it. Give them guidance. Pay attention to the pronunciation. Choose some of them to do it and give the best one high praise.

(2)Make a report.

What cartoon character is a symbol of Chinese culture? Let the students make a report.

Give the students 3 minutes to make a survey. Then choose some of them to make a report.

Give the best reporter high praise.

T: There are not only cartoons in Chinese culture, but also some other culture in China. What can you remember? Look at the picture. What's this?

S: Tea culture…

T: Our motherland has a long history, gorgeous culture, great people and wonderful views, so I am proud of my motherland and love my motherland so much. Do you agree with me?

S: Yes.

T: Congratulations. All of you did a good job.

Design intention: Train the students' abilities of writing and speaking, and consolidate the knowledge.

Step 3 Exercises

Do exercises.

Rules: All teams choose their favorite topic and answer it in turn. The team can get a point if the answer is right.

Design intention: To consolidate the knowledge they learned this class.

Step 4　Summary & Emotion and attitude aims

T: What have you learned this class?

S: …

T: Let's make a summary. Give you a group evaluation. Congratulations, Group 1. The other groups keep working harder.

Show the emotion and attitude aims.

Laughter is timeless, imagination has no age, and dreams are forever.

Design intention: Consolidate the knowledge and enable the sutdents to further grasp the essentials of this lesson.

Step 5　Homework

Write an article about their favorite Chinese cartoon.

Design intention: To consolidate the knowledge they learned this class.

Ⅸ. The blackboard design

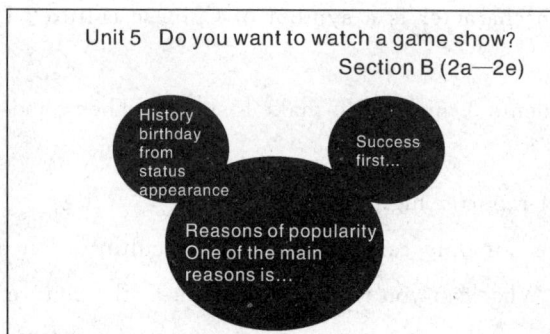

Unit 5　Do you want to watch a game show?
Section B (2a—2e)

History birthday from status appearance

Success first…

Reasons of popularity
One of the main reasons is…

Ⅹ. Teaching reflection

I use the multimedia teaching method to design the picture information question and answer, which attracts the students' interest in learning. The dialogues and exchanges among the classmates stimulate the students' sense of cooperation and competition, and improve the students' language expression abilities. I design an article "Write a short passage about your favorite Chinese cartoon and describe your favorite character". Let the students use the knowledge they have learned in the class to write their own article. It can train their ability of writing.

Unit 10   I've had this bike for three years.
Teaching Design

Ⅰ. Analysis of teaching material

This lesson is from Unit 10，Section B (2a—2d)，Grade 8，Book Ⅱ of *Go for it*！（PEP edition）. This part tells people from rural to urban areas pay attention to their hometowns，including the changes and some characteristics of their hometowns. The reading material contains rich vocabulary and reproduces the grammatical function items of this unit. At the same time，it helps with the strategy training of guiding students to guess the content of the article by using the known background knowledge.

Ⅱ. Analysis of the students

Students have certain foundation. They can describe the feelings of the surrounding things and properly express feelings. In order to enable students to better understand the article，new words，phrases and the usage of them have been taught. At the same time，the teacher lets the students understand and experience the feeling of homesickness by reading something about the hometown written by the people who leave the country.

Ⅲ. Type and teaching arrangement

Reading lesson

Section B (2)

One period

Ⅳ. Teaching aims

1. Knowledge aims

（1）Master the important words and phrases.

（2）Be able to express new sentences in the present perfect tense.

2. Ability aims

（1）Use the knowledge they have learned to predict some new information

---

郎秀凤，抚顺市第二十三中学教师，获得抚顺市第十一届职工技能大赛教育赛区中小学教师教学技能竞赛第四名。

and cultivate their reading abilities.

(2)Talk about similar topics with words, phrases and present perfect tense.

3. Emotion and attitude aims

Learn to express their feelings for their hometowns and their great ambitions to build their hometowns.

Ⅴ. Teaching key points & Teaching difficult points

1. Teaching key points

(1)Talk about the changes of the hometowns with present perfect tense.

(2)Use the knowledge they have learned to predict some new information and cultivate their reading abilities.

2. Teaching difficult points

Retell the passage with proper words and correct tenses and complete 2c.

Ⅵ.Teaching preparation

Multimedia courseware, blackboard, recorder

Ⅶ.Teaching methods

Situational teaching method, multimedia assisted teaching method

Cooperative learning method, task-based teaching method

Ⅷ.Teaching procedures

Step 1　Lead in

T: Show some pictures about our hometown.

Play a video about people who can't come back to their hometowns very often.

S: Watch and guess.

Design intention: Help students understand the changes in their hometowns and directly enter into the theme. Then let the students understand the construction workers and pay attention to the changes in their hometowns and their lives, to pave the way for the study of this article.

Step 2　Pre-reading—2a

T: (1)Our government has built many beautiful places for us. But millions of Chinese people leave the countryside or their hometowns every year. Why?

(2)How often do you think these people visit their hometowns?

S: Students look at the pictures and guess, then try to answer the questions before reading the passage.

Design intention: To train students to make use of their existing knowledge to observe and predict before reading.

Step 3　While-reading

1. Skimming

T: Read quickly and match the main idea.

S: Read the passage quickly, just look it through and try to know the main idea.

Design intention: Cultivate students' reading skills and let them find the theme sentence by skimming.

2. Scanning

T: Read the passage and fill in the blanks and then tell T or F.

S: Answer the questions.

Design intention: Cultivate students' reading skills of scanning. Let them find key words in reading, obtain key information, and then get the answers to the questions.

3. Careful reading—2b

T: Read the passage carefully and fill in the chart.

S: Read the passage by themselves and then answer the questions.

Design intention: Cultivate students' reading abilities and find answers in details.

Step 4　Post-reading

1. Summary—2c

T: Ask the students to complete the summary with words from the passage.

S: Try to say the correct answers.

Design intention: Through the summary, students can review the main content of this paper. Help them to remember the passage.

2. Retell

T: We have learned the passage. Can you retell the story?

S: Students talk about the story.

Design intention: By retelling the text, help students deepen the memory of the text and practice their oral expression abilities and language output abilities.

3. Discuss & Report—2d

T：Please look at these photos of our hometown. It's very beautiful and it has changed a lot. What changes do you think are good?

S：Students have a discussion in groups and then I choose some of them to make a report.

Design intention：Train the students' abilities of group cooperation. And train the students' discussion abilities and language output abilities.

Step 5　Exercises

T：Ask students to read the passage and then check the answers.

S：Finish the exercises.

Design intention：Consolidate the reading strategy in time, and achieve the purpose of applying what they have learned.

Step 6　Homework

Level A

Our hometown is striving for a national civilized city. Your school will strive for a civilized school. As middle school students, what should you do? Please think carefully and issue a proposal for your school! (60—80 words)

Level B

Retell the text.

Level C

Read the text aloud and fluently.

Design intention：Through layered homework, let all the students have a sense of achievement to improve their enthusiasm for learning English.

Step 7　Summary

T：Summarize what they learned in class.

S：Students talk about this class.

Design intention：Emphasize the emotional education of knowing and loving their hometowns.

Ⅸ. The blackboard design

Unit 10 I've had this bike for three years.
Section B (2a—2d)

Ⅹ. Teaching reflection

This class is a reading class, mainly to practice students' reading and writing abilities, so when I set up the teaching link, I solve the key points and break through the difficulties. Through the teaching of reading strategies, I can teach students effective reading methods. I can help students develop good reading habits, improve their reading abilities, and use the real situation of language to achieve real and effective language output. In order to emphasize students' subject of the classroom, I will continue to work hard to create more interesting and effective teaching activities.

《爱在家人间》教学设计

教材分析

本节课是部编版《道德与法治》七年级上册第三单元第七课《亲情之爱》第二框题的内容。《亲情之爱》由"家的意味"、"爱在家人间"和"让家更美好"三部分构成,第一框题"家的意味"引导学生感知家的意义,进而学会孝亲敬长,为本框题的学习奠定基础。本框题包括"体味亲情"、"爱的碰撞"和"沟通传递爱"三目,主要引导学生体会亲情之爱,正确对待爱的碰撞,掌握与父母沟通的正确方法等,为第三框题的学习做铺垫,在教材中有承上启下的重要作用。

学情分析

七年级的学生逐渐进入青春期,由于特殊的生理变化、心理特点以及学业与生活的压力,既需要父母的呵护、关注和关爱,享受家庭的亲情,又容易与父母产生矛盾,甚至产生逆反心理。很多时候,学生把父母的爱当作理所应当的事情,且不认同父母的表达方式,不理解父母的关爱之情,自我封闭,不愿意与父母沟通。因此,教师应注重引导学生协调与父母之间的矛盾,学会与父母沟通交往,帮助学生感受父母之爱,从而促进学生的身心健康成长。

课型及课时安排

新授课,1课时。

教学目标

1.情感、态度和价值观目标:体会父母对自己的关爱之情,增强热爱父母、孝敬父母、关爱家人的意识。

2.能力目标:提高对产生亲子冲突原因的分析能力,掌握与父母沟通的技巧和处理亲子冲突的方法,提高运用正确的方式与父母沟通的能力。

3.知识目标:了解亲子冲突产生的原因,明白亲子冲突需要通过双方的互动沟通来解决。

教学重点及难点

重点:亲子沟通的方法和技巧。

难点:亲子冲突产生的原因。

李歌,抚顺市第五十中学教师,获得抚顺市第十一届职工技能大赛教育赛区中小学教师教学技能竞赛状元,辽宁省中小学青年教师教学竞赛优秀选手。

教学准备

教师:收集素材,设计活动,制作课件,准备心形卡片。

学生:回想与家人在一起的温暖幸福瞬间,做好课前预习。

教学方法

教法:案例分析法、情境教学法、活动教学法。

学法:自主探究法、小组讨论法、合作交流法。

教学过程

环节一: 创设情境 导入新课

教师活动:播放"最美孝心少年"路子宽的视频片段并提出问题——他为什么增肥? 爸爸为什么坚决不同意? 这些都源于什么?

学生活动:观看视频,思考问题,感受家人的爱。

【设计意图】通过"最美孝心少年"的事迹创设教学情境,唤起学生内心的情感体验,制造认知冲突,使学生初步感受亲情之爱,从而导入新课。

环节二: 合作学习 探究新知

一、爱的体味【活动一:回忆过去,分享爱】

教师引导:雨中一把倾斜的伞,每天早起为你做的饭,生病时陪在你床前熬红的眼……都体现着家人对你的爱,你能跟大家分享一件体现亲情之爱的事例吗?

学生活动:分享、体味亲情之爱。

教师引导:随着三孩政策的实施,很多同学有了弟弟或者妹妹,家庭结构有了变化,这时候你得到的爱会不会减少?

学生活动:通过思考感受虽然家庭结构变化了,但爱并不会减少。

【设计意图】引导学生结合自身经历体味亲情之爱,充分挖掘学生已有的生活经验,增强学生爱家、爱亲人的情感,也为后面解决亲子冲突奠定情感基础。

二、爱的碰撞【活动二:探究原因,分析爱】

教师活动:播放家庭教育剧《小欢喜》视频片段并引导学生思考,方一凡与妈妈的冲突是由什么引发的?

学生活动:观看,思考,回答。

教师引导:生活中,你与家人发生过哪些方面的冲突?

学生活动:思考,回答(成绩、挑食、玩手机、穿衣服等)。

教师引导:可见,亲子冲突几乎在每个家庭都有发生。亲子冲突产生的原因是什么呢? 亲子冲突解决不好会有什么危害呢? 结合教材 79～81 页,前后桌同学四人为一组,展开探究。

学生活动:小组合作探究亲子冲突产生的原因,汇报成果。

【设计意图】依据课标要求,选取学生熟悉的电视剧片段组织教学,充分激发学生学习的积极性和主动性;通过小组合作探究,培养学生的分析能力、合作探究能力和语言表达能力,使学生了解亲子冲突产生的原因及危害,从而突破教学难点。

三、爱的沟通【活动三:出谋划策,呵护爱】

教师引导:方一凡和妈妈这种由学习引发的冲突可能在每个家庭中都发生过。如果你是方一凡,你会运用哪些智慧和沟通技巧来化解这场冲突呢?前后桌四人成立一个剧组,其中一个导演、一个编剧、两个演员,表演出化解冲突的过程。

学生活动:角色扮演,出谋划策,探寻沟通方法和技巧。

【设计意图】课标指出,情感体验和道德实践是最重要的道德学习方式。本着"精选深用"的原则,引导学生针对上一视频中展现的亲子冲突问题,以情境表演的形式探求解决方法,体现思维的连续性,使学生在情境体验中掌握亲子沟通的方法和技巧,提高学生运用正确方式与父母沟通的能力,使学生获得情感体验的同时,深化思想认识,从而突出教学重点。

四、爱的表达【活动四:敞开心扉,表达爱】

教师引导:要问这个世界上谁的爱最无私,那就是父母的。你能说出父母的生日吗?你想过自己衣食无忧的背后,父母付出了多少辛劳吗?你有多长时间没对他们说过"我爱你"了?树欲静而风不止,子欲养而亲不待。此时此刻,你最想对父母和亲人说些什么?把它写在爱的表白卡上吧。

学生活动:写下最想对父母和亲人说的话(感谢、道歉或是今后怎样做),勇敢表达。

【设计意图】道德与法治教学,知是基础,行是关键。引导学生写下最想对父母和亲人说的话,以知导行,使学生养成热爱父母、孝敬父母、关爱家人的意识并付诸行动,落实情感、态度和价值观目标及学科德育目标。

环节三:课堂总结　升华情感

教师总结:习近平总书记指出:"家庭和睦则社会安定,家庭幸福则社会祥和,家庭文明则社会文明。"希望通过这节课的学习,同学们能在家庭生活中更好地感受爱、理解爱、践行爱,让我们的家庭更加和睦温馨,让我们的社会更加和谐稳定!

【设计意图】结合习近平总书记的有关讲话提升所学内容的高度,使学生意识到"小家"和谐对于"大家"安定的重要性,进而树立为建设和谐家庭、和谐社会而努力的意识,培养社会责任核心素养,也为下一框题的学习做了铺垫。

环节四:课内练习　课外延伸

教师活动:展示强化本节课重难点的练习题,引导学生作答。布置课后作业,通过实际行动表达对父母家人的爱,并记录下来。

【设计意图】重申重难点,巩固所学。注重课内课外相结合,引导学生学以致用,更好地发挥道德与法治学科的德育功能,提升学生核心素养,落实立德树人根本任务。

板书设计

7.2　爱在家人间

和

方法技巧　爱的沟通　理解接纳
原因　爱的碰撞　危害
爱的体味

【设计意图】本节课的板书设计为"和"字,既保证知识的完整性和条理性,突出教学重难点,又以心形突出了课题的"爱",而"和"字与本单元的立意以及习近平总书记讲话精神相契合,为下一框题"让家更美好"的学习奠定基础,突出了社会主义核心价值观中的"和谐",有利于进一步落实情感、态度和价值观目标,体现了知识性、艺术性及情感性的巧妙结合。

教学反思

成功之处:本节课以"爱的体味""爱的碰撞""爱的沟通""爱的表达"四个活动贯穿其中,选取了贴近学生生活的素材组织教学,设置了具有启发性、创新性、可操作性的教学活动,充分调动了学生学习的积极性和主动性,注重学生的体验和实践,学生课堂参与度高,体现了"以学生为主体"的教学理念,教学三维目标及学科德育目标基本实现。

不足之处:"家庭结构变化,亲情仍在"这一点,考虑到个别同学由于父母离异等原因,他们的自尊心较弱,此话题较为敏感,因此一言带过,没有引导学生深入思考。由于课堂时间有限,不能让学生逐一展示,个别学生与父母的问题没有找到合适的解决方法,需要课后单独沟通。

《少年有梦》教学设计

教材分析

本节课选自部编版《道德与法治》七年级上册教材第一单元第一课,本单元是初中阶段道德与法治课程的起点。

本框题共有两目内容,第一目"有梦就有希望",主要围绕编织人生梦想是青少年时期的重要生命主题展开学习,重点引导学生讨论人在少年时期拥有梦想的重要性。第二目"努力就有改变",承接第一目的内容,主要帮助学生破解"怎样实现梦想"这一难题。引导学生认识到少年强则中国强,帮助学生认清自己肩负的责任,从而增强少年责任担当的自觉性。

学情分析

七年级学生刚跨进中学的大门,编织人生梦想是他们的重要生命主题。帮助学生明确方向,树立正确的生活态度,坚信努力就有改变,勇于追梦,不懈圆梦是本课的重要目标。青少年有自己的美好梦想,但还不能理性地、全面地看待社会的发展,对国家和社会的发展思考不多,教师需要引导他们将个人梦和中国梦有机结合,将自身的成长和祖国的发展相结合,从而为实现中华民族伟大复兴的中国梦添砖加瓦,贡献力量。

课型及课时安排

新授课,1课时。

教学目标

情感、态度和价值观目标

1.感受梦想的力量,培养积极向上的人生态度。

2.积极主动地树立正确的梦想,有意识地规划自己的未来。

能力目标

1.学会把握人生机遇,促进自我发展。

2.学会将个人梦和中国梦有机结合,将自身的成长和祖国的发展相结合。

知识目标

1.知道中学生活面临着许多机遇与挑战,懂得努力就有改变。

龙超,抚顺市实验中学教师,在辽宁省中小学思政教师教学基本功展示交流活动中获评三等奖,抚顺市第十一届职工技能大赛教育赛区中小学教师教学技能竞赛第二名,荣获"教学明星"称号。

2.树立正确的梦想,掌握追逐梦想、实现梦想的方法。

教学重点及难点

重点:树立正确的梦想,有意识地规划自己的未来。面对机遇与挑战时,懂得努力就会有改变。

难点:掌握追逐梦想、实现梦想的方法。学会将个人梦和中国梦有机结合,将自身的成长和祖国的发展相结合。

教学方法

教师教法:分组合作教学法、讨论式教学法、多媒体辅助教学法。

学生学法:自主交流学习法、实践操作法、探究式学习法。

教学准备

多媒体课件、视频资料、彩色贴纸、辩论材料等。

教学过程

环节一:创设情境,激趣导入

活动设计:播放视频——2020东京奥运会田径女子铅球冠军巩立姣夺冠后的采访。

教师活动:播放视频,创设情境,导入新课。视频中巩立姣激动地说道:"人一定要有梦想,万一实现了呢?"同学们,你们是否也像她一样怀揣梦想?你的梦想最终会不会实现?让我们开启今天的学习,一起去寻找答案!(板书:少年有梦)

学生活动:观看视频,积极思考;进入新课学习。

【设计意图】通过一段巩立姣夺冠的视频,引发学生思考自己的梦想,感受拥有梦想的重要性,激发学生的学习兴趣。

环节二:编织梦想,梦想创造希望

1.梦想的含义

活动设计:创设问题情境。

教师活动:结合视频提问,什么是梦想?

点拨:梦想是对未来美好生活的愿望,它能不断激发我们的热情和勇气,让生活更有色彩。

学生活动:观看视频,畅所欲言——梦想,是对未来的一种设想;梦想就是理想……

【设计意图】观看视频会触动学生心灵,使学生认识到自己应该有梦想,进而加深对梦想的认识。

2.梦想的重要性

活动设计:讨论与分享。

教师活动:组织小组讨论,提出问题,引发思考。

(1)你的梦想是怎样的？都能实现吗？

(2)如果梦想不能实现,那么梦想还有意义吗？

点拨:编织人生梦想,是青少年时期的重要生命主题。有梦想,就有希望。

学生活动:小组讨论,回答问题。

预设:(1)学生畅所欲言,各小组交流自己的想法,派代表展示和交流看法,其他小组做补充和完善。(2)梦想即便没有实现,也是有意义的。

【设计意图】组员之间相互分享自己的梦想,思考梦想的价值和意义。培养学生的平权与团队精神,提高学生分析问题的能力。落实情感、态度和价值观目标,突出教学重点。

3.少年梦想的特点

活动设计:探究与分享。播放视频——袁隆平的梦想。

教师活动:播放视频,创设问题情境。

提问:从袁隆平的事迹中,我们获得了怎样的启示？他的梦想的实现给他人和国家带来了什么？

点拨:(1)少年的梦想,是人类天真无邪、美丽可爱的愿望。

(2)少年的梦想,与个人的人生目标紧密相连。

(3)少年的梦想,与时代的脉搏紧密相连,与中国梦密不可分。

学生活动:观看视频,回答问题。反思自己的梦想及袁隆平的事例,明确自己的人生目标。

【设计意图】合作并分享自己的经验,提高分析问题的能力。培养学生的学科素养,增强学生的政治认同感,从而使学生立志将个人梦与中国梦紧密相连。落实能力目标,突破教学难点。

4.中国梦

活动设计:结合教材相关链接,简单介绍中国梦。

教师活动:同学们,你们了解中国梦吗？

点拨:中国梦,就是实现中华民族伟大复兴,是中华民族近代以来最伟大的梦想。

学生活动:学生各抒己见。了解中国梦的内涵,明确少年梦与中国梦密不可分。

【设计意图】学生了解中国梦,更有利于实现个人梦与中国梦的结合,提升学生的爱国情感。

环节三:付诸行动,努力就会改变

1.梦想与现实的关系

活动设计:出示关于梦想与现实的几种观点,进行辨析与澄清。

教师活动:组织课堂辩论。

点拨:辨析后进行正确引导。梦想不等于现实,它们之间有距离,但只要我们付出努力,就可以拉近梦想与现实的距离。不懈地追梦、圆梦才能改变生活,才能实现梦想。

学生活动:课前收集资料,按照所持有的观点,小组代表向其他小组阐述自己的观点和理由。

【设计意图】课堂辩论参与性强,带动学生换位思考,凸显学生的主体性。培养学科核心素养,增强理性精神,促使学生做出理性的解释、判断和选择。

2.实现梦想需要努力

活动设计:创设问题情境。播放视频——巩立姣坚持不懈21年。

教师活动:播放视频,提出问题——从巩立姣奥运夺冠的历程中,你得到了什么启示?

继续提问:如果在实现梦想的道路上遭遇失败,你还会继续吗?

点拨:努力,是一种生活态度,是一种不服输的坚忍和失败后从头再来的勇气,是对美好的不懈追求。

追加提问:实现梦想需要努力,那我们又该如何实践呢?

点拨:努力,需要立志。志向是人生的航标。努力,需要坚持。努力,也有方法。

学生活动:观看视频,思考并回答问题。通过聆听教师的总结,理解努力的含义。分析得出实现梦想的方法。结合自己实际,思考努力的方法。

【设计意图】鼓励学生向奥运冠军学习,通过事例得出坚持梦想需要努力。引导学生反思如何努力才能实现梦想,从而总结出实现梦想的方法。落实知识目标,突破教学难点。

环节四:新知回顾,知识梳理

活动设计一:师生共同回顾本课收获。

教师活动:指导学生畅谈本节课的收获,对板书进行图形设计。

点拨:每个人都有自己的梦想,有了梦想就如同鸟儿有了翅膀,才能够展翅飞翔。

学生活动:共同交流本节课中自己在知识、能力等方面的收获,分享自己的真实感受。

【设计意图】学生畅谈收获,能够提高自身的能力与素质,增强社会责任感,为精彩的明天做好准备。在此基础上对板书进行图形设计,有助于学生从整体上把握知识,形成体系。

活动设计二:习题反馈。

教师活动:课件展示精选习题,引导学生答题,对有异议的习题进行适当点拨。

点拨:根据答题实际情况进行总结。

学生活动:认真答题,对有异议的习题,先进行同学间的自主交流。

【设计意图】了解学生对所学内容的掌握程度与实际运用的能力,做到理论联系实际。

环节五:落实行动,情感升华

活动设计:制订本学期的努力计划。

教师活动:提出活动要求,任选学生进行讲解,并对学生提出希望。(歌曲:《少年》)

学生活动:用彩色贴纸制订努力计划,进行展示与讲解,作为同学们的努力方向。

预设:同学们的语言功底不一样,对写不出来的同学可以降低要求。

【设计意图】用不同的方式激发学生的兴趣和创作欲望,培养学生实践与探索的精神,制订的努力计划有利于学生对现阶段的梦想进行规划,引发学生思考未来、思考人生。

板书设计

少年有梦

梦想
重要性
特点

实现
努力
方法

教学反思

    学生对本节课的内容并不陌生,首先要找准切入点:教育目标,要贴近学生的生活,选择袁隆平的梦想,让学生感受梦想的力量,树立积极向上的人生目标。在未来理想的选择部分,学生毕竟没有进入社会,对职业的了解与研究停留在搜索和调查阶段,需要老师在课堂上及时提示和补充。

    总体来看,本节课的设置达到了预期的效果,强化了课堂的德育目标,有梦就有希望,它能不断激发我们的热情和勇气,有利于培养学生的奋斗精神和敢于探索的勇气;加深了学生对中国梦的了解,有利于培养学生对国家的认同感和爱国情怀。

《单音与和声》教学设计

教材分析

本课是部编版《道德与法治》七年级下册第三单元第七课的第一框题。本框题共设两目,即"个人意愿与集体规则"和"让和声更美"。本课承接上一课内容,通过对个人意愿和集体规则间辩证关系的分析,帮助学生理解规则对个人利益的根本性保障,思考个人意愿与集体规则之间发生冲突的原因,寻求个人意愿与集体规则之间的平衡,引导学生合理表达意见,通过改进集体中的不合理因素,使个人更好地遵守规则,以保持和声的和谐。

学情分析

初中阶段的学生多为12～15岁的青少年,处于生理和心理急速变化的关键时期,身心发展容易出现不平衡。在集体中,他们既想参与其中,又渴望个性化的发展,既盼望与他人交流,又经常无法控制个人的情绪和行为,因此,容易引发个人与集体、个人与他人的冲突,这是一种正常的现象。教师和学生要转变对冲突的认识,认识到对冲突的认识与解决过程不仅是学生掌握处理冲突的方法与技巧的途径和手段,也是集体发展的动力。

课型及课时安排

新授课,1课时。

教学目标

情感、态度和价值观目标:热爱集体,涵养自觉遵守集体规则、规范的品格;增强责任意识,体会集体生活中的责任感;树立大局意识、集体观念,坚持集体主义原则;坚持和谐、友善等社会主义核心价值观。

能力目标:提高处理在集体生活中发生的矛盾和冲突的能力,处理好个性化需求和集体共同要求的关系;提高在集体生活中人际交往的能力;提高对复杂事物进行理性分析、分辨是非善恶的能力。

知识目标:理解个人意愿与集体规则之间的辩证关系,知道集体利益和个人利益的关系,理解集体主义原则。

姚娜,抚顺市第五十中学教师,获得抚顺市第十一届职工技能大赛教育赛区中小学教师教学技能竞赛第三名。

课程改革背景下的创新教学设计

教学重点及难点

教学重点:让集体的和声更美。

教学难点:个人意愿与集体规则的关系、个人利益和集体利益的关系。

教学方法

教法:讲授法、讨论法、情境探究法、案例分析法。

学法:探究学习法、合作学习法。

教学准备

将学生分为四个小组,让学生以小组为单位自选曲目进行手势舞的编排。

教学过程

环节一:导入新课

【体验活动】组织学生进行音符演唱,先分组进行单音符演唱,再进行全班合唱。

师:今天我们来一个轻松点儿的开场,一起做一个音乐练习。

学生跟着老师的指挥演唱。

师:大家做得非常好。刚才我们唱的 do—mi—sol,都是单音符,而大家一起唱的,属于和声,大家觉得哪个更好听,更饱满? 如果把单音比作个人,那么和声就应该是集体,两者之间应该有什么样的关系呢? 怎样做,才能让集体的和声更和谐、更优美呢? 今天,我们一起学习第七课第一框题——单音与和声。

【设计意图】通过体验活动,调动课堂气氛,激发学生的学习兴趣,同时让学生在体验中初步体会个人和集体的关系。

环节二:讲授新课

第一目:个人意愿与集体规则

【探究活动一】我看校规校纪

师:屏幕上这些校规大家一定都很熟悉,除了这些还有哪些校规呢? 让我们思考一个问题,校规校纪是不是我们必须要遵守的? 如果我们不遵守这些规则,会带来哪些影响呢?

学生思考,回答。

师:可见,集体规则的制定是非常必要的,它能让集体更加有序,让集体的和声更动听。

师:那么,在校规校纪中,有哪些是你非常赞同并愿意遵守的?

学生思考,回答。

师:就如同大家所说的,当个人意愿与集体规则一致时,大家更愿意遵守和维护规则。

师:我们的个人意愿与集体规则是否有冲突的时候呢?这时,我们应该如何选择呢?下面请同学们以小组为单位,每小组选择一条与个人意愿有冲突的校规校纪条款,进行讨论。

学生讨论,汇报。

师:通过同学们刚刚的讲述,我们发现集体规则与个人意愿之间存在矛盾甚至冲突。这可能基于一方有不正当或不合理的要求,也可能基于个人和集体的不同需要。实际上,个人意愿与集体的共同要求之间往往不是完全对立的。理解集体要求的合理性,反思个人意愿的合理性和实现的可能性,我们就可能找到解决冲突的平衡点。

【设计意图】挖掘学生自身生活体验,通过层层递进的问题,帮助学生深刻理解个人意愿与集体规则的关系,理解个人意愿和集体规则之间产生矛盾的原因,学会用恰当的方法来解决矛盾和冲突,从而突破教学难点。

【探究活动二】时事热点链接

教师出示广州一对确诊感染新冠病毒夫妇,隐瞒中高风险地区行程,被立案侦查的事例。

学生应用所学观点,评价这对夫妇瞒报行程的行为。

师:任何一个集体规则的制定都不是为了限制个人的自由,而是为了更好地保护集体中每个人的利益,所以,我们要学会理解集体要求的合理性,做出正确的行为选择。

【设计意图】从集体生活到社会生活,从集体规则到社会规则,拓展学生体验空间的同时,升华学生的认识。

第二目:让和声更美

【探究活动一】青春的律动

师:课前,老师布置给每个小组一项任务,下面就到了大家展示排练成果的时间了。

学生分小组展示手势舞。

师:每一组的表现都非常棒,让我们给自己鼓鼓掌。下面老师想采访一下大家。

采访问题:1.集体作品要想完美地呈现,每个人都应该怎样做?

2.如果对排练的内容有自己的意见,应该怎么做?

3.如果排练时成员间因为意见不合产生了冲突,你会怎么做?

4.如果有人不想牺牲自己的学习和活动的时间排练,你怎么看?

学生思考,回答。

教师总结,板书观点。

【设计意图】通过小组合作,展示学生的能力与风采,同时,让学生在真实的实践体验中生成情感和认识,加强对学生的集体主义教育,深化学生对个人与集体之间关系的认识,实现个人与集体的和谐共处,从而突破教学重点。

【探究活动二】社会现象链接

教师出示图片,对于图片中的这些社会现象,你是怎么看的?

学生谈观点。

师:坚持集体主义,不是不关注个人利益,而是在承认个人利益的合理性、保护个人利益的前提下,反对只顾自己、不顾他人的极端个人主义。

【设计意图】使学生通过对社会现象的分析,深入理解个人利益与集体利益的关系,同时提升实践能力,学会处理与他人之间的关系,增强公民意识。

环节三:课后小结

师:当个人利益与集体和国家的利益发生冲突时,我们应毫不犹豫地选择集体和国家的利益。小到班集体的建设,大到社会和国家的建设,都需要我们每一个人尽己所能,遵守规则,识大体,顾大局,这样集体的和声才能更美。

【设计意图】通过教师总结,启发学生感悟思考,升华认识,进一步理解集体与个人之间的关系,从而更好地落实本节课的三维目标。

环节四:巩固练习

出示练习题,学生作答,巩固本节课的重点、难点知识。

板书设计

7.1 单音与和声

一、个人意愿与集体规则　　　二、让和声更美

1.规则的作用　　　　　　　1.恰当表达意见和建议

2.关系 { 一致 / 冲突 }　　　2.做好自己,遵守规则

　　　　　　　　　　　　3.个人利益与集体利益的关系

　　　　　　　　　　　　4.学会处理与他人的关系

教学反思

本节课结合时政热点,精选教学案例,紧贴教学内容的同时也激发了学生的学习兴趣;通过精心创设生动而丰富的教学情境,紧密联系学生生活实际,注重学生体验,让学生在体验与感悟中生成和升华认识。在本节课的教学过程中,也存在一些缺点和不足,比如:课堂教学语言需要更加精练;应该更加注重对学生的调动和启发;对学生的评价比较单一,应该抓住细节,多角度评价;等等。

《延续文化血脉》教学设计

教材分析

《延续文化血脉》是部编版《道德与法治》九年级上册第三单元第五课的第一框题。本框题包括"中华文化根"和"美德万年长"两目内容。

本框题依据课程标准第三部分"我与国家和社会"中"积极适应社会的发展"和"认识国情,爱我中华"部分:"感受个人成长与民族文化和国家命运之间的联系,提高文化认同感、民族自豪感以及构建社会主义和谐社会的责任意识""学习和了解中华文化传统,增强与世界文明交流、对话的意识"。

学情分析

九年级学生对中华文化有了一定的认知。但随着经济全球化与信息技术的发展,本土的和外来的、先进的和腐朽的等各种各样的文化相互激荡。九年级的学生受其心理发展水平、认知能力及辨别是非能力的限制,容易忽视对中华优秀传统文化的继承和发展。初中学生正处于世界观、人生观、价值观形成的关键时期,本框题有助于学生奠定中华文化底色,传承中华美德,弘扬民族精神,自觉培育和践行社会主义核心价值观。

课型及课时安排

新授课,1课时。

教学目标

情感、态度和价值观目标:感受中华文化的魅力,增强对中华文化的认同感和归属感;培养热爱中华文化和中华传统美德的情感;树立民族自信心和自豪感,坚定文化自信。

能力目标:提高对中华优秀传统文化的认知和运用能力,传承、践行中华传统美德。

知识目标:了解中华文化的内涵,懂得文化自信的重要意义。知道中华传统美德是中华文化的精髓,懂得美德的力量在于践行。

教学重点及难点

重点:弘扬中华文化,践行中华美德。

孟微,抚顺市第十八中学教师,抚顺市第十一届职工技能大赛教育赛区中小学教师教学技能竞赛第四名获得者。

难点:如何坚定文化自信。

教学准备

多媒体课件。

教学方法

教法:古希腊学者普罗塔戈说过:"头脑不是一个要被填满的容器,而是一束需要被点燃的火把。"根据"以学生为主体"的新课程理念和学生的具体情况,为了达到本节课的教学目标,收到较好的教学效果,我结合多媒体课件,通过点拨法、引导法、总结法三种教学方法来实现学生的"学"有所"思"、"思"有所"得"、"练"有所"获"。

学法:新课程改革注重学生能力的培养,学习的主体是学生,教育的最终目的是使学生学会学习,因此学法指导和能力培养是课堂教学的重要组成部分。结合本框题教学内容以及九年级学生的实际情况,我采用的学法指导如下:

①合作探究法:让学生通过小组同学间的合作,自主思考、探究知识,在合作中学习,在合作中成长。

②情境体验法:让学生进入情境,分析角色的言行,增强学生的实践感悟。

③归纳总结法:让学生在问题情境中,想方设法解决问题,并及时归纳,进一步强化道德认知。

教学过程

环节一:视频欣赏,激趣导入

播放视频,引导学生观看《中国诗词大会》节目片段,畅谈感受。

【设计意图】激发兴趣,创设情境,引发学生思考,并导出课题。

环节二:合作探究,中华文化根

活动1:材料感悟

(1)指导学生向美国女孩阿拉贝拉介绍中华文化。

(2)展示图片,引导学生归纳总结中华文化的内容和特点。

(3)引导学生归纳总结:中华文化的创造者。

归纳:

(1)中华文化的内容:独具特色的语言文字、浩如烟海的文化典籍、名扬世界的科技工艺、异彩纷呈的文学艺术等。

(2)中华文化的特点:源远流长、博大精深,薪火相传、历久弥新。

(3)各族人民创造了灿烂的中华文化。

【设计意图】创设情境,引发学生思考。培养学生的归纳总结能力,激发学生感受中华文化的独特魅力,帮助学生树立民族自豪感,突出教学重点。

活动 2:探究与分享

(1)出示自学指导,播放视频,指导学生小组讨论,集体归纳知识点。

(2)展示一组图片,引导学生归纳坚定文化自信、发展中国特色社会主义文化的做法。

【设计意图】培养学生从资料中收集整理有效信息的能力,培养学生归纳问题的能力,明确文化自信的意义及坚定文化自信的做法,突破教学难点。

环节三:情境感悟,美德万年长

活动 3:走进传统美德

引导学生畅谈传统美德,指导学生归纳总结中华传统美德的内涵。

归纳:中华传统美德内涵丰富,博大精深。

(1)忧国忧民、道济天下的爱国情怀;

(2)勤劳勇敢、自强不息的奋进品格;

(3)自尊互敬、助人为乐的和乐风范;

(4)诚信守法、见利思义的高尚情操;

(5)孝敬父母、尊敬师长的伦理规范;

(6)律己宽人、扬善抑恶的处世准则;等等。

活动 4:情境探究

多媒体展示《朱子家训》《弟子规》摘录,引导学生谈谈自己的理解,指导学生理解传统美德的地位和作用。

归纳:中华传统美德已经融入中华民族的思维方式、价值观念、行为方式和风俗习惯,成为一种文化基因。

活动 5:寻找美德榜样

引导学生讲述美德榜样的实例,明确践行中华美德的具体做法。

【设计意图】提高学生的语言表达能力,培养学生热爱中华传统美德的情感。培养学生理论联系实际的能力,强化情感共鸣,实现情感升华,倡导知行合一的理念,突出教学重点。

环节四:知识梳理,践行感悟

请学生自主进行知识梳理,与学生一起畅谈收获。结合感悟,引导学生,完成火炬形板书。

让学生运用课堂所学知识完成练习题,达到学以致用。学生齐声诵读实践导行要求,让学生把延续中华文化的态度延伸到课后。最后播放歌曲《中华美德》,在歌声中强化学生的感受。

【设计意图】知识的概括可以培养学生的归纳能力,教师的期盼可以督促学生课后践行,启发式歌曲可以强化学生的内心思考。这些教学内容层层递进,通过多媒体课件得以整合呈现,最终巩固教学成果,达成教学目标。

板书设计

5.1 延续文化血脉

美德
万年长

中华文化根

教学反思

1.很好地完成了教学目标。教师能够灵活地运用和处理教材,由"教教材"转变为"用教材教",并把有关材料更好地融入课件中。

2.营造了轻松的课堂氛围。教师利用多媒体课件,创设了生动、直观的教学情境,让学生参与其中,充分调动了学生学习的积极性。

3.提高了学生的参与意识。这节课主要采用自主合作探究式学习模式,创设问题情境,给学生想、做、说的机会,课堂充满了民主、和谐、愉快的气氛,学生表现出极大的学习热情。课堂上教师能够比较全面地关注学生个体,学生在教师的引导下通过探索、感悟自己主动获得知识,充分体现了"学生为主体,教师为主导"的教学理念,从而培养了学生良好的思维习惯和自学能力,使学生掌握了适应实际需要的基本技能。整个教学过程,教师始终以一个交流者、倾听者、建议者的身份出现,通过言谈和倾听与学生进行双向沟通和交流,与学生一起分享问题探索中的快乐,力图达到春风化雨、润物无声的教学效果。

《压强》教学设计

教材分析

本课是人教版物理教材八年级下册第九章第一节的内容。压强是初中物理课程的重要内容,是对压力作用效果的进一步描述,是力学中非常重要的一个概念。本节从学生身边熟悉的现象入手,使学生对压力作用的效果形成丰富、具体的感性认识,再通过实验探究压力作用效果与哪些因素有关,进而利用比值法建立压强的概念,实现由感性认识上升为理性认识的转变,体现从生活走向物理的基本理念。再通过公式分析出增大压强、减小压强的方法,并应用于实际,体现从物理走向社会的理念,并为后面学习液体压强、大气压强和浮力等知识打好基础、做好铺垫。因此本节课是承上启下的关键一课。

学情分析

中学阶段的学生思维敏捷,求知欲强,乐于探索,对生活中的压强现象有一定的了解,有较高的学习热情,但大多数学生并不知道其中的道理。让学生通过观看视频、观察实验、动手探究、阅读自学、动笔计算和观察举例等方法,亲身经历探索知识、总结规律的过程,切身感受其中包含的知识和道理,最大限度地调动学生的学习积极性,符合学生的认知特点,有利于学生对本节课知识的学习和掌握。

课型及课时安排

新授课,1课时。

教学目标

知识与技能

1.知道压力作用的效果跟压力的大小和受力面积的大小有关。

2.能描述压强概念的建立过程。能熟练写出压强公式、单位并用压强公式进行简单的计算。

3.会应用压强公式分析增大或减小压强的具体方法,并能解释与压强有关的物理现象。

姜华,抚顺市第二十五中学教师,在抚顺市第十一届职工技能大赛教育赛区中小学教师教学技能竞赛中获得"抚顺市技术状元"称号。

过程与方法

经历探究压力作用的效果与哪些因素有关的实验过程,通过自己设计实验,观察实验现象,学习应用控制变量法研究物理问题的方法,从而利用比值法建立压强概念。

情感、态度和价值观

经历观察、探究、自学、计算、举例等学习活动,培养尊重客观事实、实事求是的科学态度。

教学重点及难点

重点:压强概念的形成。

难点:用比值定义法定义压强。

教学准备

教具器械:钩码、小桌、细沙等。

教学方法

教师教法:分组合作教学法、讨论式教学法、多媒体辅助教学法。

学生学法:阅读学习法、自主交流学习法、实践操作法、探究式学习法。

教学过程

[活动 1]游戏激趣,导入新课

教师活动:教师演示实验——把两个气球分别放在一个钉尖上和多个钉尖上,同时放上沙袋,并提出问题:"请同学们猜一猜,哪个气球先被扎破?"

学生活动:学生猜想、观察、思考。

【设计意图】用神奇的实验现象激发学生的学习兴趣,引入课题。

[活动 2]动手画图,区分两力

教师活动:出示问题,分别画出木块所受到的重力和木块对支持面的压力。

教师巡视,发现问题,点拨、纠错,规范学生画图。学生从中得出物理知识:垂直压在物体表面上的力才是压力,压力不是重力,只有当物体放在水平地面上时,压力的大小才等于重力的大小。

学生活动:请三名学生到黑板上画出重力和压力,其他学生在学案上画。

【设计意图】学生亲自动笔作图,知道压力和重力的区别,既复习了重力,夯实了基础,又解决了学生易混淆的压力是不是重力的问题,为压强的学习扫除障碍,做好准备。

[活动3]创设情境,提出猜想

教师活动:教师播放"扎疫苗"的视频,再出示滑雪场景和"想想议议"栏目中的两个实例图片,引导学生提出问题:压力作用的效果可能与哪些因素有关?

学生活动:学生交流、讨论,提出猜想。

【设计意图】培养学生善于观察、善于思考、能从情境中有效地提出问题的能力,培养学生的质疑意识。

[活动4]实验探究,得出结论

教师活动:教师引导学生利用手中的器材,结合学案上的问题,讨论、交流,以小组为单位设计实验。

出示问题:1.如何体现压力作用的效果?

2.如何改变压力的大小和受力面积的大小?

3.在改变压力的大小或受力面积的大小时,需要控制哪些变量?

4.通过实验现象,我们能得出什么结论?

教师指导、巡视、参与学生的探究活动。

学生活动:学生设计实验方案,小组合作,动手实验。探究压力作用的效果与哪些因素有关。学生边实验,边讨论交流,解决实验中遇到的问题。学生观察、展示、汇报,得出正确结论。

【设计意图】鼓励学生利用手中的实验器材或就地取材,自主设计实验,激发学生的想象力,培养学生的创新精神。充分发挥自主合作探究学习的优势,培养学生的合作意识,拉近学生之间的距离,增强集体的凝聚力,让学生体验创造的乐趣。让学生通过动手实验、观察现象,得出正确结论:压力的作用效果跟压力大小和受力面积大小有关。当压力大小一定时,受力面积越小,压力的作用效果越明显;当受力面积大小一定时,压力越大,压力的作用效果越明显。

[活动 5]阅读教材，自学压强

教师活动：给学生充分的时间，让学生带着问题自学。

教师出示问题：1.压强的物理意义；

2.压强的定义；

3.压强的公式、单位。

教师出示生活中常见的压强。

学生活动：学生自学压强的概念，知道压强的公式和单位以及常见的与压强有关的应用，进一步理解用比值法定义压强的方法，了解各物理量的符号分别代表什么含义。

【设计意图】通过学生自学，从理论上建立压强的概念，突破难点。

[活动 6]计算练习，掌握公式

教师活动：教师出示例题——水平桌面上放一本书，书所受的重力为 3 N，与桌面的接触面积为 $5×10^{-2}$ m²，计算书对桌面的压强。

教师巡视，发现问题，纠错，规范学生书写。

学生活动：学生动笔计算。

【设计意图】使学生对压强公式的理解更到位、更透彻，渗透学习物理量的方法，培养学生良好的答题习惯和规范答题的意识，从而培养学生终身学习的意识。

通过以上六个活动突破重点。

[活动 7]实例分析，总结方法

教师活动：教师出示图片，让学生了解生活中的压强实例。

问题：哪些是要增大压强的？哪些是要减小压强的？

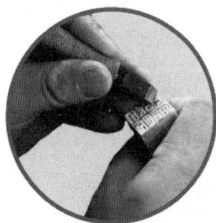

学生活动:学生思考,分析增大压强和减小压强的方法。

学生举例,并了解生活中的压强实例。

【设计意图】了解生活中增大压强和减小压强的实例,体现生活中处处有物理,进一步揭示物理与实际生活的紧密联系。使学生进一步理解增大压强和减小压强的方法,实现学以致用,从物理走向社会。

[活动8]畅谈收获,话心得

教师活动:教师对学生的收获和心得体会给予肯定和鼓励。

学生活动:学生畅所欲言,畅谈收获和心得体会。

【设计意图】培养学生善于总结和反思的习惯,增强语言表达能力。促进学生的个性发展,挖掘学生的学习潜力,激发学生新的学习动力。

[活动9]当堂训练,巩固提升

教师活动:出示当堂训练题,批改,纠错。布置作业。

学生活动:在规定的时间内完成当堂练习。

【设计意图】巩固知识,提升能力,让学生对压强概念理解得更透彻。

板书设计

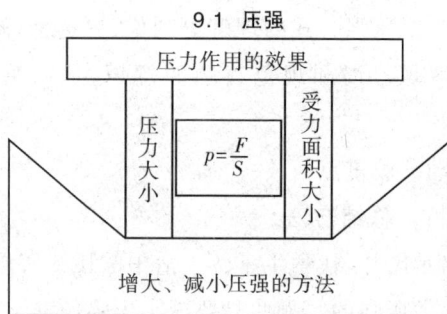

教学反思

优势:把教学过程设计成多个"活动",充分调动学生的学习积极性,体现学生的主体地位。画图、自学、观察、探究、计算、举例等多种教学方法并用,提高了学生的学习效率。课堂上大胆放手,让学生发挥想象力,自己设计实验方案,并动手实验,探究压力作用的效果究竟与哪些因素有关,学生会设计出许多我们预想不到的实验,培养学生善于思考、善于反思、勇于创新的精神和良好的思维习惯。

不足及补救措施:本节课让学生自己动手实验的时间较长,后面做题的时间较短,如果时间允许的话可以给学生更充分的做题时间,让学生更好地消化本节课的知识。

《声音的产生与传播》教学设计

教材分析

　　本节课是人教版物理教材八年级上册第二章第一节的内容,共分为两大部分:一是声音的产生,二是声音的传播。利用实验探究的方法让学生明确声音产生的原因。而声音的传播是本节的一个重点内容,教材安排了"演示实验"——真空罩中的闹钟和"想想做做"的栏目,旨在通过实验和探究过程,得出"声音传播需要介质,真空不能传声"这一结论。本节课为声现象的学习奠定了基础。

学情分析

　　学生刚刚进入物理学习的起步阶段,对物理知识还比较陌生,对于声音是如何产生的,有生活体会,但了解得不够深入,所以会有比较大的兴趣进一步去学习。学生正处于以"形象思维"为主的阶段,处于从经验型向理论型过渡的时期,对物理现象的观察能力、概括能力及科学探究能力比较薄弱,但自主意识逐渐增强,喜欢并且更希望有充分的时间去动手操作。

课型及课时安排

　　新授课,1 课时。

教学目标

知识与技能

　　1.知道声音是由振动产生的,声音的传播需要介质,真空不能传声,声音以波的形式传播。

　　2.知道声音在不同介质中的传播速度不同,知道声速与介质种类、温度有关。

过程与方法

　　1.初步培养实验操作技能,学会有目的地观察,提高动手能力和概括能力。

　　2.在学习过程中领悟解决问题的途径和科学探究的一般方法。

情感、态度和价值观

　　1.通过探究活动,激发学生学习物理的兴趣和求知欲,乐于探索自然界和生活中的声现象。

　　2.初步认识物理对人类生活和生产的实际意义,增强热爱物理、勇于探索、

朱昃,抚顺市第五十中学教师,获得抚顺市第十一届职工技能大赛教育赛区中小学教师教学技能竞赛第二名。

学以致用的意识。

教学重点及难点

重点:探究一切发声的物体都在振动,声音的传播需要介质。

难点:声音是由物体振动产生的。

教学准备

多媒体 PPT、音叉(包括小锤和音箱)、铁架台、乒乓球、带水的烧杯、土电话、橡皮筋、塑料瓶等。

教学方法

教法:实验演示法、讲授法、引导启发法、对照法等。

学法:小组讨论法、合作实验法、观察法等。

教学过程

环节一:创设情境

导入新课。

活动:听听看

教师活动:用多媒体播放各种声音,引导学生猜出发声体。

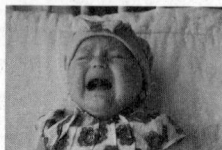

学生活动:听声,分辨各种声音。

【设计意图】激发学生的学习兴趣,感受声音的存在。

环节二:自主学习

活动一:试试看

利用身边的物体尽可能"制造"多种声音。

教师活动:引导学生利用身边的物品制造出各种声音,并分析这些发声的物体有什么共同特点。根据学生反馈的实验现象及分析结果,通过"转换法"解决学生的困惑。引导学生得出"声音是由物体振动产生的"的结论。

学生活动:进行实验,边做边思考发声体的共同特点。根据实验中的实际情况,提出质疑。

【设计意图】培养学生的观察能力和总结归纳能力,培养学生实事求是的科学态度。教给学生一种实验方法——"转换法"。

活动二:考考你

蝈蝈是怎样发声的?

教师活动:提出问题,引发学生思考。播放视频,让学生亲眼看到蝈蝈的发声是由于翅膀的振动。

学生活动:学生根据生活经验进行猜想,通过观看视频加以验证。

教师追问:如何让正在发声的物体不再发声呢?

【设计意图】培养学生热爱生活、关注身边事物的良好习惯,通过分析得出"振动停止,发声停止"的结论。

活动三:想想看

月球上的航天员为什么近在咫尺却要借助无线电才能进行交流,而教室中的我们却不需要呢?

教师活动:提出问题,为什么我们现在不用任何工具就能交流自如,而航天员在太空中近在咫尺却要借助电磁波才能进行交流?通过播放视频,让学生发现自己的猜想是正确的,从而得出"真空不能传声"的结论。

学生活动:学生通过地球和月球上的对比,猜想"我们现在的正常交流应该是由于空气的帮助"。学生通过观看视频,明确自己猜想的正确性,得出"声音的传播需要空气"这一实验结论。

【设计意图】培养学生分析问题、发现问题的能力,提高学生对实验探究活动"猜想与假设"的能力。得出"声音的传播需要介质",为介质概念的提出打下基础。

活动四:试试看

> 小组合作完成教材第29页"想想做做"实验,并讨论该实验说明了什么。

教师活动:引导学生对固体能传声的实验进行探究,并分析其中说明的问题。

学生活动:通过小组实验的形式,对教材中的"想想做做"进行探究,并通过小组讨论的形式分析实验结论。

【设计意图】培养学生的小组合作意识,增强对问题的分析和归纳能力。得出"固体能传声"的实验结论。

教师追问:"轻敲桌子的声音我们不能直接听到,但通过桌子就可以听到,这说明了什么?"

学生活动:通过对现象的分析,得出"固体能传声且传声效果好"的正确实验结论。

【设计意图】通过层层递进的方式,让学生"抽丝剥茧",最终得出实验结论,从而培养学生的逻辑思维能力。

活动五:举举看

邻居装修实在太吵　　　　土电话真好玩　　　　听到了敌军的脚步声

教师活动:引导学生结合所学知识联系生活实际。

教师追问:通过对下列情境的分析,你能发现什么?我们曾经学习过的《小儿垂钓》这首诗中涉及哪些物理知识?

学生活动:学生通过对情境的分析,得出液体可以传声的结论。通过对古诗的分析和对场景的模拟,发现固体、液体、气体都能传声。

【设计意图】通过对学生的引导和点拨,让学生发现固体、液体、气体都可以传声,从而引出介质的概念,也为进一步导出声速打好基础。

活动六:找找看

通过对《一些介质中的声速》表格内容的分析,你发现了什么规律?

教师活动:播放放烟花的视频并提出问题,为什么每次都是先看到美丽的烟火后再听到爆炸声?

学生活动:通过观看视频,分析生活中先看到闪电而后听到雷声的例子,得出"声音在不同介质中的传播速度不同"的结论。

教师追问:声音在传播过程中如果遇到障碍物会反射回来,这种现象你遇到过吗?

【设计意图】让学生通过视频了解回声现象,增长知识,培养学生关注身边物理现象的思维。

环节三:学以致用

教师活动:通过本节课的学习,你一定有很多收获,那么还有哪些困惑呢?

学生活动:通过对本节课所学知识的总结与回顾,总结收获,找到困惑。

活动:练练看

学生活动:完成学案中"牛刀小试"部分习题。

【设计意图】加深对本节知识的理解,培养学生敢于质疑的勇气和良好的学习习惯。

师生活动:学生完成练习题,教师引导学生明确答案,对解答错误的问题加以引导和讲解。

【设计意图】加深对知识的理解并加强运用知识解决问题的能力。

板书设计

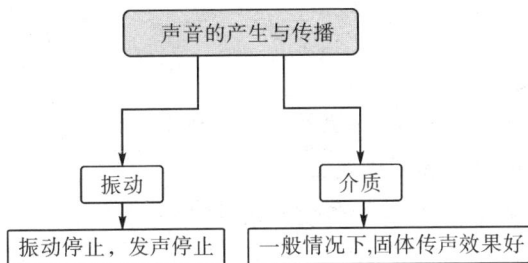

教学反思

本节课采用了"活动式"教学模式,整堂课由八个活动贯穿始终。在课堂活动中,突出学生的主体地位,使学生真正成为课堂学习的参与者,给学生自由的探究空间,充分培养学生的科学探究意识。课堂上采用了大量的生活实例引导学生对知识进行理解,这是一个循序渐进的过程,符合学生的认知规律,也符合物理学科"来源于生活,又为生活服务"的教学理念。但是对于初次体验科学探究实验的学生来说,他们对探究全过程还不是很清楚,对有些问题的分析和处理还存在不足,教师可以适当地引导,适时地参与。

《升华和凝华》教学设计

教材分析

本节课是人教版物理教材八年级上册第三章第 4 节的内容,通过碘的升华和凝华实验,总结出升华和凝华的概念及吸热、放热情况,并且寻找生活中的升华和凝华现象。通过人造霜和露的活动,了解霜和露的成因,通过测温对比活动解释冰雪路面撒盐等做法的原因;通过人造雾凇活动,感受大自然的美,并体会其中蕴含的物理知识。总之,学生既能在活动中理解物理知识,运用已有的知识去解决实际问题,同时又能不断地提高动手能力和小组合作意识,逐步培养和提高科学素养。

学情分析

学生对熔化、凝固、汽化和液化的概念以及吸热、放热情况已经有了一定的了解,这对升华和凝华的学习可以起到正向迁移的作用。但是,学生对生活中一些升华和凝华的现象不是很了解,例如霜或雾凇的形成,冰雪路面上撒盐等问题。本节课借助实践活动,帮助学生观察和理解相关的物理现象,同时培养学生的动手能力和分析解决问题的能力,激发学生学习物理的兴趣。

课型及课时安排

新授课,1 课时。

教学目标

1.知道升华和凝华的概念,知道升华吸热和凝华放热。

2.解释生活中的升华和凝华现象。

3.通过人造霜和露、人造雾凇等实践活动,培养学生的动手能力和探究意识。

教学重点及难点

重点:通过升华和凝华的实践活动,了解相关概念。

难点:通过人造霜和人造雾凇的实践活动,逐步理解或解释生活中的相关现象。

教学准备

烧杯、试管、温度计、热水、冰块、盐、樟脑粉末、锥形瓶、橡胶塞、树枝、酒精

赵俊凤,抚顺市第二十二中学教师,获得抚顺市第十一届职工技能大赛教育赛区中小学教师教学技能竞赛第三名。

灯、石棉网、火柴、搅拌棒、易拉罐、碘锤等。

教学方法

本课题主要采用实验探究法、问题讨论法、讲解法及多媒体辅助法等教学方法，在教学过程中，教师发挥引导、指导和辅助的作用，让学生尽可能地参与到实践活动中。

教学过程

环节一：激情引趣，导入新课

教师活动：播放视频——"腾云驾雾"。

学生活动：观察现象，猜想原因。

【设计意图】通过视频，回顾学过的物态变化，同时用学生意想不到的实验现象来激发学生的兴趣和求知欲。

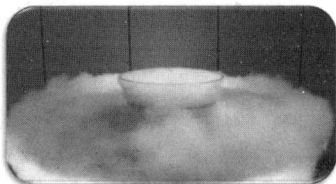

环节二：小组合作，自主学习

实践活动一：碘的升华和凝华

教师活动：引导学生选用碘锤、热水、冷水等器材进行碘的升华和凝华实验，并仔细观察实验现象。

学生活动：动手实验，观察现象，归纳概括出升华和凝华的概念和吸热、放热情况。

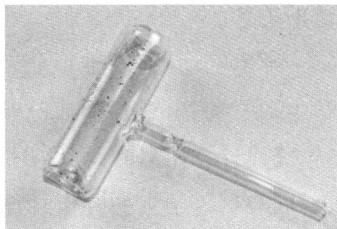

【设计意图】培养学生动手实践和归纳总结的能力，让学生养成勤于思考的习惯。

教师活动：生活中有哪些升华和凝华的现象呢？

学生活动：列举生活中的升华和凝华现象。

拓展：关于干冰的简单介绍。

师生活动：列举干冰在生活中的应用。

【设计意图】通过举例，加深学生对升华和凝华概念的理解，同时培养学生热爱生活的情感，使学生体会到科技给我们的生活带来的巨大变化。

实践活动二：人造霜和露

教师活动：秋冬季节的早晨，植物叶片上凝结着美丽的霜，而在春夏季节，我们则是看到晶莹的露，这是为什么呢？

学生活动：利用易拉罐、冰块、食盐、温度计、

筷子等器材制造霜和露。

教师追问:形成霜和露的条件有何差异呢?你有哪些新的发现?

师生活动:通过对比实验,观察霜和露的形成过程,发现同种物质发生哪种物态变化受温度的影响。对比冰水混合物和冰盐水混合物的温度,直观地了解加盐降低了冰的熔点。

教师追问:冬季,我们为什么要在冰雪路面上撒盐呢?

【设计意图】培养学生的探究意识和通过动手实践活动解决实际问题的能力;培养学生的小组合作意识,同时让学生感受大自然的美妙。

实践活动三:人造雾凇

教师活动:播放公园里的雾凇美景。

提出问题:冬季公园里的雾凇美景,在温暖的教室,我们能够令其再现吗?

学生活动:欣赏雾凇美景,思考室内如何再现雾凇美景。

师生互动:利用锥形瓶、树枝、樟脑粉末、酒精灯、铁架台等器材制造雾凇。学生动手实验,观察樟脑粉末发生的物态变化,欣赏自己制造的雾凇美景。

【设计意图】加深学生对升华吸热、凝华放热的理解,让学生感受大自然的美,同时培养学生的合作意识和动手实践能力。

环节三:总结归纳,分享收获

师生互动:说说学完本节课有哪些收获,还有哪些困惑,相互补充和解答。

【设计意图】培养学生的归纳总结能力和语言表达能力。

环节四:学以致用,巩固提升

将本节课学到的知识及时应用,进行巩固练习。

布置作业:

1.完成本节课的作业篇。

2.通过阅读教材和查阅相关资料,了解水循环。

板书设计

第4节 升华和凝华

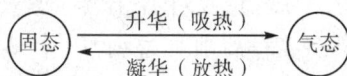

教学反思

让学生通过本节课的学习,直观深入地了解升华和凝华的概念,以及吸热、放热情况,并能利用所学知识解释生活中相关的物理现象,实现了从物理走向生活的教学理念。

优点:本节课以学生的实践活动为主,通过活动了解升华和凝华的概念,通过人造霜和露、人造雾凇来感受大自然的美;通过动手实践,学生提高了动手能力和合作意识。学生在一个个活动中学习新知识,解决遇到的问题,整个过程轻松愉快,节奏紧凑,课堂实效性好,获得了很好的学习效果。

不足及改进措施:学生活动时间有限,个别学生没能完整细致地完成实践活动,在课堂时间分配上还要进一步细化,给学生充足的时间去实践,从而加深对新知识的理解和认识。

《升华和凝华》教学设计

教材分析

本节课是人教版物理教材八年级上册第三章第 4 节的内容,是熔化和凝固、汽化和液化知识的延续。学习本课后,学生将形成完整的物态变化知识体系。本课首先从实验开始让学生认识升华和凝华现象,知道物质升华要吸热、凝华要放热。再从日常生活中的常见物理现象入手,让学生感受到物理知识就在我们身边。最后让学生了解升华和凝华在实际生活中的应用,能应用所学的知识解释自然界中的一些现象。在思考、分析物理现象的过程中,让学生经历科学研究的分析过程,了解一些重要的科学思维方法。最后在"STS 水循环"栏目中,借助水的物态变化过程,培养学生关心环境、节约用水的意识。

学情分析

八年级学生已经开始从形象思维过渡到抽象逻辑思维,独立意识很强,情感因素对物理学习的影响较大。学生通过前面知识的学习,具备了初步的观察实验、分析和思维能力,具有了初步的实验探究的思想。通过探究碘的升华和凝华等实验,能提高学生对物理学科的喜爱程度,提高动手能力和增强小组合作意识,逐步培养学生科学探究的能力。因此,教学从学生身边的物理现象展开,采用以学生为中心、教师引导、小组合作探究为主的合作探究性学习模式。

课型及课时安排

新授课,1 课时。

教学目标

知识与技能

1.知道升华和凝华的概念;了解升华要吸热,凝华要放热。

2.知道生活中的升华和凝华现象,能用升华和凝华的知识解释生活中的现象。

3.了解自然界的水循环。

过程与方法

1.通过观察碘的升华和凝华实验,了解物质可以直接在固态和气态之间

牟萍,抚顺市第二十五中学教师,获得抚顺市第十一届职工技能大赛教育赛区中小学教师教学技能竞赛第四名。

转化。

　　2.通过设计和探究实验,初步形成物理思维过程以及初步的观察、分析和概括能力。

　　情感、态度和价值观

　　1.经历探究碘的升华和凝华过程,体验物理活动充满探索性与创造性。

　　2.了解水循环过程中水的三态变化,增强关心环境和节约用水的意识。

教学重点及难点

　　重点:观察升华和凝华的现象,感知升华和凝华的概念,知道升华吸热、凝华放热。

　　难点:用升华和凝华知识解释生活中的现象。

教学准备

　　碘锤、烧杯、热水、冷水、铁架台、酒精灯、锥形瓶、樟脑丸、树枝、多媒体课件等。

教学方法

　　教法:启发式教学法、实验法、多媒体辅助教学法。

　　学法:讨论法、自主研究法、合作交流法、实验探究法。

教学过程

　　环节一: 创设情境,激趣导学

　　活动:猜一猜

　　教师活动:创设情境,演示"魔法笑脸"实验,引导学生猜想固态的碘是怎样变到白纸上使淀粉变色的。

　　学生活动:观察、思考、猜想,进入新课的学习。

　　【设计意图】调动学生的积极性,引发猜想,激发学习的热情。

　　环节二: 合作互助,自主研学

　　活动一:探一探

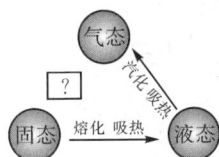

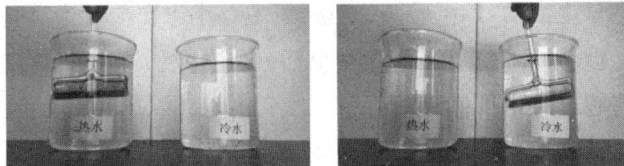

　　教师活动:引领学生回顾物质在固态与液态、液态与气态之间的物态变化,引发学生思考。介绍碘的熔点,引导学生思考怎样加热能使碘在不熔化的条件下直接由固态变成气态。指导学生设计、进行实验,引导学生分析实验现象,总结规律。

学生活动:学生自主交流讨论,设计实验,分享交流设计方案。结合教师的指导,进行小组合作,探究碘的升华和凝华实验。观察、思考、汇报,最后总结。

【设计意图】通过设计碘的升华和凝华实验,初步形成物理思维过程以及观察、分析和概括能力。通过探究实验,培养学生实事求是的科学探究精神。

活动二:议一议

教师活动:展示图片,引导学生思考在北方寒冷的冬天,室外的温度远低于 0 ℃,冰冻的衣服是怎样变干的呢?

学生活动:学生分析思考,回答问题。

【设计意图】从实际生活出发,用物理思维合理分析,培养学生的分析概括能力。

活动三:学一学

教师活动:展示图片,介绍冻干技术在生活和航天领域的应用;介绍神舟十二号载人飞船。

学生活动:学生观看、思考。分享自己了解的神舟十二号载人飞船的相关信息,感受祖国科技力量的强大。

【设计意图】学生了解先进的生产技术,体会物理学在各生产领域的应用,感受祖国的强大,激发爱国热情。

活动四:识一识

教师活动:介绍干冰的一些性质,演示干冰造雾实验,引导学生思考雾气形成的原因。引导学生分析利用干冰制造舞台的云雾、人工增雨的物理原因。

学生活动:学生聆听、观察、思考。小组交流讨论,回答问题。

【设计意图】了解干冰在生活、生产中的应用,从物理走向生活,体会物理学的有趣及有用价值。

活动五:说一说

教师活动:提问学生,你还知道生活中的哪些升华现象?及时、准确地对学生的回答进行评价。

学生活动:学生思考、回答问题,学会分析推断物态变化的过程。

【设计意图】训练学生的分析、推理判断能力,培养学生留心观察的意识,使学生乐于发现生活中的物理现象。

活动六:赏一赏

教师活动:指导学生利用樟脑粉末制造"雪景"。巡视、参与制作过程,引导学生注意观察实验现象。通过实验,引导学生分析雾凇的成因。播放视频,介绍中国自然奇观之一——吉林雾凇。

学生活动:学生小组合作进行实验,观察、思考、汇报。分析雾凇的形成原因。观看视频,感受自然之美。

【设计意图】通过观察实验,培养学生的观察分析能力,让学生感受自然界的神奇,了解祖国风貌,激发学生乐于学习探索的热情。

活动七:讲一讲

教师活动:提问学生,你还知道生活中的哪些凝华现象?展示戍边战士呵气成霜的图片等,引导学生分析霜、窗花的形成原因,以及用久的白炽灯和日光灯管内壁变黑的原因。

学生活动:发现生活中的凝华现象,思考、讨论、回答问题。

【设计意图】培养学生爱观察、善发现的意识;学以致用,培养学生解决问题的能力。让学生感受战士们戍守边关的辛苦,学习他们的爱国情怀。

活动八:辨一辨

教师活动:引导学生辨析水的三态变化。播放自然界中水循环的视频,认识水循环的物理过程。介绍我国的水资源现状。

学生活动:学生观看、思考。交流讨论,总结自然界中水的三态变化。分享节约用水小常识。

【设计意图】认识水的三态变化,了解水循环。培养学生关心自然的意识,增强学生关心环境和节约用水的意识。

环节三：畅谈收获，巩固新知

教师活动：提问学生，通过本节课的学习，你都有哪些收获？还有什么困惑？引导，概括，评价。

学生活动：分享感受，畅谈收获，相互答疑解惑。

【设计意图】夯实所学知识，感受学科魅力，培养学生敢于答疑解惑的学习习惯和品质。

环节四：课堂练习，反馈教学

师生活动：出示习题，学生答题反馈。教师对学生做错的习题进行讲解，引导学生掌握正确的分析和解决问题的方法。

【设计意图】联系生活实际，巩固深化新知，检测学习效果。培养学生解决问题的能力。

环节五：布置作业，自主拓学

作业内容：基础性作业和拓展性作业。

【设计意图】根据学生的实际情况布置作业，培养学生的自主学习能力。

板书设计

教学反思

本节课是以学生为主体，以"活动"为主线，以学生的全面发展为导向的"活动式"物理课。创设物理实验情境，以观察实验引发思考、激发学习热情；让学生进行小组合作探究，感受探究实验的乐趣，培养学生的科学探究能力；创设生活情境，从物理走向生活和社会，解决实际问题，感受物理学的实用价值，增强学生热爱祖国的情感和关心环境的意识。学生刚开始学习物理，还没有全面了解科学的实验探究过程，对酒精灯等一些实验器材的使用不够熟练，教师应给予充分的指导；合理分配时间，让学生更充分地感受实验学科的魅力。

《酸和碱的中和反应》教学设计

教材分析

　　《酸和碱的中和反应》是人教版化学教材九年级下册第十单元课题 2 的内容。教材没有把本课题的内容穿插安排在酸的化学性质或碱的化学性质中，而是单独列为一个课题，目的是通过核心概念"中和反应"的形成，完善学生运用所学知识验证没有明显现象的反应的实验设计能力，完善学生完成这类实验设计的思维模型建构，优化实验方案，进一步发展学生科学探究的能力和水平层级；从酸碱反应的宏观现象到原子水平上的反应过程模型建构，再到中和反应化学方程式的书写，旨在帮助学生建立起"宏观—微观—符号"三维表征的化学思维；从盐酸和氢氧化钠的反应类推到其他酸碱反应，帮助学生学会运用从个别到一般，从具体到类属的研究物质性质的学习方法；中和反应在生产生活中的实际应用，旨在帮助学生能够理论联系实际，从化学走进生活，学以致用。

　　酸和碱的中和反应在中学化学学习过程中起着承前启后的重要作用，为盐类的化学性质的学习做了铺垫。

学情分析

　　学生已经具有一些关于常见的酸和碱的性质、构成、用途、酸碱指示剂的变色规律等的知识储备，学会了一些化学实验基本操作方法，会设计简单的实验，并能够对获得的信息用归纳、概括的方法进行加工。

　　此外，学习本课之前，学生也遇到过无明显现象的反应，如二氧化碳和氢氧化钠溶液的反应，初步具有借助转换思想验证发生反应的意识，但尚未形成思路和模型，如何设计实验、建构原子水平上的化学变化过程模型以及符号表征（化学方程式）可能是学生学习本课的障碍，也是本课学习的重难点。

课型及课时安排

　　新授课，本课题为 2 课时，中和反应与溶液的酸碱度各 1 课时。本课时内容是对中和反应的探究，侧重于中和反应的探究过程。

教学目标

　　1. 认识酸和碱之间发生的中和反应，了解中和反应在实际中的应用。

崔甲鹏，抚顺市第二十六中学教师，获得抚顺市第十一届职工技能大赛教育赛区中小学教师教学技能竞赛技术状元。

2.通过自主探究,培养发现问题、解决问题的能力和动手操作能力。通过讨论交流,培养收集并处理信息的能力和良好的学习习惯。

3.体验充满探究性的化学活动,加强对科学精神、科学方法、科学探究能力和逻辑思维能力的培养。体会化学与社会的密切关系,增强社会责任感。

教学重点及难点

重点:酸碱之间的中和反应。

难点:验证中和反应的探究过程。

教学准备

多媒体课件。

实验用品:烧杯、玻璃棒、胶头滴管、温度计、稀盐酸、氢氧化钠溶液、石蕊溶液、酚酞溶液等。

教学方法

教法:创设问题情境法、实验探究法。

学法:实验探究法、合作学习法。

教学过程

环节一:激趣导入

教师活动:播放视频及图片——药品"斯达舒"广告。

学生活动:观看图片,思考,这种药品为什么可以治疗胃酸过多症?

教师提问:酸和碱之间是否会发生化学反应?让我们通过实验来一起探究。

【设计意图】创造真实情境,从生活走向化学,从"斯达舒"药品说明书引出本课的探究问题。

环节二:探究新知

活动与探究:酸和碱的反应

教师活动:演示稀盐酸与氢氧化钠溶液的反应。

教师提问:在实验中,我们并没有看到任何明显的现象,到底有没有发生化学反应?请同学们利用提供的药品,自己设计实验方案。

学生活动:学生交流,设计实验方案。

方案1:利用反应放热

方案2:(稀盐酸+石蕊溶液)+氢氧化钠溶液

方案3:(氢氧化钠溶液+石蕊溶液)+稀盐酸

方案4:(稀盐酸+酚酞溶液)+氢氧化钠溶液

小组汇报实验方案及优缺点。

教师活动:教师评价,选出最优实验方案,演示最优实验方案——(氢氧化钠溶液+酚酞溶液)+稀盐酸。

学生活动:学生观察实验,总结,写出化学方程式。

教师提问:其他酸与碱也能发生类似的反应吗? 为什么?

比如:氢氧化钠与稀硫酸,氢氧化钙与稀盐酸。

学生活动:尝试写出化学方程式,总结规律,得出中和反应的概念。

【设计意图】造成认知冲突,激发学生探究欲,设计实验验证没有明显现象的酸碱反应。小组分享、自评、组评、师评,实现师生、生生之间的平等对话,构建和谐的教学氛围,打造学习共同体,在思维碰撞中优化实验方案。从盐酸和氢氧化钠反应,类推到其他酸和碱也能发生类似反应,引导学生掌握类属迁移、归纳规律研究物质性质的学习方法。

教师提问:氢氧化钠和稀盐酸是如何发生反应的? 反应的微观实质是什么?

教师活动:播放中和反应的微观动画。

学生活动:分析归纳微观反应的实质。

【设计意图】从宏观反应到微观实质,帮助学生理解中和反应为什么能够发生。

教师提问:是不是所有的中和反应都没有明显的反应现象呢? 请大家观察以下实验。

教师活动:演示氢氧化铜与稀盐酸的反应。

学生活动:观察实验,得出结论。

【设计意图】利用特殊的物质进行实验,防止学生产生思维偏差,使学生对于中和反应有更深入的认识。

教师提问:"斯达舒"药品中的氢氧化铝起什么作用? 除此之外,中和反应在生产生活中还有哪些实际应用呢?

教师活动:展示图片。

学生活动:联系生活常识,总结中和反应的实际应用。

【设计意图】前后呼应,学以致用,运用所学知识分析解决实际问题。把本课的核心知识留给学生,加深印象和内化。

环节三:归纳小结

梳理知识,畅谈收获。

环节四:课堂练习

1.下列应用与中和反应原理无关的是(　　　)。

A.用熟石灰和硫酸铜配制波尔多液

B.服用含 $Mg(OH)_2$ 的药物治疗胃酸过多

C.施用熟石灰改良酸性土壤

D.用 NaOH 溶液洗涤石油产品中的残余硫酸

2.下列反应属于中和反应的是(　　)。

A.$Na_2CO_3 + 2HCl \Longrightarrow 2NaCl + H_2O + CO_2\uparrow$

B.$2NaOH + H_2SO_4 \Longrightarrow Na_2SO_4 + 2H_2O$

C.$SO_2 + 2NaOH \Longrightarrow Na_2SO_3 + H_2O$

D.$Zn + CuSO_4 \Longrightarrow ZnSO_4 + Cu$

环节五：课后作业

完成相关练习。

【设计意图】巩固本课所学,提高学生的学习兴趣。

板书设计

课题2　酸和碱的中和反应(第一课时)

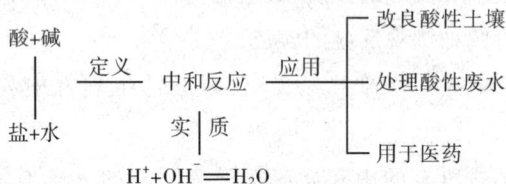

```
酸+碱                          ┌─ 改良酸性土壤
 │        定义             应用 │
 │──────  中和反应 ──────────────┼─ 处理酸性废水
 │        实 质                 │
盐+水                          └─ 用于医药
      H⁺+OH⁻ ══ H₂O
```

教学反思

　　学生自主参与整堂课的知识建构,通过设计、操作、观察、思考、讨论,学生在解决问题过程中深刻、系统地理解知识,逐步建构起自己的知识体系。本节课的设计特点是强调以学生的探究学习为主,重视学生的体验,使学生的认知和体验达到最佳结合点,注重体现学生的主动性和发挥学生的主体性,创设一个合作学习探究的氛围。学生的思维过程始终在问题情境中进行,在探究氢氧化钠与盐酸是否反应时,实验的设计、操作,实验现象的描述以及实验结论的得出,都由学生完成。

　　注意化学与日常生活的密切联系,培养学生学以致用的思想,中和反应的应用之一是用于医药,让学生通过阅读药品"斯达舒"的说明书,说出它能够治疗胃酸过多症的原因,写出有关反应的化学方程式,这样既巩固了知识,又培养了能力。

　　学生在课堂上表现积极,但部分学生的实验操作不够规范,教师只是做到了巡回指导,没有集中强调,在今后的教学中应注重对学生规范实验能力的培养。

《水的组成》教学设计

教材分析

《水的组成》是人教版化学教材九年级上册第四单元课题 3 的内容。本课题对水的认识进入分子层面,以人类认识水的组成的简要史实引入并展开。首先简要介绍了氢气及其相关性质,然后通过对水的电解实验现象的分析和讨论得出水是由氢、氧两种元素组成的结论。结合前面学习中接触的一些物质,从组成上的区别归纳出单质、化合物及氧化物的概念。在课题之后,教材还提供了详细的资料《水的组成揭秘》,为教师和学生提供了人类认识水的组成的系统知识。

学情分析

通过小学科学和中学物理课的学习以及生活中经验的积累,学生不仅知道水是我们身边最常见的物质之一,而且对水的物理性质有了一定的了解。但是学生并不完全了解水的组成。学生在第二单元课题 2《氧气》中所学的氧气的检验方法是学习本课题的基础之一。

课型及课时安排

新授课,1 课时。

教学目标

1.认识水的组成,了解并区分单质和化合物。

2.了解并体验人类认识水的组成的过程和方法。

3.认识实验探究的重要性,体会化学家在研究过程中的科学精神。

教学重点及难点

重点:水的组成。

难点:对单质、化合物、氧化物概念的理解。

教学准备

1.多媒体课件。

2.氢气燃烧及电解水实验相关仪器和药品。

教学方法

情境创设法、探究法、讨论法。

肖玉洁,抚顺市第十九中学教师,获得抚顺市第十一届职工技能大赛教育赛区中小学教师教学技能竞赛初中化学第二名。

教学过程

环节一：创设情境，引入新课

通过一则谜语,引出本节课的主角——水,介绍水的组成的发现史实(水的生成和水的分解),明确本节课的学习思路。

教师活动	学生活动	设计意图
【谜语】展示图片,猜猜今天的主角是谁呢? 【介绍史实】展示三位科学家(普利斯特里、卡文迪什、拉瓦锡)的图片,介绍他们为发现水的组成做出的贡献。	【猜谜语】仔细聆听,思考并回答。 【聆听】了解水的组成的发现史。	激发学生的学习兴趣,直击本节课的主题。 通过让学生了解史实,培养学生严谨认真的科学态度。

环节二：对氢气性质的认知

通过实验和生活中的实例,了解氢气的性质,并在教学中提高学生的安全意识。

教师活动	学生活动	设计意图
【氢气的物理性质】展示一瓶用排水法收集的氢气,引导学生感知氢气的物理性质。 【氢气的化学性质】播放视频,引出氢气具有可燃性,提示学生在使用具有可燃性的气体之前要进行验纯,演示验纯的操作及纯净的氢气在空气中燃烧,引导学生观察现象并书写文字表达式。	【观察并总结】感知氢气的物理性质。 【观看视频】了解氢气具有可燃性,通过实验演示,学会验纯的操作。观察氢气燃烧的现象并写出文字表达式。	让学生学会倾听,培养学生观察、分析、归纳的能力。 让学生学习验纯操作,提高学生的安全意识。

环节三：探究水的组成

通过演示电解水实验,引导学生思考并讨论,写出文字表达式,并得出结论:水是由氢、氧两种元素组成的。

教师活动	学生活动	设计意图
【电解水实验】介绍电解器及实验步骤,演示实验,提示学生观察实验现象,并引导学生思考如何检验生成的气体。分析实验现象,写出文字表达式,得出实验结论。 【微观模拟】利用微观粒子模拟电解水的微观过程。	【观看】观看演示实验,记录实验现象,书写文字表达式。 【讨论】分析为什么这个实验能说明水不是由一种元素组成的,并得出实验结论。 【观看】从微观角度认识化学变化的过程。	让学生知道实验是学习化学的重要手段,培养学生认真严谨的科学态度。 培养学生分析问题的能力。 透过现象看本质,使学生从宏观、微观两个角度认识化学变化。

环节四：归纳单质、化合物、氧化物的概念

从水的组成分析得出化合物的概念,出示几种化合物,对所给物质再次进行分类,了解氧化物的概念。纯净物中除了由不同种元素组成的化合物,还有由同种元素组成的单质。接着通过游戏环节,让学生学会区分单质、化合物和氧化物。

教师活动	学生活动	设计意图
【化合物】由水的组成介绍化合物的概念。 【氧化物】出示几种化合物,提示学生观察,这些化合物可以分为两类,接着给出氧化物的概念。 【辨析】利用图示引导学生明确含氧化合物和氧化物等的从属关系。	【倾听】了解化合物的概念。 【观察】观察所给物质的特点,对物质进行分类,总结氧化物的概念。 【观看】了解纯净物、化合物、氧化物和含氧化合物的从属关系。	由水的组成引出化合物的概念,学生易于接受。 通过多媒体课件的辅助,可以激发学生的学习兴趣,同时培养学生的观察能力和总结能力。 以图示的形式更为直观地呈现,辅助学生辨析单质、化合物、氧化物的概念。

教师活动	学生活动	设计意图
【游戏】以游戏环节检验学生能否区分单质、化合物、氧化物。 投篮比赛 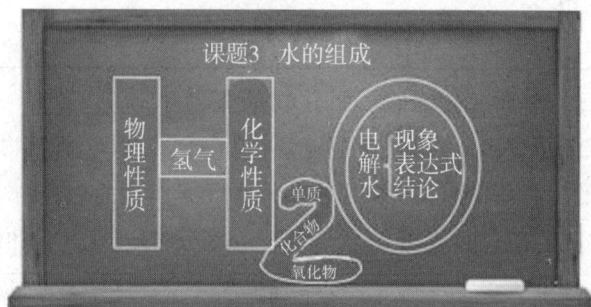	【思考回答】区分单质、化合物、氧化物。	以游戏的形式进行练习，使枯燥的内容有趣化，避免学生对易混淆的概念性的内容有厌烦情绪。

环节五：练习巩固，分享升华

通过习题检验学生对本节课内容的掌握情况，学生谈收获，梳理本节课的知识脉络。

板书设计

教学反思

本节课内容的呈现模拟了水的组成的研究过程这一史实，首先介绍了氢气及其性质，这既为后面的学习做铺垫，也是研究水的组成的开端。然后通过对电解水实验的分析，使学生对水的组成的认识水到渠成。这一过程体现了学生的主体地位，将知识的获取和体验科学家的研究过程融为一体，利用教材等素材及生活情境，激发学生的学习兴趣，突出了本节课的重点。在了解水的组成的基础上，结合前面学习过的化学式，分析物质组成的特点，归纳单质、化合物及氧化物的概念，发挥学生已有知识在学习中的作用。利用图示及游戏等形式帮助学生更好地理解和区分这三个概念，突破本节课的难点。本节课的教学目标基本达成，学生课堂表现较为积极，只是在每个知识节点的时间安排上稍有偏差，因此如何灵活地把控课堂节奏还需要在实践中不断摸索。

《常见物质中杂质的去除》专题复习教学设计

教材分析

本节课内容选自人教版化学教材,主要介绍了几种常见物质中杂质的去除方法,考虑的是怎样从混合物中把这些物质分离出来,怎样提纯这些物质。实质是研究混合物中各组分的性质,实现分离、提纯或除杂。因此,本节课作为一个专题复习课,能够引导学生从物质分离和提纯的研究开始,建立一个科学探究的思维方法。该专题在初中教材及生产、生活和科学实验中都占有重要地位。

学情分析

九年级学生在复习本专题前已经初步具备用化学的眼光去认识客观世界中丰富多彩的物质的能力,也具有一定的探究性学习的基础。在之前的学习过程中,学生已经学习了相关反应,也积累了一些观察分析、推理归纳的能力。本课题可以通过回忆温习达到巩固知识的效果,并在这样的知识架构中融合化学转化的知识,学会相关物质的除杂和分离方法,从而形成知识的迁移和提升,达成本节课的预期目标。

课型及课时安排

复习课,1课时。

教学目标

1.会应用所学知识设计物质除杂的方法,并能够评判物质除杂方法的正误。

2.通过归纳物质除杂的化学方法,初步学会概括、整理知识的能力。

3.明确知识之间是有联系的,明白事物由简到难的认知规律。通过感受生产、生活实际与化学知识密不可分,培养学生学习化学的兴趣。

教学重点及难点

重点:学习、掌握物质除杂的常见方法的原理、适用范围及操作技能,并能根据常见物质的性质设计分离、除杂的实验方案。

难点:设计和评判物质除杂的方法。

教学准备

多媒体课件、试管、碳酸钠溶液、氯化钠溶液、稀盐酸、氯化钙溶液、胶头滴

于国焕,抚顺市第十八中学教师,获得抚顺市第十一届职工技能大赛教育赛区中小学教师教学技能竞赛初中化学第三名。

管等。

教学方法

由易到难、讨论交流、实验探究、分析归纳。

教学过程

环节一：创设情境，引入新课

教师导入：千淘万漉虽辛苦，吹尽狂沙始到金。这句诗是什么意思？你能用自己的语言说一说什么叫物质的除杂吗？

学生描述：简要说出这句诗的意思。用自己的语言来描述物质的除杂。

【设计意图】诗情激趣，明确本节课的教学目标。

环节二：知识回顾，练习反馈

教师展示课件，提问：在自来水的制备中，过滤池和吸附池可以除去水中的哪些杂质？

知识回顾：根据学过的知识，回答除去水中的不溶性杂质、色素和异味的方法。

教师引导：过滤适合哪些物质除杂，过滤后分别得到的滤液和固体应如何处理后才会得到较纯的物质。

学生回答：滤液中的溶质需蒸发结晶，固体需洗涤干燥。

问题分析：蒸发适用于哪些物质除杂？还有其他结晶方法吗？其他结晶方法又适用哪些物质除杂？

知识回顾：回顾溶解度的相关知识，得出结晶方法，适合提纯的物质种类。

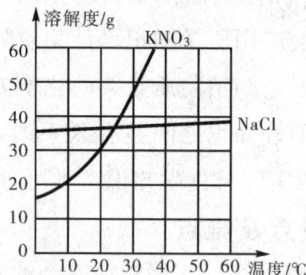

学以致用：氯化钠溶液中含有少量的硝酸钾，如何除去其中的硝酸钾？硝酸钾溶液里有少量的氯化钠，如何除去其中的氯化钠？

学生思考并回答问题。

【设计意图】利用知识的迁移解释，使学生了解解决问题的方法，使学习由易到难循序渐进，符合学生的认知水平，同时进行练习巩固，学以致用。

环节三：讨论交流，整理归纳

教师过渡：我们学过的物理方法除杂在生活中可以解决很多的实际问题，但并不能解决所有的问题,下面这些物质中的杂质应如何除去呢?

提纯物质	杂质	试剂及方法
CaO	$CaCO_3$	
$CaCO_3$	$CaCl_2$	
Cu	CuO	
CuO	Cu	

学生讨论:思考、讨论,根据杂质的性质回答问题,得出简单易行的方法。

教师引导:根据以上学习,我们一起来整理一下除杂的原理。

整理归纳:试着归纳整理出除杂的原理,利用物质间的性质差异,选择合适的方法,将杂质转变成不同的状态而除去。

设计意图:培养学生的归纳整理能力,明确除杂的原理。

环节四:火眼金睛,寻找方法

教师活动:利用刚刚学习的除杂原理,甲、乙、丙三位同学为除去 $NaCl$ 溶液中含有的杂质 HCl,分别选用一种试剂(适量)进行实验。请你对他们所选用的试剂进行评价。

学生	试剂	评价(是否可行,并简述理由)
甲	$AgNO_3$	
乙	KOH	
丙	Na_2CO_3	

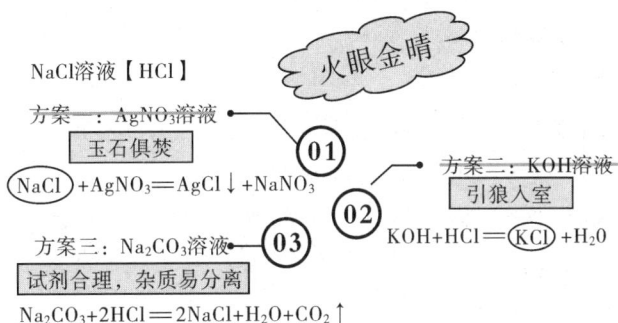

$NaCl$溶液【HCl】   火眼金睛

方案一:$AgNO_3$溶液 ——①

玉石俱焚

$(NaCl)$ + $AgNO_3$ = $AgCl\downarrow$ + $NaNO_3$

② 方案二:KOH溶液

引狼入室

$KOH+HCl$ = (KCl) + H_2O

方案三:Na_2CO_3溶液 ③

试剂合理,杂质易分离

Na_2CO_3+2HCl = $2NaCl+H_2O+CO_2\uparrow$

分组活动:学生分组讨论完成学案,小组汇报讨论结果。

教师引导:用成语来表述甲所选的试剂——"玉石俱焚";

用成语来表述乙所选的试剂——"引狼入室";

简述丙所选的试剂可行,归纳为"试剂合理,杂质易分离"。

学生感悟:倾听,感悟,领会。

教师提问:通过以上学习,可以归纳出物质除杂的原则是什么?

整理归纳:除杂原则为"石"不增,"玉"不减,易分离。

【设计意图】体现学生的主体地位,体现生生合作,强化合作学习意识。培养学生概括整理知识的能力。

环节五: 科学探究,一站到底

教师讲授:讲授氯化钠溶液中有碳酸钠时,除去碳酸钠的解题思路,整理出解题秘籍为"沾亲带故,化敌为友"。

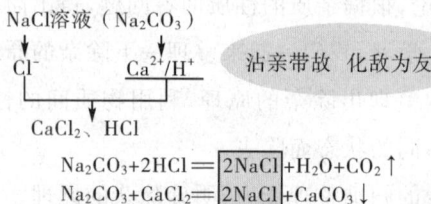

$$NaCl溶液(Na_2CO_3)$$

$$Cl^- \qquad Ca^{2+}/H^+ \qquad 沾亲带故 \quad 化敌为友$$

$$CaCl_2 、 HCl$$

$$Na_2CO_3+2HCl == \boxed{2NaCl}+H_2O+CO_2\uparrow$$
$$Na_2CO_3+CaCl_2== \boxed{2NaCl}+CaCO_3\downarrow$$

学生领悟:领悟解题秘籍,跃跃欲试,做习题加深对知识的理解,活学活用。

【设计意图】培养学生的思考能力,反馈对所学知识的掌握情况。

环节六: 实验再探究,归纳小结

教师过渡:现在实验台上有一瓶混有碳酸钠的氯化钠溶液,根据刚刚学习的方法我们知道,可以加稀盐酸或氯化钙溶液除去碳酸钠,下面请两名同学来给大家演示一下实验过程。

实验探究:学生演示实验,在实验中感悟除杂时药品的用量问题对实验结果的影响。

【设计意图】培养学生分析、解决问题的能力,教会学生实事求是、辩证地看待问题,利用实验突破难点。

环节七: 小结练习

教师活动:通过本节课的学习,你有哪些收获,还有哪些疑惑?

师生归纳:

除杂注意事项:

1. 简单易行彻底先;

2. 不增新"石"不减"玉";

3. 试剂用量慎思量;

4. 操作得当复原貌。

交流体会:自我小结本节课的主要内容和学习体验,并相互交流和评价,完成课堂练习。

【设计意图】强化学习效果,及时反馈矫正。

板书设计

专题复习　常见物质中杂质的去除

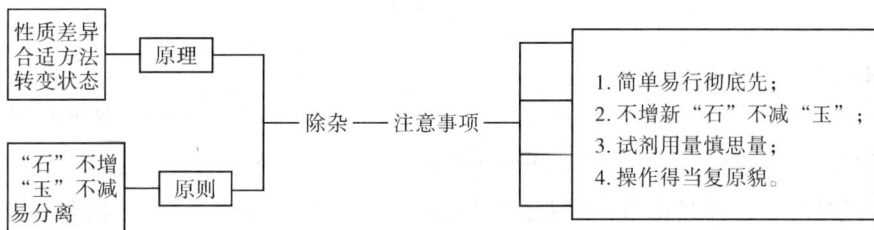

性质差异
合适方法
转变状态　→　原理

"石"不增
"玉"不减
易分离　→　原则

原理、原则 → 除杂 —— 注意事项 →
1.简单易行彻底先;
2.不增新"石"不减"玉";
3.试剂用量慎思量;
4.操作得当复原貌。

教学反思

　　课前让学生利用已有的基础知识做好预习,这样可以充分调动学生学习的积极性和主动性,避免学生成为学习的旁观者和被动接受者。

　　为调动学生的学习兴趣,强化合作意识,也为了突出重点,设计"火眼金睛"环节,小组同学通过分组讨论汇报得出结论,然后巧用学生熟悉的成语来概括去除杂质的原则——不"玉石俱焚",不"引狼入室"。面对熟悉的成语,学生很容易就理解了除杂的真谛。

　　做好化学实验是学习化学的灵魂,在突破难点时设计再探究的环节,让学生操作演示实验,在亲身体验中发现除杂时所用试剂的"量"对实验结果产生的影响。

　　本节专题复习课,主要目的是加强培养学生的审题能力,总结时不急于提示,留给学生充裕的思考整理时间,这样可以培养学生独立思考的能力,养成良好的思维习惯。

　　不足之处:课堂上练习题的数目较多、密度较大,时间略有些紧;小组学习能力强弱情况不同,还需随时调控。

《化学是一门以实验为基础的科学》教学设计

教材分析

  本课题是人教版化学教材九年级上册第一单元课题 2 的内容,是九年级学生学习化学的第一个化学活动与探究实验。学生已经知道化学研究的对象是物质,但对于怎么研究物质、利用什么方法研究物质并不清楚。通过本节课的学习,学生将对这个问题有较为完整的认识。"对蜡烛及其燃烧的探究",侧重于观察、记录方法和分析的学习。通过对蜡烛在点燃前、点燃时和熄灭后三个阶段的观察和实验,强调运用多种感官去看、闻、听、摸,使学生对化学变化及其现象进行系统、全面和仔细地观察。除此以外,在探究活动中,通过引导学生归纳和总结化学的学科特点,即观察的重点放在物质的性质、物质的变化、物质变化的过程以及对结果的解释和讨论上,对化学学习方法进行指导。因此,本节课是化学实验的基础,对学生学习化学起着至关重要的作用。

学情分析

  在学习本课题之前,学生已经学习了物理变化、化学变化、物理性质、化学性质的概念,本课题以此为基础展开讨论。蜡烛燃烧这个实验来自生活,学生不会感到陌生,但却从未对其细节进行过认真的观察和分析。选择这样的实验,会使学生感觉到化学与生活密切相关,学习化学可以从身边的化学现象开始进行探究。

课型及课时安排

  新授课,本课题共 2 课时,两个探究活动各 1 课时。本节课内容是对蜡烛及其燃烧的探究,侧重于观察、记录方法的学习。

教学目标

  1.学习观察和描述化学实验的方法。

  2.养成自主探索、主动研究的学习习惯,初步学会观察、猜想、类比的方法。

  3.通过探究蜡烛燃烧的奥秘,体验科学探究的乐趣。

教学重点及难点

  重点:对蜡烛及其燃烧的探究。

  难点:培养学生主动发现实验现象,学会表述实验现象。

韩颖,抚顺市育才中学教师,获得抚顺市第十一届职工技能大赛教育赛区中小学教师教学技能竞赛第四名。

教学准备

蜡烛、小刀、烧杯、集气瓶、澄清石灰水、玻璃片、纸板、酒精灯等。

教学方法

实验探究法、问题讨论法、讲解法及多媒体辅助法等。

教学过程

环节一：导入新课

教师活动：教师播放视频——"是真的吗？"

学生活动：学生观看视频。

【设计意图】抛出问题——借助白烟能否将蜡烛点燃，引出本节课的主题，激发学生的探究欲。

环节二：活动探究

活动探究一：观察蜡烛获得其物理性质

教师提供必备的用品，学生四人为一小组，利用自己的感官或借助仪器观察点燃前的蜡烛，师生共同观察得出蜡烛的物理性质。

【设计意图】引导学生形成用实验验证物质性质的习惯，并初步形成观察物质的一般思路。

活动探究二：点燃蜡烛，观察蜡烛燃烧的现象

教师活动：现在请同学们点燃蜡烛，仔细观察燃烧的蜡烛，看谁观察到的现象最多，谁描述得更细致、更准确。

学生活动：学生小组合作，通过观察，发现蜡烛燃烧时火焰是分层的。

教师提示：我们把蜡烛的三层火焰由外到内依次称为外焰、内焰和焰心。

【设计意图】通过小组活动，让学生亲身体会观察的方法，并通过观察获得蜡烛燃烧的现象。

教师提问：三层火焰的温度相同吗？哪一层温度最高？

活动探究三：设计实验方案，探究蜡烛哪一层的火焰温度最高

学生活动：学生合作讨论，根据教师提供的实验用品尽可能多地设计实验方案。

教师活动：讨论过程中教师注意引导，在设计时要控制变量，并分析方案的可行性，从而完善实验方案。

学生活动：学生四人一组，尝试进行实验，如果实验失败，讨论原因，进行改进，再次实验。

【设计意图】将实验设计交给学生,让学生发挥主导作用,利用生生合作的学习方式培养学生的团队精神和合作意识。

活动探究四:蜡烛燃烧生成了哪些物质

教师提问:蜡烛燃烧后生成了哪些物质? 提示学生通过实验推测蜡烛燃烧的产物。

学生活动:学生四人一组,根据教师提供的用品进行探究活动,猜想并用实验验证,最后汇报交流。

【设计意图】将实验设计交给学生,让学生发挥主导作用,设计实验方案,分析方案的可行性,体会实验方案评价过程中要关注的地方。另外,利用生生合作的学习方式培养学生的团队精神和合作意识。

活动探究五:点燃蜡烛熄灭后的白烟

教师活动:蜡烛熄灭后看到一缕白烟,回想开课时的视频,借助白烟能将蜡烛重新点燃吗? 教师演示实验——点燃白烟,并再一次播放白烟将蜡烛重新点燃的慢动作。

学生活动:学生观察实验,得出结论。

【设计意图】通过实验重现让学生体会实验,便于理解。

活动探究六:点燃蜡烛燃烧时引出的白烟

教师介绍:蜡烛能够燃烧并产生火焰,是因为烛芯吸上了液态蜡油,液态石蜡汽化并燃烧。蜡烛熄灭后石蜡蒸气遇冷形成固体小颗粒,就是我们看见的白烟。在石蜡燃烧时可以将石蜡蒸气导出,用玻璃注射器抽取白烟,将白烟在火焰处推出,产生火舌,当用力较大时,产生的火舌也较大,证明白烟具有可燃性,冷却后可以看到白烟在注射器内形成了蜡膜。

学生活动:学生注意倾听,理解释疑。

【设计意图】激发学生兴趣,用直观生动的实验现象使学生的探究情绪达到高潮,进而结束本节课的探究。

教师总结:回顾刚才的环节,整个过程就是科学探究。当我们观察思考后得出有探究价值的问题时,往往都是按照这几个环节进行的,各环节环环相扣,符合我们的学习和认知规律。

【设计意图】自然生成科学探究的方法。

环节三: 课后小结,学生畅谈

【设计意图】让学生充分表达自己的所学所感,对知识进行沉淀,情感进行升华,引导学生通过与同伴交流完善自己的认知。

环节四:巩固练习

将本节课学到的知识及时应用,进行巩固练习。

布置作业:完成实验报告册相关内容。

板书设计

第一单元　课题2　化学是一门以实验为基础的科学

点燃前

|

蜡烛燃烧

／　＼

点燃时　熄灭后

教学反思

从设计实验到进行实验需要"三思而后行",实验完成后,还应"行后而三思"。对自己探究活动的过程和结果进行认真的反思与评价,才能使我们不断地获得进步。本节课通过让学生近距离仔细地探究,激发了学生学习的兴趣,在实验过程中用化学的眼光、实验的手段、化学的思想来研究大家非常熟悉的蜡烛燃烧,感受科学探究的乐趣,使学生充分体验到了成功的喜悦,大大激发了学生做实验的兴趣。具体分析如下:

1.咬住观察的方法这一中心不放松。先让学生盲目观察,再引导学生用对比观察法,注重观察内容,进行系统的探究实验。学生真切地感受到关注知识的形成过程的学习方法比死记硬背课本知识更重要,学习是一个不断渗透的过程,有些思想和方法是不可能一步学到位的。

2.始终坚持探究式教学法。关注科学探究的一般步骤的形成,如对比实验,猜想的思路。

3.本课题教学主要以主动探究、合作学习、讨论交流的方式展开,进行开放式教学,培养学生的学习习惯和学习方法。充分尊重学生的主体地位,积极发挥教师的主导作用。运用大量激励性评价语言,调动学生的积极性,创设一种学生努力思考,积极动手,知无不言、言无不尽的和谐教学氛围。充分肯定学生成功的地方,即使学生错了,也要尽量找出错误中值得肯定的方面,以鼓励为主,比如表扬学生大胆发言,发生的错误具有代表性,错得很有价值。

4.第一次做化学实验,学生很兴奋,但在观察、实验操作和运用化学的思维方式等方面有一定欠缺,这属于正常现象,在以后的学习中慢慢养成、巩固,从而形成良好的学习习惯。

《生殖器官的生长》教学设计

教材分析

本节课的内容选自北师大版生物学教材七年级上册第 6 章第 3 节的第 1 课时,本章要求学生掌握"绿色开花植物的生命周期包括种子的萌发、植株生长、开花、结果与死亡等阶段"这一重要知识点。本节课着重让学生掌握"花是绿色植物的生殖器官"这一概念,了解并准确辨认花的各个结构,描述花与果实、种子之间的内在联系。

学情分析

七年级的学生求知欲强,喜欢自己动手主动获取知识,教师可为学生提供实验和观察的平台,引导学生自主探究,获得相关知识。这样符合由感性到理性、由具体到抽象的认识规律,有利于培养学生的观察能力、思维能力,帮助学生较容易地掌握本节内容。

课型及课时安排

新授课,本课题共 2 课时,本课为第 1 课时。

教学目标

知识目标

1.说出花的基本结构,解释雄蕊和雌蕊是花的主要结构。

2.列举两性花、单性花、无性花。

能力目标

通过解剖花,提高观察能力和动手能力。

情感、态度和价值观

认同生物体结构与功能相适应的观点,培养自觉爱护花草,珍爱生命的意识。

教学重点及难点

重点:说出花的基本结构,解释雄蕊和雌蕊是花的主要结构。

难点:理解雄蕊和雌蕊是花的主要结构。

袁雪,抚顺市实验中学教师,获得抚顺市第十一届职工技能大赛教育赛区中小学教师教学技能竞赛教学生物组状元。

教学准备

多媒体设备、镊子、解剖刀和鲜花(百合花、玫瑰花、剑兰、康乃馨、南瓜花等)。

教学方法

多媒体教学法、讲授法、直观演示法。

教学过程

环节一：创设情境，导入新课

以召开班级花卉博览会的方式引入新课，通过学生展示花卉并介绍花语，让学生走进课堂，激发兴趣，为本节课的学习做好铺垫。

教师活动：班级花卉博览会现在开始，今天展出的花卉有哪些呢？谁来简单介绍一下你带来的花？

学生活动：学生介绍自己带来的花卉，以及各种花卉的花语。

红色玫瑰花——爱情

康乃馨——爱、尊重之情

百合花——百年好合

向日葵——沉默的爱

【设计意图】通过召开花卉博览会的方式创设情境，让学生走进课堂展示生活中常见的花卉，引起学生的共鸣，激发学生的学习兴趣。

环节二：认识桃花的基本结构

教师活动：指导学生阅读教材113页的活动栏目，并根据桃花的形态结构模式图，自主学习，填写学案。提醒学生注意在观察时按照从外到内、从下到上的顺序进行观察。

学生活动：根据桃花的形态结构模式图，自主学习，填写学案。

【设计意图】让学生阅读教材并填写学案，认识桃花的基本结构，了解各部分结构名称，培养学生自主学习和按照一定顺序观察图片的能力。培养学生的识图能力及从课本获得知识的能力。

教师活动：请一名学生到教室前面，把花的各部分结构名称粘贴到相应的位置上。展示PPT，总结桃花的基本结构。

学生活动：一名学生粘贴桃花各部分结构名称，其他同学评价。

【设计意图】培养学生的思考能力，让学生学会反思和总结。

环节三：解剖和观察花的结构

教师活动：同学们两人一组，解剖并观察一下我们准备的花卉。在解剖之前，我们先来明确一下操作步骤。

1.用镊子从下到上、从外向内依次摘下花柄、花托、花萼、花瓣、雄蕊、雌蕊,并设计合理的顺序,用双面胶把它们粘贴在学案上。

2.将花的各部分名称标在旁边。给出示例:

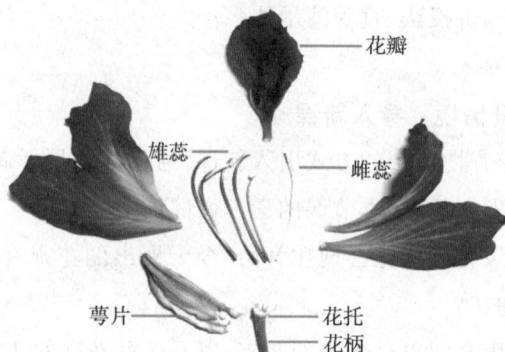

学生活动:按照操作步骤,解剖并观察课前准备的花卉。根据示例,制作展示板。

【设计意图】学生两人一组,解剖并观察各种花卉,并且制作展示板,各小组汇报展示。学生能够对花有更直观的了解,并且更深入地认识花的基本结构。通过观察实物,直观教学,使学生从感性认识上升到理性认识。通过小组合作培养学生的合作意识和交流能力。

教师活动:展示学生制作的鲜花标本,组织学生进行评价。

学生活动:各小组派代表用实物展台展示制作的鲜花标本,并介绍各部分结构。

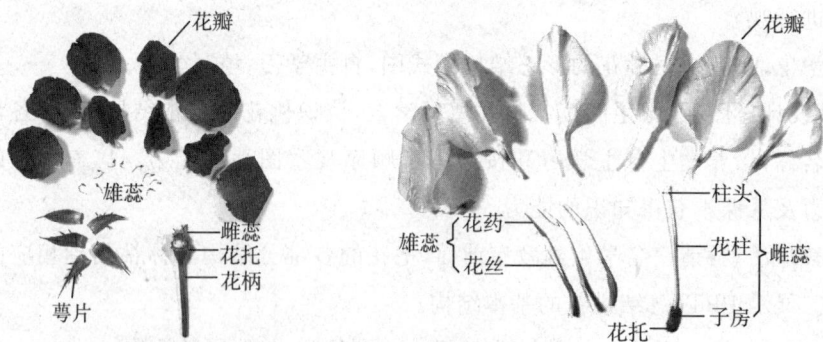

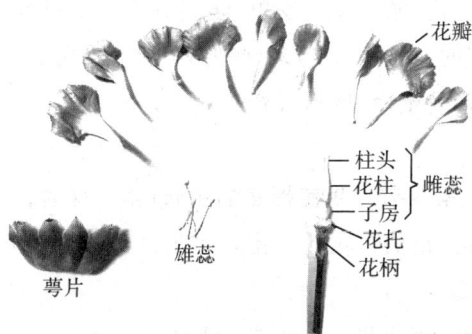

花瓣

柱头
花柱 } 雌蕊
子房
花托
花柄

雄蕊

萼片

【设计意图】通过对花的结构的汇报交流,让学生观察不同的花,了解不同的花虽然形态不同,但是结构基本相同,从而帮助学生建构花的结构的基本框架。

环节四：花的功能和分类

教师活动:生物体的结构和功能往往是相互适应的,根据结构特点,推测各个结构的功能。引导学生观察雌蕊和雄蕊,分析雌蕊和雄蕊的功能。说出一朵花中最重要的结构。

学生活动:思考回答花的各结构的功能。观察雌蕊和雄蕊的结构,了解雌蕊和雄蕊里有生殖细胞,是一朵花中最重要的结构。

【设计意图】让学生自主分析花的各个结构的功能。通过观察实物,认识到雄蕊和雌蕊的重要性。培养学生分析问题的能力,让学生初步认同结构与功能相适应的生物学观点。

教师活动:引导学生观察南瓜花并引发思考,这两朵花是一样的吗？它们和刚才我们观察的这些花有什么区别呢？花分为哪几类呢？

学生活动:学生思考并答出南瓜花属于单性花,桃花属于两性花,向日葵的舌形花属于无性花。

【设计意图】通过结构特点,分析花的各个结构的功能,并且认识到一朵花中最重要的结构是雌蕊和雄蕊。通过观察南瓜花和向日葵花,学习花的分类。了解花除了两性花,还有其他的类别,拓展学生的知识面。

环节五：练习巩固,分享升华

教师活动:让学生谈谈本节课的收获。展示习题。呼吁学生爱护花草,保护植物。在座的每一名同学都是祖国的花朵,希望大家的青春都能如花朵般绽放,并且在不久的将来,大家都能够收获人生的硕果。

学生活动:梳理知识,谈收获,结合本节课内容分析回答习题,认识到要爱护花朵,保护植物。

【设计意图】通过习题检验学生对本节课内容的掌握情况。让学生谈收获,梳理本节课的知识脉络。学会总结反思,学会分享。学以致用,体会本节课的价值所在。将花与人们的生活联系起来,呼吁学生爱护花草,引起学生的共鸣,使学生能够爱护花草,珍爱生命,珍惜青春。

板书设计

第 3 节　生殖器官的生长(第 1 课时)

一、花的结构:花柄　花托　花萼　花冠　雄蕊　雌蕊

二、花的功能

三、花的分类:两性花　单性花　无性花

教学反思

本节课通过让学生介绍各种不同的花引出课题,使学生能够迅速进入课堂,产生兴趣。在解剖和观察花的结构时,学生都能踊跃参与,并且在展示各种不同的花的结构时,学生充分展现了自己的创造能力,用不同的方式展现了花朵的美。同时学生也提高了动手能力,为今后的实验教学打下基础。本节课还让学生感受到生物学这门学科的魅力,通过活动,学生在生活中能够更加善于观察身边的植物、动物,爱护花草,激发对大自然的爱护之情。

本节课还有一些值得改进的地方,例如:本课容量大、活动多,一定要控制好每个环节的时间,做到收放自如;在学生讨论时,要注意观察学生的讨论情况,加强引导;在学生汇报交流环节,教师要及时给予评价。

《鸟类的生殖和发育》教学设计

教材分析

本节课的内容选自北师大版生物学教材八年级上册第19章第2节。本章第1节首先介绍了人的生殖和发育,使学生获得了有关生殖和发育的基础知识。第2节中在介绍昆虫、两栖类动物的生殖和发育的基础上,让学生进一步了解更高等的动物——鸟类在生殖和发育方面的特点。本课以鸡卵为例,通过观察鸡卵的结构来学习鸟类的生殖和发育,所以本节课的教学内容在本章中占有重要的地位。

学情分析

本节课通过观察鸡卵的结构来学习鸟类的生殖和发育特点。这个看似简单的实验,学生又了解多少呢? 我在课前对学生进行了问卷调查。

问卷调查	A	B	C	D
1.卵壳有什么作用?	保护	营养	孵化	没作用
2.卵壳很脆且密不透风?	脆弱、不透风	脆弱、透风	坚硬、不透风	坚硬、透风
3.卵壳内有几层膜?	一层	二层	三层	四层
4.每个鸡卵都能孵出雏鸡吗?	能	不能		
5.一个鸡卵就是一个卵细胞?	是	不是		

通过调查,发现学生对鸡卵的结构及功能缺乏完整的认识。如何设计实验来吸引学生从而取得更好的教学效果呢? 通过学生小组合作、实验探究等活动,使抽象的问题具体化、直观化,使教学过程顺应学生的认知规律,创造实验条件,从而有效地促进学生生物科学素养的提高。

课型及课时安排

新授课,1课时。

教学目标

知识目标

1.了解鸡卵的结构及其各部分的功能。

王立艳,抚顺市第二十七中学教师,获得抚顺市第十一届职工技能大赛教育赛区中小学教师教学技能大赛生物组第二名。

2.举例说出鸟的生殖发育的过程和特点。

3.认识鸟卵的形态结构与鸟类在陆地生活相适应的特点。

能力目标

通过对鸡卵的观察,培养观察能力、动手操作能力和科学探究能力。

情感、态度和价值观

1.初步树立结构与功能相适应的生物学观点。

2.培养关心爱护鸟类的情感,培养珍爱生命、保护环境的意识。

教学重点及难点

重点:观察鸡卵的结构,说出各个结构的相应功能。

难点:鸡卵的结构与功能的适应性。

教学准备

学生收集与鸟的生殖和发育相关的材料。

教学方法

自主学习法、合作探究法、讨论法、实验法。

教学过程

环节一: 激发兴趣

师:(出示 PPT)同学们,视频中的鸟类跳着优美的舞蹈,它们在做什么?

生:思考并回答。

师:除了跳舞,还有什么方式用来进行求偶呢?求偶是鸟类的什么行为?

生:思考并回答。

师:很好。今天,我们就来学习鸟类的生殖和发育。大家想一想,鸟儿跳舞之后会做什么呢?

生:思考并回答。

环节二: 导入新知——鸟类的生殖过程

师:(出示 PPT)同学们说得非常好,请给以下的繁殖行为正确排序。

生:思考并回答。

师:老师在这里强调一下,这是鸟的生殖发育的一般过程,不是所有的鸟都按照这个过程生殖和发育。

师:在鸟类的生殖和发育过程中,求偶、交配和产卵是所有鸟类都具有的生殖行为。

【设计意图】通过观看鸟类跳舞,引出本节课内容,激发学生的学习兴趣。

师过渡:(播放视频)鸟卵的受精发生在输卵管的上端。受精卵在输卵管内下行的过程中,被输卵管壁分泌的卵白、壳膜和卵壳包裹。鸟类的卵不同于昆虫和两栖类动物的卵,它们有着自己独特的结构。

环节三:实验探究——观察鸡卵的结构

师:(出示鸭蛋、鹅蛋和鹌鹑蛋)这些都是鸟卵,虽然它们大小不一、形态有别、颜色各异,但基本结构和鸡卵是一样的。下面我们通过观察鸡卵的结构来认识鸟卵的结构与鸟类在陆地上生活相适应的特点。

1.观察鸡卵的外部结构

活动一:体验滚鸡蛋和滚乒乓球

师:乒乓球和鸡蛋的外形有区别吗?请同学们验证一下。

生:鸡蛋是椭圆形的,其中一端为尖端,另一端为钝端。

【设计意图】运用探究法,从活动入手,激发学生的好奇心,再通过讨论,得出结论。

活动二:手握鸡蛋,脚踩鸡蛋

师:接下来,手握鸡蛋,均匀用力,你有什么感觉?

生:有一定的硬度和支持力。

师:鸡蛋为什么会有如此大的抗压力呢?

生:卵壳具有保护作用,保护鸡卵的内部结构。

师:让我们再来感受一下卵壳的威力。(组织学生体验脚踩鸡蛋活动)

师:鸡卵、鱼卵、青蛙卵都是卵,三者进行对比,鸡卵的卵壳为什么更坚硬呢?

生:(分组讨论,得出结论)坚硬的卵壳能使鸟类更好地适应陆地生活。

活动三:用放大镜观察鸡卵表面

师:在如此坚硬的卵壳的保护下,胚胎是怎样进行呼吸的呢?

生:气孔。

师:如何证明气孔的存在呢?

学生分组讨论,验证气孔的存在。

师:以上都可证明气孔的存在,气孔能保障胚胎在发育时能与外界进行气体交换。

【设计意图】运用探究法和启发法,让学生通过观察,发现气孔。验证气孔环节培养了学生的思维能力。

活动四:学生解剖、观察鸡卵

师:卵壳的里面还有什么结构呢?它们有哪些作用?

生:内、外壳膜具有保护作用。内、外壳膜之间有气室,能贮存空气,供给胚胎发育所需要的氧气。

师:鸡蛋壳的主要成分是碳酸钙,若把鸡蛋放入醋酸溶液中,会怎么样呢?让我们一起看看不一样的鸡蛋——弹力鸡蛋(播放视频)。

师:通过上面的学习,我们发现鸡卵的外部结构由卵壳、卵壳膜和气室构成。卵壳和卵壳膜起保护作用,气室可以供给胚胎发育时需要的氧气,卵壳上有许多气孔,保证胚胎发育时能进行气体交换。

2.观察鸡卵的内部结构

出示 PPT,组织学生带着问题动手实验。

(1)解剖、观察鸡卵,找到卵黄膜、卵黄、卵白、系带、胚盘。

学生分组进行展示。

(2)说出卵黄膜、卵黄、卵白、系带、胚盘的作用。

(3)说出受精和未受精胚盘的区别。

(4)说出鸡卵的哪些结构将来能发育成雏鸡。

(5)(分组讨论思考)“一个鸟卵就是一个卵细胞”这种说法是否正确。

(6)画出鸡卵的结构示意图。

学生分组进行展示。

师:虽然不同的鸟卵大小不同,但内部结构基本相同,有什么样的结构就有什么样的功能,这就是结构与功能相适应的生物学观点。实验中,我发现同学们展现出了团队合作、勇于创新和实事求是的精神,希望你们在今后的学习中继续发扬光大。

【设计意图】运用探究法和启发式教学,让学生学习鸡卵的外部结构,培养学生发现问题、解决问题的能力。运用实验法,解剖鸡卵的内部结构,培养学生动手实验操作的能力。

环节四:情感升华

师:(出示视频)见证生命的诞生——观看鸡胚胎发育的 21 天历程。大家看到了什么?我们应该怎么做?

生:思考并回答。

环节五:课堂总结

学生总结鸡卵的结构及其各部分的功能,鸟类生殖发育的过程和特点。

环节六:反馈练习

学生完成课堂练习。

板书设计

第 19 章　第 2 节　鸟类的生殖和发育

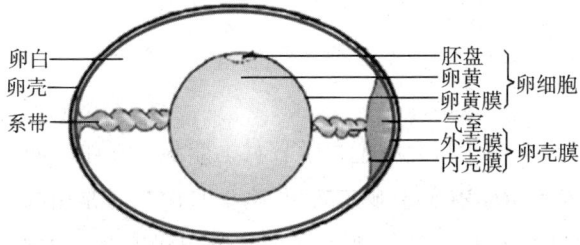

教学反思

　　生物学是一门实验科学,只有给学生充分的空间,让学生参与其中,学生才能更好地感受学习的快乐。这节课,教师重点关注学生的生物学思维的发展,遵循学生的认知规律,按照由外到内的顺序设计活动,同时也注重用实践操作突破难点,较好地完成了本节课的教学目标。教师在原有实验的基础上加以改进,通过活动体验、大胆尝试和增加小实验等,提高学生的实验兴趣和动手的积极性。但是创新精神略有不足,实验时间也不够充分,需要在今后的教学中不断改进。

《练习使用显微镜》教学设计

教材分析

本节课的内容选自北师大版生物学教材七年级上册第 3 章第 1 节。在之前的学习中,学生对生物学有了宏观的认识,接下来的学习是引导学生从微观世界的角度认识生物界的奥秘。认识细胞是学生学习微观生物的起点,而认识细胞必然要先学会使用显微镜。显微镜是生物学观察中最基本的实验用具,学会使用显微镜是初中阶段十分重要的技能之一。本节内容是让学生在熟悉显微镜结构的基础上尝试使用显微镜观察生物玻片标本,为生物体的结构层次的学习奠定基础。

学情分析

显微镜对于学生来说并不陌生,但学生使用显微镜的经验很少。七年级的学生还处于一个活泼好动的年龄阶段,思维活跃,乐于动手,但实验操作能力没有得到充分的锻炼。本节课要充分调动学生的好奇心和求知欲来完成教学。以学生亲自动手实践为主,组内互助,力争每一名学生都能使用显微镜观察到清晰的物像。

课型及课时安排

新授课,1 课时。

教学目标

知识目标

说出显微镜主要构件的名称和用途。

能力目标

练习使用显微镜,学会规范的操作方法,尝试用低倍镜观察生物玻片标本,培养观察能力、实验操作能力。

情感、态度和价值观

培养爱护显微镜的习惯,养成正确的实验态度。

教学重点及难点

重点:了解显微镜的基本结构及作用,正确使用显微镜并观察到清晰的

李西睿,抚顺市第二十三中学教师,获得抚顺市第十一届职工技能大赛教育赛区中小学教师教学技能竞赛生物组第三名。

物像。

难点:正确使用显微镜并观察到清晰的物像。

教学准备

教师:显微镜、动植物玻片标本、写有数字的透明纸和不透明纸、写有"上"字的临时玻片、擦镜纸、纱布。

学生:收集有关显微镜的知识,阅读显微镜发展史。

教学方法

合作探究法、实验法。

教学过程

环节一: 导入新课

师:大屏幕展示各种动植物细胞图片,吸引学生的注意力,激发学生观察细胞的欲望,引出本课主题——学习使用显微镜。

生:看图,了解细胞是构成生物体结构和功能的基本单位,学习显微镜的使用方法,从而进一步观察细胞。

【设计意图】帮助学生获得感性认识,调动学生的好奇心,激发学生的学习兴趣。

环节二: 自主学习,合作探究

1.认识显微镜的结构

师:出示实验报告单。指导学生看教材第33页图3-2,按照从整体到局部、由上到下的顺序仔细观察实物显微镜。尝试找出图片中的结构。

生:(1)自主阅读教材,识别显微镜各部分结构的名称。

(2)小组成员互助,互相考查结构名称。

【设计意图】培养学生自主获取知识的能力。让学生识别显微镜各部分的结构名称。组内成员互帮互助,达到熟记的目的。

2.显微镜各部分功能

师:出示问题

(1)安放和转换物镜的结构是什么?

(2)可调节光线强弱的结构有哪些?

(3)能使镜筒升降(调焦距)的结构是什么?

(4)具有放大物像功能的结构有哪些?

(5)显微镜的放大倍数如何计算?

生:小组合作探究,解决问题。

显微镜结构口诀：

显微镜结构要牢记，

镜座镜柱和镜臂，

载物台、遮光器，

准焦螺旋分粗细，

目物镜头和镜筒，

反光镜和转换器。

【设计意图】给学生提供展示自我、交流与合作的机会，激发学生探究微观世界的欲望，使学生养成科学思维的习惯，培养学生的自学能力。

3.练习使用显微镜

(1)练习使用显微镜，补充下图中空白处的内容。

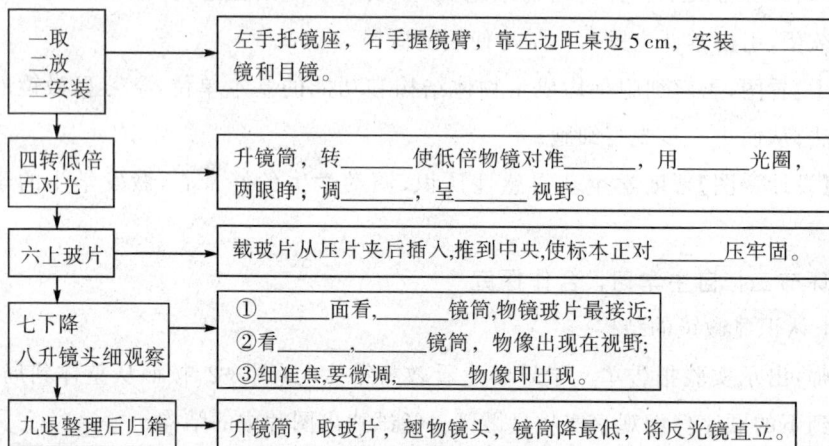

一取 二放 三安装	左手托镜座，右手握镜臂，靠左边距桌边5 cm，安装_____镜和目镜。
四转低倍 五对光	升镜筒，转_____使低倍物镜对准_____，用_____光圈，两眼睁；调_____，呈_____视野。
六上玻片	载玻片从压片夹后插入，推到中央，使标本正对_____压牢固。
七下降 八升镜头细观察	①_____面看，_____镜筒，物镜玻片最接近； ②看_____，_____镜筒，物像出现在视野； ③细准焦，要微调，_____物像即出现。
九退整理后归箱	升镜筒，取玻片，翘物镜头，镜筒降最低，将反光镜直立。

师：鼓励学生按步骤操作，巡视，检查，纠错。引导并组织学生提出操作过程中出现的问题，集体分析帮助解决，教师补充并加以肯定。

(2)分析并解决问题。

①能否观察不透明的材料？

②显微镜下看到的物像是什么样的？（观察"上"字玻片）

③移动标本时，物像的移动方向怎样变化？

④放大倍数不同，看到的细胞个数与大小有什么不同？

生：默记操作要领，规范操作。发现并提出问题，交流并解决问题。

显微镜操作口诀：

一取二放，三安装。四转低倍，五对光。六上玻片，七下降。

八升镜头细观察。看完低倍，转高倍。九退整理，十归箱。

【设计意图】培养学生养成探究学习和细心观察的习惯。使学生通过合作学习,体验成功与失败,学会总结经验。培养学生的综合分析能力,满足学生的好奇心,让学生学习科学思维的方法,学会质疑、探究、合作与交流。

环节三:归纳总结

1.显微镜的结构。

2.操作方法及注意事项。

环节四:巩固知识,强化训练

【设计意图】强化基础知识和基本技能的训练,密切联系生活并解决问题。

板书设计

练习使用显微镜

一、显微镜的结构

　　显微镜结构要牢记,

　　镜座镜柱和镜臂,

　　载物台、遮光器,

　　准焦螺旋分粗细,

　　目物镜头和镜筒,

　　反光镜和转换器。

二、使用步骤

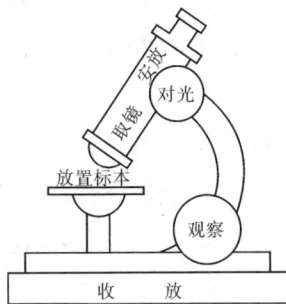

教学反思

优势:考虑到学生对显微镜的使用比较陌生,在帮助学生认识显微镜的结构和功能时,教师应采取主动学习与合作学习相结合的教学方式。学生在教师引导下通过小组探究与合作获得新知,同时体验探究过程的曲折和乐趣,培养科学探究所需要的能力。通过实践操作培养学生的科学思维、实验操作的能力。

不足:对于操作能力较差的学生,如何在课堂内提升其操作水平,让其体会到实验成功的快乐还需要进一步探索。

《人类的食物》教学设计

课程改革背景下的创新教学设计

教材分析

本节课的内容选自北师大版生物学教材七年级下册第 8 章第 1 节。涉及的重要知识点:人体的组织、器官和系统的正常工作都是为了给细胞提供相对稳定的生存条件,包括营养、氧气以及排除废物等。课程标准要求学生能够说出食物中的六大营养物质,本节课的内容与之后要学习的食物的消化吸收、物质的运输、能量的供应、代谢废物的排出等都有联系。教材还安排了探究食物中的营养成分的实验,体现了倡导探究性学习、提高生物科学素养的新课程理念。

学情分析

学生对食物的营养物质有一定的了解,但了解得还不够全面和科学,比如对经常提到的碳水化合物、糖类、淀粉等说法易混淆。所以这节课要让学生建立起规范的知识体系。学生对实验很感兴趣,在七年级上学期的学习中,学生已经掌握了探究实验的一般步骤,具备了一定的动手能力,但操作不够标准、不够规范。

课型及课时安排

新授课,1 课时。

教学目标

知识目标

说出人体需要的主要营养物质。说出蛋白质、脂肪和糖类的作用。

能力目标

完成对某种食物营养成分的检测。提高对实验现象的分析能力。

情感、态度和价值观

通过了解食物的来之不易,培养社会责任感,崇尚健康文明的生活方式,成为健康中国的促进者和实践者。

教学重点及难点

重点:说出食物中的营养成分,学会探究食物中的营养成分的方法。

难点:了解检测蛋白质、维生素的方法,并进行实验。

郭欣,抚顺市第十五中学教师,获得抚顺市第十一届职工技能大赛教育赛区中小学教师教学技能竞赛生物组第四名。

教学准备

教师：PPT课件、双缩脲试剂、加碘的淀粉溶液等。

学生：各种各样的食物。

教学方法

自主学习法、实验法、讲授法。

教学过程

环节一：激发兴趣，导入新课

教师活动：人们每天会摄入大量的食物，为什么需要吃食物呢？

学生活动：思考、回答，人类是通过吃食物获得营养以及能量的。

教师活动：是的，那么食物中都有哪些营养物质，对人体又有哪些作用？

【设计意图】明确本节学习内容，激发学生的学习兴趣。

环节二：实验探究

活动一：探究食物中的营养成分

教师活动：大家带来了很多食物，它们主要含有哪些营养物质呢？有包装的查看营养成分表，没有包装的参看教材第24～25页内容。小组讨论一下，填好表格。

学生活动：小组讨论、填好表格。

例如：

食物名称	牛奶	瘦肉	辣椒
主要营养物质	蛋白质	蛋白质	维生素

教师活动：组织交流、总结，答疑。

学生活动：交流、总结出食物中的六大营养物质。

教师活动：提出问题，每种食物中的营养物质一样吗？各营养物质的含量一样吗？

学生活动：思考得出结论。

【设计意图】让学生在自己的生活经验的基础上，总结归纳出食物中的营养成分，达成知识目标。教师在此过程中，通过答疑的形式，让学生明确碳水化合物、糖类、淀粉等的区别和联系。

活动二：实验检测食物中的营养成分

1.复习已学过的内容

教师活动：刚才有同学说了花生里有脂肪、黄瓜里有水等，你都有哪些方法来检测食物中各种各样的营养物质呢？回忆上学期的内容并总结一下。

学生活动:总结水、无机盐、脂肪、淀粉的几种检验方法。

2.检测蛋白质的方法

教师活动:如何检测蛋白质呢?大家课前查找到了什么方法,来介绍一下吧。

学生活动:介绍课前查找到的资料——可以利用蛋白质与双缩脲试剂发生紫色反应来检测蛋白质。

教师活动:演示蛋白质的检测实验。

学生活动:观察、思考,看现象,得出结论。

3.检测维生素 C 的方法

教师活动:如何检测维生素 C?

学生活动:利用维生素 C 使加碘的淀粉溶液褪色的原理检测维生素 C。

教师活动:青椒和橘子哪一个含维生素 C 多呢?你能不能设计一个实验探究一下?以小组为单位,讨论一下实验方案。

学生活动:设计实验。交流完善实验方案。进行分组探究实验。

教师活动:巡视,帮助。

学生活动:交流实验过程、结果。总结成功或失败的原因。评价自己小组和其他小组实验的亮点。得出结论。

【设计意图】把课上的演示实验变成了分组探究实验,体现了新课标倡导探究性学习、面向全体学生的理念,而且学生可选择不同的方法、不同的材料进行实验,提高了学生的兴趣,培养了学生的实践能力和创新能力。

活动三:探究糖类、蛋白质、脂肪是三大产热营养素

教师活动:在六种营养成分中,我们看一看,哪些能提供能量,哪些不能?

学生活动:学生总结糖类、脂肪、蛋白质能提供能量。

教师活动:土豆粉条是由土豆淀粉制成的,怎样证明它有能量呢?

学生活动:能量是可以相互转化的,如果它含有能量,应该可以燃烧。

教师活动:燃烧粉条,证明淀粉里含有能量。讲解糖类对人体的作用。

教师活动:当糖类用完时,哪种物质会继续为我们提供能量?

学生活动:思考,得出脂肪是贮备的能源物质。

教师活动:出示细胞结构及成分图,提出问题,哪个细胞结构中有蛋白质?

学生活动:观察、思考,得出结论,蛋白质是细胞的构成成分。

教师活动:介绍蛋白质在何种情况下才能供能。

【设计意图】通过直观的实验让学生理解糖类、蛋白质、脂肪含有能量这一抽

象的概念。也为以后理解呼吸作用做铺垫。

环节三：课堂小结

教师活动：除了糖类、蛋白质、脂肪，体内的无机盐、维生素和水都对人体有很重要的作用，我们下节课会接着学习。

学生活动：总结收获。自评小组成员参与情况。

教师活动：评价小组活动情况。

【设计意图】总结能让学生构建完整的知识体系。

环节四：习题巩固

教师活动：出示习题，组织学生自测。

学生活动：做习题，自测。

环节五：进行德育活动

教师活动：我们每天都会面对很多食物，很多人习以为常，甚至有些人会浪费食物，但每种食物都要消耗很多人力、物力才能来到我们的餐桌。播放食物来之不易的视频。

学生活动：观看视频，谈感受。

板书设计

一、食物中的营养成分

营养成分 {
水
无机盐
糖类
脂肪
蛋白质
维生素
}

二、检测方法

烘烤、挤压

燃烧剩下的灰白色物质

淀粉遇碘变蓝

在白纸上挤压

双缩脲试剂　变紫

维生素 C 使加碘淀粉溶液褪色

三、作用

供能物质	细胞构成	三大
贮备能源	细胞构成	产热
细胞构成	供能	营养素

教学反思

优点：用学生生活中常见的食物进行一系列的探究活动，激发了学生的学习热情。为了全面提升学生的实践体验，教师把教材中的演示实验创造性地改为学生的分组探究实验，大大提高了学生的课堂参与度。学生对产热营养素理解起来总是很费劲，所以，教师在本节课中设计了一个直观的实验，帮助学生理解这一概念，这也是本节课的一个创新点。

不足：学生参与鉴定营养物质的实验时间稍有不同，能力强的小组做完实验后无事做，能力稍差的小组用时较长，使交流的时间又稍显紧张。

改进方法：下次课可以让能力强的小组进行拓展实验。

高中篇

语文 / 数学 / 英语 / 思想政治 / 物理 / 化学 / 生物学

《子路、曾皙、冉有、公西华侍坐》教学设计

教材分析

　　《子路、曾皙、冉有、公西华侍坐》是统编版高中语文教材必修下册第一单元第 1 课,属于"思辨性阅读与表达"学习任务群,本单元的人文主题是"中华文明之光"。本文展现了一幕师生之间畅谈"己志"的理想情景,其间学生们阐述了个人的政治志向,老师孔子则借谈话暗寓了自己的政治理想。在教学过程中,要将个人志向与儒家思想进行关联来教学,促进学生对中国传统文化的理解与认同,增强学生对中华传统文化的热爱程度。同时,还应引导学生思考儒家思想在当今社会的具体体现,探究其对当今社会的价值和意义,引导学生建立正确的人生观与价值观。

学情分析

　　高一学生已经具备了一定的文言阅读能力,读懂本文的语言对他们来说难度不大,可以通过自主学习的形式完成。但学生对孔门弟子、儒家思想和中国传统审美的了解不多,在理解、鉴赏本文时会出现一定的困难,在学习过程中需要借助辅助资料。对微言大义的《论语》而言,充分的理解是把握其中心思想的基础,因此学生需要更多的自主学习空间。

教学目标

核心素养

1.品味不同人物的语言,理解人物形象及其政治理想。

2.探究师生对话背后的深层含义,培养学生的理性思维能力。

德育目标

理解孔子思想在当今社会的价值与意义,增强学生对中国传统文化的自信,引导其树立正确的价值观。

教学重难点

1.重点:师生对话背后的深层含义。

2.难点:儒家"礼乐治国"的政治理想。

张凌,抚顺市第二中学教师,获得抚顺市第十一届职工技能大赛教育赛区中小学教师教学技能竞赛"教学状元",2021 年辽宁省职工技能大赛暨全省中小学青年教师教学竞赛(中学语文组)第一名。

教学过程

导入

2020 年年初,新冠肺炎疫情来袭,全国 14 亿人民齐心协力共同抗疫,取得了阶段性的胜利。2021 年,德尔塔毒株在多地暴发,全国联动,精准管控,有效遏制了疫情的扩散。我们之所以能够控制住疫情,与中国人的思想、行为乃至信仰有着密切的关系。今天,我们就走进孔子这座中国思想文化宝库,看看他给予了我们什么样的思想文化遗产。

学习任务一

孔子在与学生交流沟通时,往往给予学生充分的尊重,善于营造和谐融洽的氛围,恰当运用赏识与批评,很少直接流露个人情绪。读《子路、曾晳、冉有、公西华侍坐》,说说孔子的表现与以往有哪些相同与不同之处,为什么。

引导要点 1:相同之处,善于营造和谐融洽的教学氛围。

(1)四人回答问题的顺序和篇章题目的顺序不一样,仅仅是为营造融洽的氛围吗?

辅助材料:四人的年龄、称谓。

明确:尊卑有序、长幼有序——儒家思想中的"礼"。

(2)曾晳为何最后一个回答问题?

辅助材料:《论语》《礼记》

明确:曾晳此时在鼓瑟——儒家思想中的"乐"。

(3)何为"礼""乐"? 二者之间有什么关系?

辅助材料:《论语》《礼记》。

明确:①礼,阶级规则,行为准则,克制私欲成就仁——外部的秩序。

②乐,完善人格的手段,形成平和的状态——社会和谐。

③礼乐并行,万物和谐有序,化育生长,形色不同。

这是儒士修养身心的手段,也是儒家思想的终极追求。

引导要点 2:相同之处,恰当的赏识与批评。

(1)孔子为什么重点称赞曾晳?

辅助材料:《论衡·明雩篇》。

明确:①"春服""冠者童子"代表太平富足、长幼秩序——礼。

"浴舞""咏归"代表雅致和谐——乐。

②曾晳的图景是人与自身、人与人的关系及人与自然的关系——儒道互补,天人合一。

（2）为什么没有明确赞同其他三人？

明确：①子路强兵——安全，冉有富民——富裕，公西华重礼——文明。

②任何一种政策单独实施都无法真正建立富强文明的国家。

（3）孔子认同的为政理念是什么？

辅助文本：《论语》二则。

明确：民有羞耻、良善、诚信心，上下同心——礼乐治国。

引导要点3：不同之处，流露了自己的情绪——"喟然叹"，为什么？

辅助文本：《史记·孔子世家》两段。

明确：①《史记·孔子世家》中两次"喟然叹"是慨叹怀才不遇，痛失知音。

②迁移到《子路、曾皙、冉有、公西华侍坐》语境中，可知这次的"喟"也不免有一种"俱往矣"的悲慨。

③"哂"子路是因为孔子看到了曾经的自己。慨叹人生易逝，虽有宏图伟志，却终未成大业，他的哂笑带有一丝自嘲的意味。

学习任务二

请同学们观看抗疫期间钟南山、张定宇等人的谈话剪辑，谈一谈孔子思想在当今社会的价值与意义。

教师引导：儒者生来弘毅，任重而道远。为天地立心，为生民立命，为往圣继绝学，为万世开太平。绵延两千多年的历史，总有儒者的身影，这是中华民族的精魂，也是中华民族的脊梁。今天，年轻的同学们也应继往开来，延续中华民族的精神血脉，再现中华民族的辉煌和灿烂。

课堂小结

本文记叙了孔子与弟子一次融洽的谈话，暗喻了礼乐治国的政治抱负和人生追求。短短305个字，却展现了师圣的儒雅风度、高超教法，也呈现了诸位弟子各异的性格和理想，他们言语中体现的是深刻的儒家思想。希望同学们课后能够拓展阅读《论语》其他篇章，进一步了解孔子和他的思想。

板书设计

子路、曾皙、冉有、公西华侍坐

富裕 ⎫
文明 ⎬ 礼乐治国　有序和谐　　　　儒道互补
安全 ⎭
　　　　　　　　　　　　　　　　　　天人合一

教学反思

　　流传至今的文言作品蕴含着丰富而深刻的思想情感，是一个社会乃至一个时代的缩影。文言作品的教学不能仅止步于对文言现象的梳理，更应该进入文本内部进行文意的发现教学。

　　解读本篇《论语》选段需要具备一定的知识背景、审美能力，在教学过程中，我补充了相关知识和文本，帮助学生理解文章，提升他们的文本解读能力和审美能力。本文的重难点是"师生对话"和"礼乐治国"的政治思想，于是我将课堂交还给学生，促使学生在阅读与讨论过程中自发与文本发生联系，让文本蕴含的思想真正走进学生的心灵。在扩展深化环节中，我结合时事设计了"谈谈观后感"小活动，但缺失了"辅助搭桥"的步骤，学生在谈感受时略微偏离课堂的核心内容。在以后的教学过程中，应注意思维发生和发展的规律，科学合理地设计教学步骤。

《登泰山记》教学设计

教材分析

　　《登泰山记》是统编版高中语文教材必修上册第七单元的第五篇课文,属于"文学阅读与写作任务群",本单元的人文主题是"自然情怀"。学习本单元,如同在对大地山川、风物景致的描写中徜徉,既可以感受美的熏陶,又能够领会丰富的人文内涵。《登泰山记》是清代姚鼐在乾隆年间创作的以泰山为题材的著名散文,也是桐城派的代表作品之一,学生在学习过程中要注意体会作者藏在"雅洁"文字之下的胸中波澜。

学情分析

　　高一学生有一定的文言阅读基础,可以基本理解文本的内容,但其中重点的文言知识还需强化。学生在自主阅读中,基本上都能感受到作者对泰山的喜爱,但还不能把握文章的深层含义。本节课意在通过对文字表层含义的咀嚼,既带领学生在大地山川、风物美景中徜徉,让学生感受美的熏陶,又引导学生去领会泰山丰富的人文内涵。

教学目标

核心素养

　　1.积累文言知识,准确译文;学会解读作品中景物描写的作用,提高审美鉴赏力。

　　2.传承优秀文化,提升人生境界。

德育目标

　　激发学生对自然的热爱之情,坚定文化自信。

教学重难点

　　1.重点:欣赏登泰山所见之境。

　　2.难点:体会作者的独特情感。

教学过程

导入

　　"泰山岩岩,鲁邦所詹。"泰山不仅是一座自然之山,更是一座文化之山。今

龙凤,抚顺市第六中学教师,荣获抚顺市第十一届职工技能大赛教育赛区中小学教师教学技能竞赛"教学明星"称号。

天我们就跟随作者姚鼐的脚步,欣赏泰山的别样风景,体会作者的独特情感,了解泰山的特色文化。

★知识回顾

识记实词含义,准确翻译语句,积累文化常识。

★设计意图

积累文言知识,学会以形推义、分析特殊句式,注重语言的建构与运用。

★内容梳理

课文围绕登泰山写了哪些内容?

★设计意图

回顾课文内容,把握作者的行文脉络,促进学生的思维发展。

学习活动一

欣赏景观——体会作者寄寓的复杂情感。

★学生任务

朗读课文的第2、3、5自然段,先找出关于景物描写的句子,然后展开想象,选择自己最有感触的写景句,进行赏析。

夕照图 ⎰ 苍山负白雪,雪光耀天南——气势雄浑
　　　　⎱ 山河如画卷,居雾若带然——柔美飘逸

日出图 ⎧ 风雪击面,足下云漫,山若樗蒲——寒冷迷蒙
　　　　⎨ 天云异色,日赤如丹,红光承之——奇丽磅礴
　　　　⎩ 西面诸峰,绛皓驳色,而皆若偻——色彩斑斓

石松图 ⎰ 石苍黑色,多平方——挺拔峻峭
　　　　⎱ 松生石罅,皆平顶——苍劲奇特

★引导

在作者的笔下,泰山巍峨高峻,日出气势雄浑。从中我们可以感受到作者对大自然的喜爱,对祖国山川的热爱。那么他仅仅要表达自己对大自然的喜爱吗?《登泰山记》仅仅是一篇普通的山水游记吗?

★补充

辞归原因——汉宋之争。

★学生任务

联系当时的背景,结合本文进行小组探究,深入体会作者的感情。

★归纳

在万家团聚、共度良时之日,作者登上泰山之巅,在皑皑白雪之中翘首迎接

红日,借自然的壮美销蚀心中隐痛,在山水的抚慰中寻求个体自由,于山峰最高处升起心中的太阳。作者的内心是自由的,更是超然的。

★补充

作者把自己胸中的波澜隐于文字之下,这与桐城派文章美学风格的追求——雅洁,即不做情绪上的渲染有关。

★设计意图

先找寻姚鼐笔下的自然风光,欣赏独特景致,而后再知人论世,深入探究作者胸中丘壑。既有语言方面的揣摩思考,也有审美能力的提升,更能让学生理解本文的深层意蕴,对学生的思维发展与提升起到很好的作用。

学习活动二

寻觅文化——挖掘泰山蕴藏的丰富内涵。

★学生任务

浏览课文的第 4 自然段,在文本中寻觅泰山文化。

石刻文化:泰山石刻是中华民族的文化珍品。举世无双的石刻文化,是泰山成为中国第一个世界文化与自然双重遗产的原因之一。

岱祠:它是泰山神东岳大帝的庙,也是古代帝王举行封禅大典的地方。(观看视频,了解封禅之事)

碧霞元君祠:碧霞意指东方的日光之霞,元君是道教对女子成仙者的美称,所以我们在泰山可以寻觅到道教文化。

此外,还有佛教等宗教文化、儒家文化,以及中国名人文化等。

★归纳

泰山的本质和特色,在于它丰富而深厚的历史文化内涵。

★设计意图

泰山文化丰富而深邃,在课堂上引领学生了解其中一部分,能够激发学生在课下继续查找、深入研究泰山文化的兴趣,使学生充分感知中华文化的悠久历史和独特魅力,传承优秀传统文化,增强文化自信。

学习活动三

传承精神——畅谈学习本单元的思考与感受。

★学生任务

回顾这一个单元的学习,《故都的秋》让我们感受到郁达夫对北平的留恋与热爱,《荷塘月色》让我们体会到朱自清笔下月下荷塘的诗情画意,史铁生在《我与地坛》中引领我们去思考生命,苏轼在《赤壁赋》中告诉我们要豁达乐观,而今天学习的《登泰山记》又让同学们有怎样的思考呢?

"登山则情满于山,观海则意溢于海。"自古以来,文人在山水自然中安顿自我,获得物我相融的精神境界。登山临水,心灵远游,是我们的文化传统,我们一直在传承。

日月有盈虚,人生有起伏,心中有光,何惧道阻且长。

★设计意图

由彼及此,引导学生结合自身进行思考,懂得热爱大自然与生活,看淡失意,积极生活。

课堂小结

有人说,泰山是"文化山",是"政治山",是"宗教山",可对作者来说,它更是一座"心灵之山"。它雄伟挺拔的外表之形,包容厚重的内里之魂,如汩汩流水,给人注入鲜活的力量和非凡的勇气。

板书设计

登泰山记

姚鼐

景观:雄浑壮美

情感:自由超然

文化:源远流长

教学反思

1.本课以三个活动为引领,既欣赏了作者笔下的自然风光,体会了作者的独特情感,又了解了泰山的独特文化,还能立足单元完成教学任务。

2.活动设计层层深入,环环相扣,注重核心素养目标和德育目标的落实与达成。

3.若能将本课与姚鼐的同时期作品同时展开阅读,学生的认知、体会会更加深入。

《短歌行》教学设计

教材分析

　　《短歌行》是统编版高中语文教材必修上册第三单元的第一篇课文。本单元主要是学习古典诗歌,是高一学生继第一单元学习中国现代诗歌后进入的又一诗歌学习的阶段。《短歌行》是魏晋时曹操以乐府旧题创作的一首四言诗,它虽然继承了汉代乐府的传统,但面对人生苦痛却一扫两汉时期及时享乐的腐朽诗风,代之以新鲜的现实内容——政治理想的高扬,建功立业的欲望,强烈的个性——体现了魏晋时代文人的创作风格。学习它对高中学生的思想道德及人生价值有着正面的教育意义,有助于提升学生对传统文化的热爱之情。

学情分析

　　高一学生已经具备了一定的鉴赏诗歌的能力,对本诗的作者曹操也有一定的了解。教材给出的注释较为丰富,通过自主预习,学生理解内容的难度不大。但学生对建安文学的了解有限,对作者也缺乏立体的评价和认识,对作者创造性地运用多种艺术手法表现自己情志的分析和理解也存在一定的困难。

教学目标

核心素养

1.通过鉴赏诗歌,品味诗人求贤若渴的思想感情和统一天下的雄心壮志。

2.通过诵读与分析诗歌内容,鉴赏作品的艺术特色以及诗人的创作风格。

德育目标

认识作者的"情"与"志"及其在当今社会中的现实价值。

教学重难点

1.重点:了解建安文学,体会诗人的表现艺术,学会鉴赏诗歌的方法。

2.难点:理解曹操惜才、心怀天下、渴望家国统一的壮志豪情及本诗在当今社会的价值与意义。

杜爽,抚顺德才高级中学教师,荣获抚顺市第十一届职工技能大赛教育赛区中小学教师教学技能竞赛"教学明星"称号。

教学过程

导入

★创设情境

播放歌曲《曹操》:"东汉末年分三国,烽火连天不休……"曹操作为那个时代叱咤风云的人物之一,面对风云变幻的局势,他用文字寄托了怎样的情与志?今天,我们就共同来学习他的代表作之一——《短歌行》。

学习任务一

★展示前置作业(学生预习成果)

作业内容:易中天在《百家讲坛》栏目中概括了人们对曹操的三个称谓,分别是"英雄"、"奸雄"和"奸贼"。请你任选其一,对其做出评价并说明依据。

(学生展示自制演示文稿,同时进行陈述)

补充资料:介绍曹操及建安文学。

学习任务二

★配乐朗读并思考问题

播放配乐,学生大声朗读。

(想象此时你穿越到三国时期,面对着有一身武艺的曹操)

引导:通过不断诵读,我们发现在诗中,有一字表达情感最为精炼传神,你认为是哪个字?

学习任务三

★赏析诗歌

分章节品读,小组合作完成鉴赏性文字,进行展示交流。

品读第1~6句

引导:找出体现"忧"的诗句,分析"忧"什么,以及这些"忧思"是如何体现的。

(1)对酒当歌,人生几何!譬如朝露,去日苦多。

讲解要点——人生短暂,光阴易逝(设问、比喻)

(2)青青子衿,悠悠我心。但为君故,沉吟至今。

讲解要点——芸芸众生,贤才难得(引用)。

补充材料:《郑风·子衿》。

引导:你怎样理解"但为君故"中的"君"字?

明确:"君"字在这里具有广泛的意义——在当时,凡是读到曹操此诗的贤士,都可以自认为是曹操慕求的对象,这是这首诗流传下来并发挥巨大社会作用的体现。同时,也展现了作者超人的思想和追求。

品读第 7～12 句

引导："明明如月,何时可掇。"作者想要采摘什么?

明确:月亮。将贤者喻为高空的明月,光照宇内,可望而不可即。

引导："越陌度阡,枉用相存。"作者想象了一个怎样招揽人才的画面?

明确:穿过纵横交错的小路,屈驾来访。

补充背景:赤壁大战前,铁锁连舟之后,曹操看大军威武气势,以为不日便可扫平四海、统一中原,不禁喜从中来,于是备齐鼓乐,以歌舞壮军威,饮酒至半夜,忽闻鸦声,望其南飞而去,曹操感慨此景而持槊,歌此《短歌行》,抒发了自己统一中原的雄心壮志。

读最后两句,结合诗歌内容分组讨论并发言。

引导:如此志得意满、良将如云之势,为何还要感慨人生短暂、贤才难得?

讲解要点——雄心壮志,功业未就(比喻、化用)。

"山不厌高,海不厌深。"通过比喻,极有说服力地表现了人才越多越好这一思想。

(学生表演"周公吐哺,天下归心"的典故,表现诗人求贤若渴的心情)

学习任务四

古人云:"志之所趋,无远弗届。穷山距海,不能限也。"通过本节课的学习,谈谈你对曹操的"情"与"志"的评价。

课堂小结

"诗言志,歌咏情",这种站在国家高度、英雄角度的"忧"绝非杜康酒可解。我们通过分析曹操三个层次的忧,体会到了他突破常人局限的人生短暂之忧,他忧人才难得、功业未就,跨越了个人悲喜。读者不仅能从诗歌中感受到诗人渴求贤才的心情,还能感受到当时的社会氛围。

板书设计

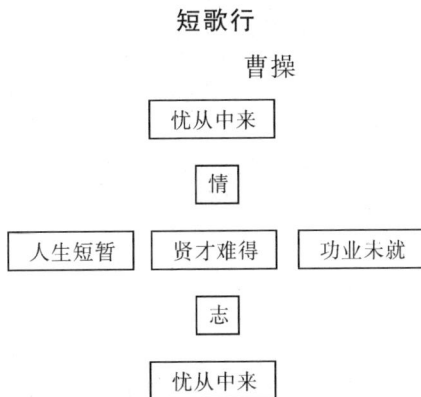

短歌行

曹操

| 忧从中来 |

| 情 |

| 人生短暂 | 贤才难得 | 功业未就 |

| 志 |

| 忧从中来 |

教学反思

　　优美的古诗词是中华传统文化的瑰宝。阅读古诗词作品,可以体味古人丰富的情感、深邃的思想、多样的人生。学习《短歌行》,应当结合时代背景,让学生多角度立体地认识曹操,进而鉴赏他的作品,加深对社会的思考。

　　在教学过程中设置了朗诵环节,"读书百遍,其义自见";补充相关背景知识和典故出处,帮助学生深入理解作品,提升其文本解读和审美能力;以任务为统摄,创设情境,让学生成为课堂的主体,真正走进作品。但是在实际教学中,对学习任务时间的把控不够精准,个别环节中学生的活动不够充分,以后应注意科学合理地规划课堂时间。

《红楼梦的悲剧之美》教学设计

教材分析

    《红楼梦》是统编版高中语文教材必修下册第七单元整本书阅读的书目。整本书阅读的"整本"是打破碎片化、随意性的阅读壁垒,让学生建立起对《红楼梦》的整体语境,尊重新课标对经典书目的要求,能够突出教学价值。教学过程中,要探究如何让学生通过整本书阅读感受到与自身相关的切实利益,从而调动他们阅读的积极性。

学情分析

    在新高考理念的引导下,无论是学校还是家庭,都慢慢意识到阅读尤其是名著阅读在语文学习中的重要性,其中《红楼梦》备受师生青睐,但是学生在高中阶段课业繁重,对阅读这部长篇小说信心不足,容易流于蜻蜓点水、走马观花的形式,需要教师用多种方式来调动学生的积极性,并做好整本书阅读的引导工作。

教学目标

核心素养

    1.深入探究造成贾氏家族、"宝黛"爱情、青春女性悲剧的原因及这种悲剧对现实的意义。

    2.感知《红楼梦》震撼人心的悲剧之美,提升阅读兴趣,提高审美素养。

德育目标

    正确认识悲剧,懂得戒骄戒奢的道理。

教学重难点

    1.重点:感知悲剧之美,提升阅读兴趣,提高审美素养。

    2.难点:深入探究造成贾氏家族、"宝黛"爱情、青春女性悲剧的原因。

教学过程

导入

    鲁迅曾说,悲剧将人生有价值的东西毁灭给人看。《红楼梦》作为中国古典文学的巅峰之作,写一世家而映射万千世家,具有深刻的现实悲剧意义。今天就让我们一起去感受《红楼梦》的悲剧之美。

何兰香,抚顺市第十二中学教师,荣获抚顺市第十一届职工技能大赛教育赛区中小学教师教学技能竞赛"教学明星"称号。

展示教学目标

略

文本探讨

一、家族悲剧

1.凡事有因果,万事有轮回。"鲜花着锦,烈火烹油"的贾家最后的结局是怎样的呢?(教师展示《飞鸟各投林》)

2.是什么原因导致贾府由盛转衰?试分析下面两处细节描写。

第一处:刘姥姥二进大观园时,凤姐详细介绍了"红楼茄鲞"的做法。

第二处:元妃省亲时,"贾妃在轿内看此园内外如此豪华,因默默叹息奢华过费"。

总结:造成贾氏家族悲剧的第一个原因是物质生活穷奢极欲。

3.焦大醉骂"爬灰的爬灰,养小叔子的养小叔子",揭示了贾府怎样的现实?请就你熟悉的人物来分享一下。

一起分析如下几个人物:贾珍、贾赦、贾琏、贾蓉。

总结:造成贾氏家族悲剧的第二个原因是精神生活荒淫无耻。

4.贾府有没有能重振家业的人?贾家有可能再雄起吗?请大家来说说你的观点。

分析:从社会环境来看贾府有没有复兴的可能性。书中写到甄士隐的家乡水旱不收、鼠盗蜂起、民不安生,薛蟠指使仆人打死冯渊扬长而去,凤姐水月庵谋财害命,贾赦迫害石呆子使其家破人亡,戴权卖官鬻爵……由此可以看出封建社会官官相护、黑暗残暴、卖官鬻爵、贪污腐败。

总结:造成贾氏家族悲剧的第三个原因是政治黑暗腐败。

在上层社会蔓延的种种腐败现象,阻碍了当时国家经济文化的发展和社会进步,以致国力衰微、王朝没落。

二、爱情悲剧

欣赏【枉凝眉】

1.封建社会中,青年男女的婚姻选择权由谁决定?

"父母之命,媒妁之言"。在根深蒂固的封建礼教思想支配下,青年男女根本没有婚恋自由,"宝黛"的爱情也是这一时代局限下的牺牲品。

(用演示文稿展示《红楼梦》第九十七回中凤姐试宝玉的情景)

2.宝玉与黛玉两情相悦,为何大家都要瞒着他,骗他娶了宝钗?

分析:因为宝钗是封建社会女性的标杆和典范,而黛玉却是封建社会的一个叛逆者。

总结:爱情这个题材,被曹雪芹空前地用社会性、政治性的内容充实起来、提高起来,从而全面而深刻地对封建社会做出了有力的批判。

三、青春悲剧

1.宝玉神游太虚幻境时所饮茶为"千红一窟",所斟酒为"万艳同杯"。请思考:这两个词暗含什么意义?

分析:"千红"和"万艳"指的是《红楼梦》中的女性,"一窟"(一哭)与"同杯"(同悲)借助谐音,暗示了青春女性的悲剧命运。

2.曹雪芹赋予了这些青春女性怎样的悲剧命运? 选择《红楼梦》中你熟悉的一个女性形象和大家分享。

3.用演示文稿展示"四春"的判词。

分析:贾氏姐妹的名字谐音正是"原应叹息",寓示了她们的悲剧命运。

4.这些女性身上展现了怎样的美好价值? 请用具体的事件来说明。

才智超群、冰清玉洁、果敢坚强……

5.作者通过这些青春女性的悲剧揭示了怎样的主题? 说说你的看法。

分析:作者借这些青春女性的悲剧命运对腐朽的封建制度给予了有力的讽刺和鞭挞。

四、现实意义

在我们分析的三个悲剧中,贾府的家族悲剧尤其让人唏嘘感叹。下面就请同学们来谈一谈,贾府的家族悲剧对当今社会有什么借鉴意义。

总结:贾府的悲剧告诉我们,无论是个人还是国家,都应该戒骄戒奢。

课堂小结

悲剧美是一种感伤的美,作者通过家族、爱情、青春的被毁灭,让我们深刻认识到封建社会吃人的本质,以及"落了片白茫茫大地真干净"的历史必然趋势。希望能借这节课激发起同学们深入品读《红楼梦》的兴趣,从而更加深刻地体会作者的"满纸荒唐言,一把辛酸泪"。

板书设计

红楼梦的悲剧之美

家族悲剧
爱情悲剧 }根源──→现实意义
青春悲剧

教学反思

  《红楼梦》这部长篇小说寄寓了作者对社会、人生的透彻观察和深刻思索,这节课主要是从挖掘悲剧原因的角度对原著做一次简单梳理,需要学生在课下对人物和情节做大量的了解。课前我与学生一起确定了本节课大致的方向和研讨的提纲,让学生按图索骥,这样避免了盲目性。课上学生根据自己收集的资料互相交流,基本达成了本课的学习目标,再经由我的点评总结,对原著的悲剧美有了更深刻的认识与体会,从而提高了自身的审美素养。

《向量的概念》教学设计

教材分析

本节课属于人教 B 版数学教材必修二第六章第 1 节,是平面向量的起始课,在本章中具有统领全局的作用。本节课用物理学中的位移和体育课走步创设情境,充分借助几何图形让学生更直观地理解向量。作为概念课,不仅要理解向量的定义及相关概念,更要体会如何用数学的观点刻画和研究现实事物,获得研究数学对象的基本思路和方法,进而提高提出问题、分析问题、解决问题的能力。

学情分析

学生在物理课中已经学习了速度、位移等既有大小又有方向的物理量的概念,并能进行一定的直观表示,在生活中也有既需要考虑大小,又需要考虑方向的问题。学生在函数相关知识、方法的学习中已经初步掌握了数形结合的思想,具有一定的知识基础与思想方法基础。

教学目标

1.了解向量产生的实际背景,会用字母表示向量,理解向量的几何表示。理解零向量、单位向量、平行向量、相等向量等概念。

2.通过经历从现实情境中抽象出向量的模型的过程,能用类比的方法研究向量;培养数学建模的核心素养,并学会相关知识的数学表达。

3.通过分组讨论、合作交流,培养学生乐于求索和善于合作的精神;用数学的眼光观察现象,利用联系的观点解决问题,加强学科间的渗透。

教学重难点

1.重点:向量的概念、向量的几何表示。

2.难点:向量的概念、平行(共线)向量。

教学过程

导入

如右图所示,蜘蛛织了一张边长为 20 cm 的正六边形蜘蛛网。已知蜘蛛位于正六边形的中心 O 处,蚊子恰好被蜘蛛网粘在了顶点 A 处。请思考以下问题:

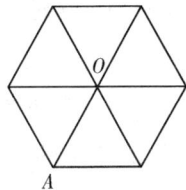

马畅,清原满族自治县第二高级中学教师,荣获抚顺市第十一届职工技能大赛教育赛区中小学教师教学竞赛"教学状元"称号。

(1)若蜘蛛要吃到蚊子,则它至少要爬行多少厘米?

(2)蜘蛛只要爬行 20 cm,就一定能吃到蚊子吗?

【设计意图】通过位移等物理量导入既有大小又有方向的量并加以抽象。

问题 1:在平面上,如何用点 A 的位置来确定未知点 B 的位置?

问题 2:你能列举出其他既有大小又有方向的量吗?

建构概念

1.向量的定义:既有大小又有方向的量称为向量。

2.向量的表示:

(1)几何表示:有向线段$\overrightarrow{AB}$(如右图所示,以 A 为起点,B 为终点),长度表示向量的大小,箭头所指的方向表示向量的方向。

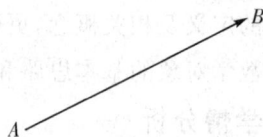

(2)字母表示:**a**,**b**,**c**。(印刷时通常用加粗的小写字母表示,书写时用带箭头的小写字母表示)

思考:$\overrightarrow{AB}$与$\overrightarrow{BA}$是不是同一个向量?

3.向量的模:向量 **a** 的大小称为向量 **a** 的模(或长度),记作$|a|$。

4.相关概念:

(1)零向量:始点和终点相同的向量称为零向量,记作 **0**。(零向量的模为 0)

注意:数字"0"与零向量"**0**"的含义与书写区别。

(2)单位向量:模等于 1 的向量称为单位向量。

思考:平面直角坐标系内,所有以原点 O 为起点的单位向量的终点构成什么图形?

(3)平行(共线)向量:两个非零向量的方向相同或者相反,称这两个向量平行(共线),记作 **a** ∥ **b**。

规定:零向量与任意向量平行。

【注】向量是否相等只与大小和方向有关,与起点无关。在平面上,两个长度相等且指向一致的有向线段表示同一个向量。向量由它的方向和模确定,这为向量的平移提供了基础,所以我们可以把一组平行的向量平移到同一条直线上。因此,平行向量也叫共线向量。

(4)相等向量:长度相等、方向相同的向量称为相等向量,记作 **a** = **b**。如右图所示,在 □ABCD 中,$\overrightarrow{AB} = \overrightarrow{DC}$。

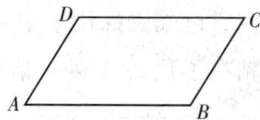

例：如下图所示，O 点是正六边形 $ABCDEF$ 的中心，以图中字母为始点或终点，分别写出与向量 $\overrightarrow{OA}$，$\overrightarrow{OB}$ 和 $\overrightarrow{OC}$ 相等的向量。

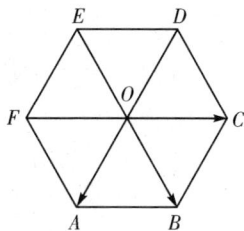

课堂练习

如下图所示，D，E，F 分别是 $\triangle ABC$ 各边上的中点，在以 A，B，C，D，E，F 为端点的向量中，请分别写出：

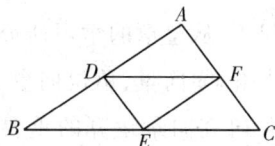

(1) 与向量 $\overrightarrow{DF}$ 相等的向量有 _____ 个，分别是 _____。

(2) 与向量 $\overrightarrow{DF}$ 的模相等的向量有 _____ 个，分别是 _____。

(3) 与向量 $\overrightarrow{DF}$ 平行的向量有 _____ 个，分别是 _____。

课堂小结

1.知识内容

向量、与向量相关的概念，向量的表示。

2.思想方法

(1)从几何与代数两个角度研究向量。

(2)联系物理、几何、代数中的相关知识，运用类比与对比的方法研究向量。

作业

必做题：教材 136 页练习 B 第 1、2 题。

选做题：

如右图所示，蜘蛛在 A 点吃完蚊子后，发现 B 点还有一只蚊子。

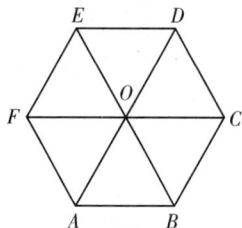

(1)请你画出蜘蛛从 A 点到 B 点的位移。

(2)蜘蛛经历了从 O 点到 A 点再到 B 点的过程，请你画出蜘蛛的总位移。

【设计意图】呼应开篇的情境导入，引导学生课后自主探究，为下节课学习《向量的加法》埋下伏笔。

板书设计

6.1.1 向量的概念

1.定义　　　　例题　　　　练习　　　　学生板演

2.表示方法

3.相关概念

4.课堂小结

教学反思

　　本节课作为平面向量的起始,从整章的学习研究角度来看,主要是做了内容和方法的铺垫。从代数角度来看,零向量、单位向量、平行(共线)向量、相等向量等概念,是后续构建向量空间、研究向量运算的重要部分,所以不仅要厘清相关概念,还要揭示研究方法。从几何角度来看,借助几何可以直观地揭示数形结合的思想,为后续用向量解决几何问题埋下伏笔。

　　从学生熟悉的情境出发,导入蜘蛛网问题,激发学生的学习兴趣。在建构概念时,从学生熟悉的物理位移入手,引导学生从现实原型中抽象出向量的概念,使教学方法更直观、易于理解。重视探究的过程,而不是简单地呈现结论。宏观上,引导学生从"向量是什么""怎样表示向量""向量有什么特点"三个方面研究向量,体会概念研究的方法。微观上,一是运用数形结合的思想,引导学生从代数与几何两个角度研究向量,初步体会向量具有沟通几何与代数的独特性;二是在"最近发展区"进行教学,运用类比与对比的方法,帮助学生将新的数学知识建构在已有认识的基础上。

《函数的零点》教学设计

教材分析

本节课属于人教 B 版数学教材必修一第三章第 2 节,主要学习函数的零点,利用函数的零点与方程的根之间的联系去研究函数与方程的关系,蕴含方程与函数、数形结合的思想,是培养、提高学生学习数学能力的重要途径之一。函数的零点上联函数的单调性、奇偶性,下延指数函数、对数函数、幂函数,学生通过学习本节课逐渐完善基本初等函数体系。

学情分析

学生已经学习了函数的定义和性质,会画简单函数的图像,也会通过图像研究理解函数的性质,初步的数形结合知识足以让学生直观地理解函数零点的定义。因此,从学生熟悉的函数图像入手介绍函数的零点,从认知规律上讲,是比较容易理解的,这也为归纳函数的零点及其对应方程、不等式的解集之间的关系奠定了知识基础。

教学目标

1.结合学过的函数图像,了解函数零点的概念,二次函数零点与其对应方程、不等式解集之间的关系。

2.利用函数零点的定义,研究二次函数的零点、对应方程与不等式的关系,积累研究三次函数的方法和经验。渗透数学抽象、数据分析、数学建模的核心素养。

3.强化共享学习方法的观念和团队合作的能力。结合函数的零点与方程的关系,体会生活中的"联系"。

教学重难点

1.重点:函数零点的概念及求法,函数的零点与方程根之间的关系。

2.难点:利用函数的零点作图。

教学过程

导入

师:在学习了函数的概念和性质后,我们来研究函数与方程、不等式之间的

吴晓婵,新宾满族自治县高级中学教师,荣获抚顺市第十一届职工技能大赛教育赛区中小学教师教学竞赛"教学明星"称号。

关系。请同学们求出 $x-1=0$ 的根,并画出 $f(x)=x-1$ 的图像,认真观察图像,分析函数值的符号情况。

【设计意图】学生通过独立思考完成解答,在观察、思考、总结、概括得出结论后进行交流,从特殊到一般,引出本节课的概念。

建构概念

1.函数的零点:一般地,如果函数 $y=f(x)$ 在实数 α 处的值等于零,即 $f(\alpha)=0$,则称 α 为函数 $y=f(x)$ 的零点。

分析概念,可得出结论:

(1)函数的零点并不是"点",它不是以坐标的形式出现,而是以实数的形式出现,例如函数 $f(x)=x-1$ 的零点为1。

(2) α 是函数 $y=f(x)$ 的零点的充分必要条件是,$(\alpha,0)$ 是函数图像与 x 轴的公共点。

(3)方程 $f(x)=0$ 有实数根 $\Longleftrightarrow$ 函数 $y=f(x)$ 的图像与 x 轴有公共点 $\Longleftrightarrow$ 函数 $y=f(x)$ 有零点。

【设计意图】通过引导学生体会上述文字,感悟其中的思想方法,提升学生的数学抽象能力,理解函数零点的意义。

★学以致用

例1 根据函数图像,分别写出 $f(x)=0,f(x)>0,f(x)\leq0$ 的解集。

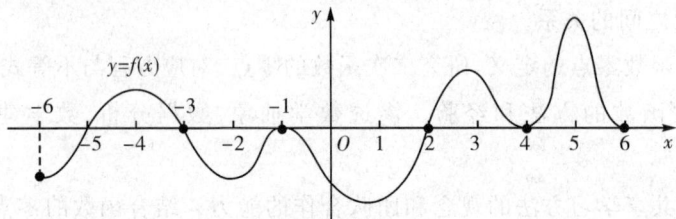

2.二次函数的零点及其对应方程、不等式的解集之间的关系:我们已经知道怎样求解一元二次方程,而且也知道二次函数的图像是抛物线,因此可以借助二次函数的图像得到一元二次不等式的解集。

★学以致用

例2 利用函数求下列不等式的解集:

(1)$x^2-x-6<0$; (2)$x^2-x-6\geq0$。

【设计意图】通过讲解如何正确用函数求解不等式的解集,引导学生分析二次函数的零点与其对应方程、不等式解集之间的关系。

例3　利用函数求下列不等式的解集：

(1)$-x^2-2x-3\geq0$；　　(2)$-x^2-2x-3<0$。

方法1：直接利用函数求解。

方法2：将不等式的二次系数化为正数后利用函数求解。

例4　利用函数求下列不等式的解集：

(1)$x^2-4x+4>0$；　　(2)$x^2-4x+4\leq0$。

结合以上例题，完成下列表格，并进行小组讨论。

设 $f(x)=ax^2+bx+c(a>0)$，方程 $ax^2+bx+c=0$ 的判别式 $\Delta=b^2-4ac$。

判别式	$\Delta>0$	$\Delta=0$	$\Delta<0$
二次函数 $y=f(x)$ 的图像			
二次方程 $f(x)=0$ 的根	有两个不相等的实数根 x_1 和 $x_2(x_1<x_2)$	有两个相等的实数根 $x_1=x_2=-\dfrac{b}{2a}$	没有实数根
二次不等式 $f(x)>0$ 的解集	$\{x\mid x<x_1\ 或\ x>x_2\}$	$\left\{x\mid x\neq-\dfrac{b}{2a}\right\}$	**R**
二次不等式 $f(x)<0$ 的解集	$\{x\mid x_1<x<x_2\}$	$\varnothing$	$\varnothing$

例5　求函数 $f(x)=(x+2)(x+1)(x-1)$ 的零点，并作出函数图像的示意图，写出不等式 $f(x)>0$ 和 $f(x)\leq0$ 的解集。

【设计意图】学生独立利用零点作图有一定困难，提倡师生共同完成，突出重点、解决难点。进一步巩固本节课所学内容，积累研究三次函数的方法和经验，渗透数学建模核心素养。

课堂训练

1.教材 119 页习题 3—2A 第 1、2 题。

2.函数 $f(x)=x^2-5x+6$ 的零点是(　　　)。

A.(3,2)　　　　　B.(2,3)　　　　　C.2,3　　　　　D.(2,0),(3,0)

课堂总结

1.知识方面:函数零点的定义及求法、函数零点的性质、函数零点的简单应用。

2.思想方法:数形结合的思想、转化的思想。

作业

1.教材 119 页习题 3—2A 第 6 题,习题 3—2B 第 8 题。

2.思考题:若函数 $y=f(x)$ 在区间 $[a,b]$ 上存在唯一的零点,则 $f(a)$ 与 $f(b)$ 的符号有怎样的关系呢?

板书设计

函数的零点

一、函数的零点　　　　二、求零点的方法

概念

      例1

      例2

      例3

结论   例4

      例5

教学反思

从学生较为熟悉的一元一次函数入手,结合一元二次不等式的解集,由具体到一般,建立一元二次方程的根与相应的二次函数的零点的联系,再将其推广到一般方程与相应的函数的零点。本节课只是建立函数与方程关系的第一步,教学中切忌面面俱到,延展太深。利用函数的零点画函数图像,对学生而言会有一些难度,教师可与学生共同分析并完成,让学生获得研究问题的经验。

《集合的基本关系》教学设计

教材分析

本节课选自人教 B 版数学教材必修一第 1 章第 1 节。集合的基本关系是进行集合运算的基础和前提，是用集合观点厘清集合之间内在联系的桥梁和工具。本节内容是对集合的基本概念的深化、延伸，是在学习了集合概念以及集合的表示方法、元素与集合的关系的基础上，进一步学习集合与集合之间的关系，同时也为下一节课学习集合之间的运算打下基础，起着承上启下的作用。

学情分析

本节内容是在学生已经掌握了集合的概念和表示方法的基础上，进一步学习和研究两个集合之间的关系，学生已经有了一定的认知基础。集合对于学生来说既熟悉又陌生，熟悉是因为在初中阶段就已经使用数轴求简单不等式（组）的解集、用图示法表示四边形之间的关系了，陌生是因为要使用集合的语言来描述集合之间的关系。

教学目标

1.了解集合之间包含与相等的含义，能识别给定集合的子集；理解子集、真子集的概念；能使用维恩图表达集合之间的关系，体会直观图示对理解抽象概念的作用。

2.通过类比实数之间的大小关系得到集合之间的包含关系，培养学生类比推理的能力；从具体实例中抽象出子集、真子集的概念，培养学生数学抽象的核心素养。

3.通过类比实数的大小关系引出集合的包含关系，让学生体会事物是普遍联系的；通过向学生介绍鲁班发明锯的故事，培养学生的民族自尊心和自豪感。

教学重难点

1.重点：集合间的包含与相等关系，子集与真子集的概念。

2.难点：属于关系与包含关系的区别。

白金艳，抚顺市第十中学教师，荣获抚顺市第十一届职工技能大赛教育赛区中小学教师教学竞赛"教学明星"称号。

教学过程

导入

春秋战国时期,我国有一位发明家叫鲁班。两千多年来,他的名字和有关他的故事,一直流传着,后代木工匠都尊称他为祖师。鲁班发明锯的故事:相传有一次他进深山砍树木时,手一不小心被一种野草的叶子划破了,他摘下叶片轻轻一摸,发现叶片两边长着锋利的"小齿",他的手就是被这些"小齿"划破的。同时,他还看到在一棵野草上有一条大大的蝗虫,它的两个大牙上也排列着许多小齿,所以能很快地磨碎叶片。鲁班从这两件事情中得到了启发。他想,要是有像这样的齿状的工具,不就能很快地锯断树木了吗? 于是,他经过多次试验,终于发明了锋利的锯,大大地提高了工效。

★思考

实数有相等关系、大小关系,类比实数之间的关系,联想集合之间也有类似的关系。

建构概念

★概念形成

例1 观察下列三组集合,并说明集合间存在怎样的关系。

(1)$A = \{1,2,3\}$,$B = \{1,2,3,4,5\}$;

(2)$A = \{$新华中学高一(6)班的全体女生$\}$,$B = \{$新华中学高一(6)班的全体学生$\}$;

(3)$C = \{x \mid x$ 是有两条边相等的三角形$\}$,$D = \{x \mid x$ 是等腰三角形$\}$。

学生独立思考回答,教师点评。

师:具备(1)、(2)的两个集合之间关系的称 A 是 B 的子集,那么 A 是 B 的子集是怎样定义的呢?

(学生分组讨论归纳子集的共性,师生合作得出子集、集合相等两个概念)

1.子集:一般地,如果集合 A 的任意一个元素都是集合 B 的元素,那么集合 A 称为集合 B 的子集,记作 $A \subseteq B$(或 $B \supseteq A$),读作:"A 包含于 B"(或"B 包含 A")。

2.集合相等:若 $A \subseteq B$,且 $B \subseteq A$,则 $A = B$。

【设计意图】通过对实例的共性探究,感知子集、集合相等概念,从而归纳共性,形成子集、集合相等的概念。

★概念深化

例2 观察下列各组集合,并指明两个集合之间的关系。

(1)$A=\mathbf{N},B=\mathbf{Z}$;

(2)$A=\{x\mid x$ 是长方形$\},B=\{x\mid x$ 是平行四边形$\}$;

(3)$A=\{x\mid x^2-3x+2=0\},B=\{1,2\}$。

师:进一步分析(1)、(2)不难发现:A 的任意元素都属于 B,而 B 中存在元素不属于 A,具有这种关系时,集合 A 称为集合 B 的真子集。

1.维恩图

用平面上一条封闭曲线的内部来表示集合,如果 $A\subseteq B$,则维恩图表示如下:

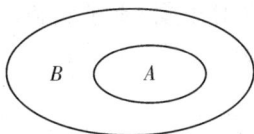

2.真子集

如果集合 $A\subseteq B$,但存在元素 $x\in B$,且 $\notin A$,称 A 是 B 的真子集,记作 $A\subsetneqq B$(或 $B\supsetneqq A$),读作"A 真包含于 B"(或"B 真包含 A")。

例3 观察下列集合,指出集合中的元素是什么? 并思考这两个集合之间的关系。

(1)$A=\{(x,y)\mid x+y=2\}$;

(2)$B=\{x\mid x^2+1=0,x\in\mathbf{R}\}$。

师:我们规定,空集是任何集合的子集,空集是任何非空集合的真子集。

【设计意图】再次感知真子集、集合相等,加深对概念的理解,并利用维恩图从"形"的角度理解包含关系,层层递进理解真子集、集合相等的概念。

★能力提升

一般结论:

①$A\subseteq A$;

②$\varnothing\subseteq A$;

③若 $A\neq\varnothing$,则 $\varnothing\subsetneqq A$;

④若 $A\subseteq B,B\subseteq C$,则 $A\subseteq C$;

⑤$A=B\Leftrightarrow A\subseteq B$ 且 $B\subseteq A$。

师生合作完成:

①由"$a\leqslant a$"类比得到"$A\subseteq A$";

②由"若 $a\leqslant b,b\leqslant c$,则 $a\leqslant c$"类比得到"若 $A\subseteq B,B\subseteq C$,则 $A\subseteq C$"。

【设计意图】体会类比思想的意义

★应用举例

1.(1)写出集合$\{a\}$的所有子集;

(2)写出集合$\{a,b\}$的所有子集;

(3)写出集合$\{a,b,c\}$的所有子集。

2.已知区间$A=(-\infty,2]$，$B=(-\infty,a)$，且$B\subseteq A$，求实数a的取值范围。

师:已知$A=\{a_1,a_2,\cdots,a_n\}$，则A的子集共有多少个?

结论:一般地,集合A含有n个元素,则A的子集共有2^n个,A的真子集共有2^n-1个。

【设计意图】通过练习加深对子集、真子集概念的理解,培养学生的归纳能力,提高其数形结合的核心素养。

课堂小结

1.通过本节课的学习,你学到了哪些数学知识?

2.通过本节课的学习,你掌握了哪些数学方法?

3.你还有哪些感到困惑的问题?

板书设计

1.1.2　集合的基本关系

子集	维恩图	例1
真子集		例2
集合相等	一般结论	

教学反思

首先利用类比的思想引入集合之间的关系,通过例题说明集合有包含、相等等关系,引入本节课内容。在讲解子集、集合相等、真子集、空集概念时,让学生理解概念中的关键字,同时,将文字语言、符号语言及图形语言有机结合,逐步使学生由文字语言向符号语言及图形语言过渡。大多数学生在课堂上就已经能达到本节课的教学目标,没能达到教学目标的学生可以通过课后小组互助或者教师的帮助进行弥补。

《古典概型》教学设计

教材分析

本节课属于人教 B 版数学教材必修二第五章第 3 节,是在学习了统计、样本空间与事件、事件之间的关系与运算之后要学习的内容。随机现象在日常生活中随处可见,概率是研究随机现象数量规律的数学分支,它为人们认识客观世界提供了重要的思维模式和解决问题的方法,同时为统计学的发展奠定了理论基础,概率的基础知识是未来公民的必备常识之一。

学情分析

学生在初中已经接触过简单事件的概率,对概率知识有了初步的认识,在学习本节课内容之前已经学习了随机试验的样本空间、随机事件的概念,学生已具有一定的学习基础和分析问题、解决问题的能力。此外,本节课的内容与日常生活的联系较为密切,容易引起学生的学习兴趣。

教学目标

1.学生会用自己的语言解释古典概型及其概率的计算公式,会用列举法计算一些随机事件所含的基本事件数及事件发生的概率,能计算古典概型中简单随机事件的概率。

2.培养学生归纳、探求规律的能力和利用数学知识解决实际问题的能力,提升学生的数据分析能力,培养其数学运算核心素养。

3.促进学生养成自主学习的学习习惯,培养协作共进的团队意识。

教学重难点

1.重点:古典概型的概念,古典概型概率公式的形成过程。

2.难点:古典概型在实际问题中的应用。

教学过程

导入

安排学生 4 人一组,完成下面两个模拟试验,并回答问题。

试验1:将一枚质量分布均匀的硬币向上抛出,观察硬币落地后哪一面朝上。(记事件 A:正面向上)

邢丽丽,抚顺市第十二中学教师,荣获抚顺市第十一届职工技能大赛教育赛区中小学教师教学竞赛"教学明星"称号。

试验 2:掷一个质量分布均匀的骰子,观察朝上的面的点数。(记事件 B:出现的点数不超过 4)

问题 1:根据试验 1 中硬币正面朝上的次数和随机试验的次数,你能求出随机事件 A 发生的概率 $P(A)$ 吗?

问题 2:两个试验的样本空间是什么?每个样本空间中每个样本点之间都有什么特点?由以上两个实例,你总结出的一般规律是什么?

【设计意图】通过抛掷硬币、骰子这两个接近生活的试验激发学生的学习兴趣,引导学生观察试验、分析结果、找出共性,为引出古典概型的定义做铺垫。

建构概念

1.古典概型:一般地,如果随机试验的样本空间所包含的样本点个数是有限的(简称为有限性),而且可以认为每个只包含一个样本点的事件(即基本事件)发生的可能性大小都相等(简称为等可能性),则称这样的随机试验为古典概率模型,简称为古典概型。

2.古典概型的概率计算:假设样本空间含有 n 个样本点,由古典概型的定义可知,每个基本事件发生的可能性大小都相等,又因为必然事件发生的概率为 1,因此由互斥事件的概率加法公式可知每个基本事件发生的概率为 $\dfrac{1}{n}$。此时,如果事件 C 包含 m 个样本点,则再由互斥事件的概率加法公式可知 $P(C)=\dfrac{m}{n}$。

【设计意图】通过师生共同总结古典概型的特点,培养学生概括总结的能力和数学抽象的素养。

★概念深化

1.下列试验属于古典概型的是(　　　　)

A.种下一粒大豆,观察它是否发芽

B.向一个圆面内随机地投射一个点(假设该点落在圆内任意一点都是等可能的)

C.抛一枚硬币,观察其正面或反面出现的情况

D.某人射击,中靶或不中靶

2.下列有关古典概型的四种说法:①试验中所有可能出现的样本点只有有限个;②每个事件出现的可能性相等;③每个样本点出现的可能性相等;④已知样本点总数为 n,若随机事件 A 包含 k 个样本点,则事件 A 发生的概率 $P(A)=\dfrac{k}{n}$。其中正确说法的序号是(　　　　)

A.①②④　　　　　　B.①③　　　　　　　　C.③④　　　　　　D.①③④

【设计意图】通过独立思考,交流讨论以及教师巡视指导,学生能更加准确地把握古典概型的两个特点,突破如何判断一个试验是否是古典概型这一教学难点。

★应用举例

例1 某中学举行高一广播体操比赛,共 10 个队参赛。为了确定出场顺序,学校制作了 10 个出场序号签供大家抽签,高一(1)班先抽,求他们抽到的出场序号小于 4 的概率。

例2 按先后顺序抛两枚均匀的硬币,观察正反面出现的情况,求至少出现一个正面的概率。

【设计意图】通过独立完成例题,学生能熟悉公式、应用公式;通过练习简单题目,增强学生学习数学的自信心,激发学习的兴趣。

3.古典概型中的概率的性质:假设古典概型对应的样本空间含 n 个样本点,事件 A 包含 m 个样本点,则:

(1)由 $0 \leqslant m \leqslant n$ 与 $P(A) = \dfrac{m}{n}$ 可知,$0 \leqslant P(A) \leqslant 1$。

(2)因为 $\overline{A}$ 中包含的样本点个数为 $n-m$,所以 $P(\overline{A}) = \dfrac{n-m}{n} = 1 - \dfrac{m}{n} = 1 - P(A)$,即 $P(A) + P(\overline{A}) = 1$;

(3)若事件 B 包含 k 个样本点,而且 A 与 B 互斥,则容易知道 $A+B$ 包含 $m+k$ 个样本点,故 $P(A+B) = \dfrac{m+k}{n} = \dfrac{m}{n} + \dfrac{k}{n} = P(A) + P(B)$。

(学生小结,教师补充说明)

★应用举例

例3 从含有两件正品 a_1, a_2 和一件次品 b 的 3 件产品中,按先后顺序任意取出两件产品,每次取出后不放回,求取出的两件产品中恰有一件次品的概率。

例4 先后掷两个均匀的骰子,观察朝上的面的点数,记事件 A:点数之和为 7,B:至少出现一个 3 点,求 $P(A)$,$P(\overline{A})$,$P(B)$,$P(AB)$。

【设计意图】用树形图来表示样本空间,学生能够不重、不漏地列举所有情况,培养学生借助直观图形理解数学知识的能力。

课堂小结

通过本节课的学习,你学到了哪些知识和方法?

【设计意图】学生小结并进行反思,教师补充说明,使学生对本节课有一个系统全面的认识。

作业

必做题:教材第107页练习 A 第1、2、3题,第108页练习 B 第1、2、3题。

选做题:教材第108页练习 B 第4、5题。

【设计意图】使学生内化所学内容,为学有余力的学生提供进一步学习的机会。

板书设计

古典概型

1.古典概型

2.古典概型的概率计算　　　　　　　　例1
　　　　　　　　　　　　　　　　　　例2

3.古典概型概率的性质　　　　　　　　例3
　　　　　　　　　　　　　　　　　　例4

教学反思

根据本节课的特点,采用引导、发现和归纳概括相结合的教学方法,通过提出问题、思考问题、解决问题等教学过程,观察、对比、概括归纳古典概型的概念及其概率公式,再通过提出和解决具体问题,激发学生的学习兴趣,调动学生的主观能动性。学生在教师创设的问题情境中,观察、类比、思考、探究、概括、归纳和动手尝试等相结合,体现学生在教学过程中的主体地位,培养学生由具体到抽象、由特殊到一般的数学思维能力,形成实事求是的科学态度,增强锲而不舍的求学精神。

Languages around the World,
Teaching Design

教材分析

本节课属于人教版高中英语教材必修第一册第五单元。本单元围绕语言发展和语言学习展开,内容涉及汉字的发展、英式英语和美式英语的区别、在英语学习中遇到的困难和解决这些困难的建议等。通过本篇章的学习,学生可以拓宽国际视野,从国家和自身发展的需要出发,了解语言学习的重要性,了解汉字对我国文化传承和发展的积极意义,深度思考英语学习的策略和方法。

学情分析

学生的英语基础较好,对学习英语的热情也较高,已具备在阅读中获取细节信息的能力,部分学生能用英语自信地表达自己的观点。但是,大多数学生在理解和整合知识、逻辑推理和分析评价方面的能力比较欠缺。此外,虽然学生对中华文化尤其是汉字文化有一定程度的了解,但此前与之相关的知识结构并不系统,对汉字的发展历程了解得不全面,对增强文化自信和弘扬中华文化缺乏深层次的理解。

教学目标

核心素养

1. Students can extract the theme of the text, sort out the structure of the text and summarize the general idea of each paragraph.

2. Students can summarize what they have learned.

3. Students can infer and think after reading.

德育目标

1. Students can explore the function and importance of Chinese character writing system.

2. Students can form correct cultural value, set up the social responsibility and spread Chinese culture.

教学重难点

1. Guide students to pay attention to reading strategies, such as prediction,

---

石杨,抚顺市第十中学教师,荣获抚顺市第十一届职工技能大赛教育赛区中小学教师教学技能竞赛"教学状元"称号。

self-questioning and scanning.

2. Sort out the specific information about the writing system of Chinese characters through scanning, explore the important value of Chinese characters, and summarize and integrate relevant information.

教学过程

Step 1: Lead in

1. Show different Chinese characters and let students guess what those characters are.

2. Identify which period the characters are from.

3. Look at the picture on page 62 and answer the following questions:

Q1: Do you know this Chinese character?

Q2: Can you recognize another "马" in the picture? Why?

Q3: Where did people write down the symbols?

Q4: How did people write down the symbols on animal shells?

引导要点:激活学生原有背景知识,引导学生关注汉字的发展、变化以及原因,引出相关话题词汇,提高对历史文化变迁的敏感性,加深对中华文明的感知。

Step 2: Pre-reading

Try to predict the content of the article based on pictures and the title.

Q1: What will be talked about?

Q2: What may be the author's intention of writing the passage?

引导要点:预测并聚焦文本重点,激起学生的阅读兴趣,形成阅读期待。

Step 3: While-reading

Task 1. Raise and deal with questions concerning the Chinese writing system.

1. Raise some questions about what they want to know about the Chinese writing system.

Q1: What do you want to know about the Chinese writing system?

2. Read the text and try to find the answers to what they want to know.

Q2: Is what you want to know mentioned in the passage? Give the evidence.

Q3: What else is talked about?

Q4: What's the main idea of the passage?

(Possible answer: The development of the Chinese writing system and its function)

引导要点：根据主题语境，自主提问、解惑，培养学生在阅读中积极主动、不断探究的意识。

Task 2. Focus on the development of the Chinese writing system.

1. Scan the passage to find the words and phrases that describe a time and what happened to the characters at those important times.

Q1：What kind of words can show the development of the Chinese writing system clearly?

(Words indicating time：several thousand years ago，by the Shang Dynasty，over the years，in the Qin Dynasty，today)

Q2：What happened to the Chinese characters at those important times? Finish the timeline.

引导要点：1.学生通过自主寻读，围绕关键词"system"找出表示时间的词块及不同时期汉字书写体系的特点，顺利聚焦文章的第一条主线——the development of the Chinese writing system。

2.对"在汉字书写体系发展中哪个时间段最重要"的讨论，旨在提高学生对国家统一等政治因素在汉字发展过程中的重要性的认识。

Step 4：Post-reading

Students work in groups to discuss if Chinese will become the world language and why...

引导要点：加深学生对本文的理解，促使学生积极思考并提供给学生语言模仿和输出的机会。

Step 5：Summary

The theme of this class is "Exploring Chinese writing system". Students are required to read the text，understand the development of Chinese character writing history，explore the positive role of Chinese character development in the inheritance of Chinese civilization for thousands of years，and think about the development and role of Chinese character in the future，experience the feelings of family and country，enhance cultural confidence.

板书设计

Languages around the World

Chinese writing system is a bridge which connects

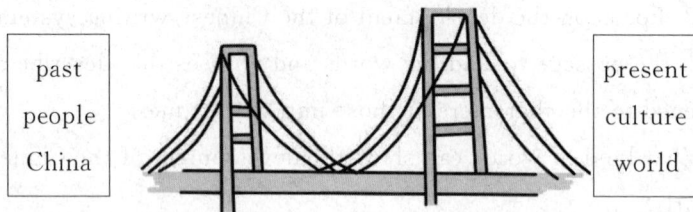

past		present
people		culture
China		world

教学反思

1.本节课为新授课,面对的学生群体为高一新生,在涉及 Chinese character 的话题内容时,学生的背景知识和语言、词汇的储备相对欠缺,因此,在预测文本内容的环节中,学生在对自己观点的明确表达方面略显困难。

2.本单元的文本内容以探索中国汉字书写体系为主,该教学设计能很好地把语言教学与探索几千年的中华文明相结合,让学生真切地体验到家国情怀,增强了文化自信,有效地实现立德树人的教育目标。

Travelling Around: Travel Peru.
Teaching Design

教材分析

本节课属于人教版高中英语教材必修第一册第二单元。本课的主题是"探索秘鲁",内容包括两部分。第一部分是介绍性文本,介绍了秘鲁的地理位置、地貌特征及历史文化;第二部分是旅游宣传册,介绍了秘鲁四条不同特色的旅行路线。学生可以通过百科全书式的介绍性文本和旅游宣传册的不同文体特点,来了解旅行目的地。让学生学会从不同渠道搜寻信息,为培养学生制订旅行计划做好准备。教材选择具有南美风情和特色的国家——秘鲁为目的地,增加了学生了解非英语国家的机会,与此同时,本单元的下一版块又选取了国内的不同景点,既能增强学生的爱国情怀,又能开阔学生的国际视野。

学情分析

在背景知识方面,学生对秘鲁知之甚少,所以理解这个话题会有一点困难。在阅读技巧方面,学生虽然掌握了一些阅读策略,如略读要点和扫读特定信息,但有些学生不知道如何整合上下文中的信息,他们对所阅读的内容分析稍有困难。从心理上讲,本单元主题为旅游,本课内容又是有关秘鲁旅游的相关内容,学生对课堂内容充满好奇,想要积极参与。

教学目标

核心素养

1. Students can summarize what they have learnt in English, developing their ability to summarize.

2. Students can infer and think reasonably after reading the article, cultivating their scientific thinking ability.

德育目标

1. Students can master the population, geography, resources, environment and other aspects of other countries by learning the travel knowledge.

2. Students appreciate splendid mountains and rivers in China, developing their love for motherland and promoting the motivation to study hard to serve

富媛媛,抚顺市第六中学教师,荣获抚顺市第十一届职工技能大赛教育赛区中小学教师教学技能竞赛"教学技术明星"称号。

the country in the future.

教学重难点

1. Students can understand，infer and think after reading.

2. Students are guided to master the structural，stylistic and linguistic features of the introductory text and tourism brochure.

3. Students learn the tourism resources and cultural characteristics of Peru，developing their own opinions.

4. Students may have difficulty in integrating the information from the context and thinking independently to make inferences.

教学过程

Step 1：Lead in

1. The teacher shows students some pictures of the teacher who quitted her job to travel.

2. Ask students if they want to go travelling now and what they need to prepare.

引导要点:通过问题和图片导入单元旅游的话题,拓宽学生对人生历练的理解。引导学生思考旅游出行前的准备,激发学生对景点的憧憬和旅游的兴趣。

Step 2：Pre-reading(Approaching Peru)

1. Let Students watch the video related to Peru to arouse their interest and answer the questions：

Q1：What did you see in the video?

Q2：What impresses you most in the video?

2. There are two texts about Peru.

Q1：What types of text are they?

Q2：Encyclopedia or brochure?

引导要点:学生带着问题看视频,增强"看"的动机,提高"看"的效率,同时开阔学生的国际视野。

Step 3：While-reading(Exploring Peru)

Task 1. Look through the passage quickly and find the order of the author's travel.

引导要点:学生根据课文标题和图片,预测旅游地的顺序,激发学生的阅读兴趣。

Task 2. (1) Students listen to part 1 and try to understand location, geography, history and language of Peru.

(2) Students in four groups read Amazon Rainforest Tour, Machu Picchu Tour, Cusco Tour and Lake Titicaca Tour, and then finish the exercise.

(3) Students finish the chart.

引导要点：培养学生获取和处理细节信息的能力，指导学生根据所获取的细节信息进行概括和推理，培养科学思维能力。了解并掌握有关秘鲁的相关知识，开阔视野，探索文化意义。通过对旅行地点的学习，了解人口、地理、资源、环境等方面的知识。

Step 4：Post-reading(Culture Outlook)

Task 1. (1) Students read the passage again and answer the following questions.

(2) Students are asked to complete the passage with the correct forms of the new words from the two texts.

Task 2：Students work in groups to discuss if they were guides, which tour(s) they would recommend to people.

引导要点：加深学生对本文的理解，促使学生积极思考并提供给学生语言模仿和输出的机会，培养学生的概括总结能力。

Step 5：Summary

1. Teacher and Students summarize what they have learnt.

2. Appreciate an essay about travelling.

引导要点：利用单元话题，回顾旅游带给人们的意义：旅游不仅是观光，还可以开阔视野、陶冶情操、锻炼身体、磨炼意志等，是人生历练和学习的一部分。同时通过旅游培养学生热爱祖国大好山河的情感，努力学习将来报效国家。

Step 6：Homework

Choose one tourist，and write an introduction of a travelling route and the destination in the form of travel brochure.

板书设计

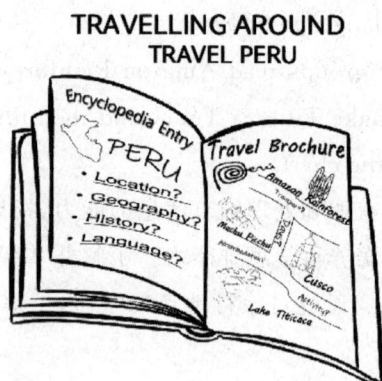

TRAVELLING AROUND
TRAVEL PERU

Encyclopedia Entry
PERU
• Location?
• Geography?
• History?
• Language?

Travel Brochure
Amazon Rainforest
Machu Picchu
Cusco
Lake Titicaca

教学反思

成功之处：教学过程中以学生为主体，灵活运用教学方法，突出自主性、合作性、探究性的学习方式；注重对学生的语言建构与运用、思维发展与提升、推断与思考和科学思维能力等核心素养的落实。

不足之处：需要注意阅读技巧的归纳与总结。

改进措施：加强对学生兴趣的培养，注重教学方法的灵活与创新。

Sports and Fitness.
Teaching Design

教材分析

本节课属于人教版高中英语教材必修第一册第三单元。本文是一篇杂志文章,着重介绍了两位体育明星。为了对文本主题、内容、文本结构、语言特点和作者观点五个方面进行深入解读,教师主要从三个层面来设计主题意义的探究活动。

1.内容和主题(What)

本文提供了活动的情境,即某杂志社请读者来信选出自己心目中的体育明星。要求学生在理解语篇信息的基础上,总结评选标准,旨在培养学生向模范学习的主题意义。

2.作者意图、情感态度和价值取向(Why)

文本中作者通过介绍两位著名运动员,引导学生了解体育明星不仅在体育方面取得了令人瞩目的成就,而且还具备很多闪光的个人特质与魅力,使学生从模范身上领会、感悟做人和做事的道理。

3.语篇结构和语言特点(How)

文章的标题起到了吸引学生的注意力和"画龙点睛"的作用。文本结构清晰,包括摘要、引领段和正文,再由小标题引出两个语篇。第一个语篇采用举例子、摆事实的写法,全面概括人物的成就和影响。第二个语篇采用生动形象的语言,借由直接引语增强读者的体验感。学生可以在探究主题意义的过程中学习和内化相关的语言表达。

学情分析

本文选材的人物为两位著名运动员,两位运动员一中一外、一男一女,都是大家熟悉的体育明星,进入高中阶段的学生,更会表现出对体育项目及体育明星的关注。通过之前三个单元的学习,学生已经基本适应了高中英语的教学模式,大部分学生已具备在阅读中获取细节信息的方法以及用英语自信表达的能力,可以有效确保课堂教学的实效性。

王辉,抚顺市第五中学教师,荣获抚顺市第十一届职工技能大赛教育赛区中小学教师教学技能竞赛"教学明星"称号。

教学目标

核心素养

1. Help students to grasp the theme of the text，sort out the structure of the text，and summarize the main idea of each paragraph.

2. Guide students to further think after learning about the two living legends.

德育目标

1. Instruct students to comprehend the principle of life and work and develop correct view of life.

2. Enable students to form correct sportsmanship and set up the social responsibility.

教学重难点

1. Guide students to finish reading by paying attention to some reading strategies.

2. Help students sort out the important detailed information about the two living legends and know what can be learned from them.

教学过程

Step 1：Lead in

1. One student will conduct the everyday oral presentation.

2. Students will look at some pictures about the theme of the text and answer some given questions.

Q1：What sport do you like best?（and give your reason）

Q2：Who is your favorite sportsman?（and give your reason）

引导要点：引导学生关注自己喜欢的运动以及运动员并且给出相应理由，有效引出相关话题，激发学生的学习兴趣，形成阅读期待。

Step 2：Pre-reading

1. The teacher shows students three pictures about famous athletes and helps students predict the theme of the text.

2. Students try to make sure of the theme of the text by watching the title and the pictures and try to predirect the content of the text based on pictures and the title.

引导要点：引导学生准确预测文本主题，培养学生主题意识。同时借助文本标题和图片,对文本内容进行前期预测。

Step 3:While-reading

Task 1(1st reading)

The teacher invites students to scan the text and get the main idea of it and make clear of the genre of the text.

引导要点:引导学生运用恰当的阅读策略,了解文本主旨大意,学会辨别文本体裁。

Task 2(2nd reading)

The teacher instructs students to silently read the text and get the main idea of each paragraph then straighten the structure of the passage.

引导要点:引导学生对文本框架进行进一步梳理,帮助学生厘清语篇结构和主要信息,培养学生的建构思维品质。

Task 3(3rd reading)

Discussion:Students read the text for the third time,discuss with partners and decide what is stated(S),what is inferred(I)and what comes from experience(E).

Teacher provides the sentences in the Power Point and gives all the groups two minutes to finish the task.

1. Lang won several championships before she became a coach.(　　)

2. Lang believed that her young players could win.(　　)

3. Michael Jordan is loved by basketball fans around the world.(　　)

Students in one group get their own answers and show them among the whole class. Finally consistent answers are made for sure.

引导要点:引导学生通过小组合作学习,继续加深对文本内容和语篇结构的理解;帮助学生了解杂志文章的语言特点;培养学生合作学习的能力;发展学生善于观察、归纳和总结的思维品质。

Step 4:Post-reading

Continuation:Students will try to finish an exercise in the form of continuation according to what they have learned about the whole passage, including content, structure, genre and language features.

引导要点:引导学生将高考新题型(读后续写)练习常态化,以实现在课堂教学中既帮助学生整合所学语言知识和内容,又提升学生语言学习能力的目标。

Step 5：Summary

Students along with the teacher have a view and a summary from the three dimensions：

Understanding

1. 了解活动主题。

2. 获取文本相关信息和语篇结构。

3. 理解文本细节。

4. 完成预测推论。

Application

1. 整合文本内容和语篇结构。

2. 深层解读细节内容。

Self-reflection

1. 清楚文本体裁。

2. 明确个人观点。

引导要点：引导学生从三个维度（理解、应用和反思）概括总结本节课所学的内容。

板书设计

Unit 3　Sports and Fitness

Reading and Thinking：Choose your Favorite Athlete Living Legends

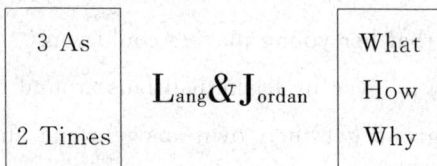

3 As		What
	Lang&Jordan	How
2 Times		Why

教学反思

本节课教师强化体育精神的正能量，在课堂时间的分配上要更清晰，在教法上应该更充分相信学生、释放学生的内在潜力，从而最大限度地调动学生自主学习的积极性。在教学过程中要把课堂时间尽量多地交给学生，让学生有时间思考、有能力探索、有方法合作。

From Problems to Solutions.
Teaching Design

教材分析

本节课属于人教版高中英语教材必修第二册第一单元。本文是描述事件发展过程的叙事性文本,作者按照时间顺序描述了问题的出现和解决过程:提出问题(第 1 段)—分析问题(第 2 段)—解决问题的过程(第 3、4 段)—结果(第 5 段)—意义和得到的启示(第 6 段)。文章思路清晰,前后呼应,能帮助学生理解文化遗产保护过程中的各种问题的复杂性和困难度,让学生认识到文化遗产的保护需要各国和全社会的共同努力,从而进一步思考如何在生活中参与文化遗产保护行动,实现全人类的可持续发展。

学情分析

本班的学生积极开朗,热情高涨,求知欲强,高中第一学期即将结束,大多数同学已经适应了高中英语的教学和学习方法,词汇量和基础知识得到进一步巩固,阅读理解能力不断提高。他们可以调动自己已有的知识和经验,对获得的信息进行比较和分析,做出合理的判断,形成个人意见。本节课要求学生学会客观、理性地分析文化遗产保护面临的各种问题,找出或提出合理的解决方案,培养学生批判性思维和创新思维能力。

教学目标

核心素养

1. Understand its stylistic and linguistic features and obtain information effectively by reading the narrative text describing the development process of the event.

2. Be able to use the time sequence of events to understand the development process of things and the relationship between events.

3. Understand the history and current situation of Chinese and foreign cultural heritage, the problems faced, and the corresponding solutions.

德育目标

1. Pay attention to the key role of international cooperation in the process

---

肖莎莎,抚顺市第二中学教师,荣获抚顺市第十一届职工技能大赛教育赛区中小学教师教学技能竞赛"技术明星"称号。

of problem solving, and the balance and coordination between cultural heritage protection and social and economic development.

2. Encourage students to actively face challenges, be good at cooperation, make continuous efforts, and seek reasonable ways and means to solve problems.

教学重难点

1. Help students understand the main information and text structure of the reading text; guide students to use the reading strategy of "making a timeline" according to the appropriate text genre.

2. Guide students to summarize the methods and process of problem-solving, and elaborate the necessity and significance of cultural relic protection.

教学过程

Before reading

Step 1 (2 min; Individual Work)

The teacher shows the two photos on the book and lets students make a prediction.

Q1: Which country is this temple likely to be located in?

Q2: Read the title and look at the photos. What do you think the text is about?

引导要点:运用图片创设情境,引出主题,练习预测技能。

Step 2 (2 min; Individual Work)

Video time: Show a video about the background of Aswan Dam and the relocation of Abu Simbel.

引导要点:创设情境,激发学生的学习兴趣。

While reading

Step 3 (8 min; Individual Work & Pair Work)

1st reading

1. The teacher invites students to read the text quickly, check their predictions about the text, and think about the core issue in the article: What do "problems" refer to and what do "solutions" refer to?

2. Students scan for the numbers and circle them, and tell what they mean. Then students discuss in pairs.

3. The teacher asks the questions:

Q1:What can you infer from "Over the next 20 years, thousands of engineers and workers rescued 22 temples and countless cultural relics"?

(Possible answer: The project is so hard that it takes 20 years to finish it.)

Q2:What can you infer from "Fifty countries donated nearly $80 million to the project"?

(Possible answer: The project cost a lot of money. Many countries participated in the rescue and it is their team work that has saved the temples.)

Q3: Why does the author use exact numbers instead of expressions like "a lot of"?

(Possible answer: These specific figures can make the information of the article more specific and rich, and make the content of the article more expressive.)

引导要点:了解文体和语言特征,能有效地获取信息。

Step 4 (7 min; Individual Work & Pair Work)

2nd reading

1. The teacher asks students to read the text carefully and draw a timeline about the important events.

2. Students find out the answers to the following questions, and then have a discussion in pairs.

Q1:Why did the Egyptian government want to attempt the building of the dam?

Q2: How were the temples and other cultural sites saved?

Q3: How long did it take to complete the project?

Q4: What do "problems" refer to and what do "solutions" refer to?

引导要点:能够利用事件的时间顺序来了解事物的发展过程和事件之间的关系。

Step 5 (10 min; Individual Work & Group Work)

3rd reading

1. Students scan the text again and find out what the topic sentence is in each paragraph. If there is no topic sentence, try to find the key words or phrases.

2. Students design an information structure diagram in groups，and organically connect the contents of the article to complete the information structure.

3. The teacher asks students to briefly retell the great project of building the dam and protecting cultural relics.

引导要点：理解文章结构，提取和总结段落大意，培养学生的语言组织能力。

After reading

Step 6（9 min；Class Work）

1. Informal Debate：

Theme：

Pros：It is worthwhile to spend a lot of money to protect the temples.

Cons：It is not worthwhile to spend a lot of money to protect the temples.

Form of debate：

Informal debate. Divide the students into positive and negative sides and have a free debate. Each party selects a recorder to record its own views.

Feedback and evaluation：

Within the specified time，the party who puts forward the most effective opinions wins.

* Tips：If we support the positive point of view，we need to explain the importance of cultural relic protection. Think：Why is it important to protect and preserve our cultural heritage? What are some examples of China's culture heritage protection?

2. Vote on which side wins.

3. Enjoy the video about the process of relocation of Abu Simbel.

引导要点：深刻理解主题意义，加强德育渗透，进行迁移和创新。

Step 7（1 min）

Summarize the content of the class and point out the teaching objectives.

Homework

1. Finish Exercise 5 on Page 5 and retell the text.

2. Speech：What are BIGGER problems and what are GREATER solutions in preserving cultural heritage around the world?

板书设计

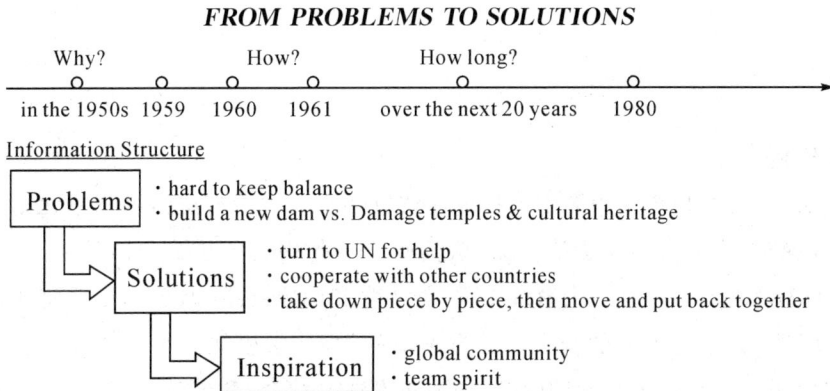

FROM PROBLEMS TO SOLUTIONS

Why?   How?   How long?

in the 1950s   1959   1960   1961   over the next 20 years   1980

Information Structure

Problems
- hard to keep balance
- build a new dam vs. Damage temples & cultural heritage

Solutions
- turn to UN for help
- cooperate with other countries
- take down piece by piece, then move and put back together

Inspiration
- global community
- team spirit

教学反思

成功之处:本单元以文化遗产保护为重点,介绍中外文化遗产的历史和现状、面临的问题以及相应的解决方案。在了解文章话题的基础上,学生可以根据自己的知识和兴趣,积极思考如何参与到文化遗产保护中来,并表达自己的观点。

不足之处:高中阶段应注重学生高层次思维能力的培养。由于刚刚步入高中阶段,学生在词汇和表达上均有欠缺,同时思维上也不够开阔。

改进措施:教师要内化语言知识,为项目活动做准备,同时还要让学生知道,文化遗产不仅限于建筑,还包括传统习俗、手工艺、舞蹈等,帮助学生拓展思维,让学生学会欣赏和判断。

《法治社会》教学设计

教材分析

《法治社会》是统编版高中思想政治教材必修 3 政治与法治第三单元第八课的第 3 课时,法治社会和法治国家、法治政府一起构成了法治中国的体系,再次明确了建设法治中国是一个系统工程,需要党和国家统筹和谋划,更要将法治建设落实到社会中每个人的身上。通过本课的学习,学生能感受到法治社会的细微之处,了解法治建设的基础问题,增强建设法治社会、和谐社会,促进公平正义的信心,主动参与到法治社会的建设过程中去。

学情分析

1.心智特征分析

本阶段的学生,自我意识得到较快发展,智力的各种成分基本趋于稳定状态,思维基本上完成向理论型抽象思维的转化。相比刚入高中阶段,学生更愿意去表达自己的观点。

2.认知结构分析

初中阶段,学生已经学习了要做守法的公民,通过上节课的学习,学生了解了法治中国建设的目标和主体等问题,对法治社会有一个较为全面和系统的理解。

教学目标

1.知识为基:理解法治社会的基本内涵,明白建设法治社会的要求、措施和重大意义。

2.能力为重:通过分析议题,学生能提升自身的思辨能力,能够更好地学法、信法、用法,为有效化解社会矛盾、实现社会和谐做贡献。

3.素养导向:通过探究案例,学生能感受法治社会在维护社会秩序、促进社会和谐方面所起到的重大作用,认同我国的法治社会建设。

4.价值引领:明确建设法治社会是一个艰巨的任务,需要进行全方位、长期性的努力,认识到每个公民都是法治社会建设的主体,自觉参与到法治社会的建设中来。

刘辉,抚顺市第六中学教师,荣获抚顺市第十一届职工技能大赛教育赛区中小学教师教学竞赛"教学状元"称号。

5.德育目标:树立法治意识,自觉做到尊法、学法、守法、用法。

教学重难点

1.重点:法治社会的内涵以及建设法治社会的措施。

2.难点:建设法治社会的措施。

教学过程

导入

同学们,2021年4月19日,上海车展发生了这样一件事情:在特斯拉汽车展位,一个身穿印有"刹车失灵"T恤衫的女车主站上车顶进行维权。对此你有什么看法呢?这节课我们就围绕"法治如何让生活更美好",通过分析"4·19特斯拉车主维权事件"来学习法治社会的基本内涵,明白建设法治社会的要求措施和重大意义。

★事件回放:(理解内涵特征)

上海市公安局青浦分局官方微博发布通报称:"特斯拉车展遭遇车主维权"事件涉事女子张某因扰乱公共秩序被处以行政拘留五日,李某因扰乱公共秩序被处以行政警告。这对我们处理纠纷、建设法治社会有什么启示?

引导要点:法治社会是指法律得到公认和普遍遵从、社会治理依法开展、公共生活和谐有序的社会。

1.针对女车主"车顶维权"后被行政拘留引发的争议,你是如何看待的?(辅助材料:视频资料)

启示:我们要尊法、学法、用法,增强法治意识,让法律成为社会生活的基本规范,用合法途径和程序处理纠纷、化解矛盾、维护权益。

(2)法治社会的表现有哪些?(辅助材料:疫情期间的法治建设、酒驾入刑、关于校园欺凌的法治完善等)

启示:法治社会是全社会信法、守法、用法的社会。

★剖析原因:(整理措施要求)

阅读有关特斯拉女车主维权事件过程的材料,思考法治社会建设的启示。

引导要点:建设法治社会是一个艰巨的任务,需要进行全方位、长期性的努力。

(1)结合生活实际讲述自己了解到的法治宣传的方式,并分享自己为法治宣传做过的事情。

启示:建设法治社会,要深入开展法治宣传教育,推动全社会树立法治意识。法治社会建设需要全社会的共同参与。

(2)课前调查了解近年来家乡在基层社会治理方面的得与失,并结合生活实际,为进一步提升家乡基层社会治理法治化水平提出可行意见。

启示:建设法治社会,要提高社会治理法治化水平。

(3)结合案例探讨法律援助的作用以及如何进一步完善我国的法律援助制度。(辅助资料:法律援助制度)

启示:建设法治社会,要建设完备的法律服务体系。

(4)如果你是人民调解员,会如何调解此次纠纷?(辅助材料:调解纠纷案例)

启示:建设法治社会,要健全社会矛盾纠纷预防化解机制。

★举一反三:(概括重大意义)

阅读与特斯拉女车主维权事件有关的新闻,结合此事件带来的不良影响,谈谈建设法治社会的重大意义。

引导要点:建设法治社会的重大意义。

启示:建设法治社会,能够更好地形成全社会学法、信法、用法的氛围,增进社会共识,维护社会秩序;能够更好地协调各方利益关系,有效化解社会矛盾,实现社会和谐。

课堂小结

"习语"总结,升华主题:我们要认真贯彻落实习近平总书记在中央全面依法治国工作会议上的讲话精神,更加重视法治、厉行法治,更好地发挥法治固根本、稳预期、利长远的重要作用,积极为建设法治社会贡献力量。

板书设计

8.3 法治社会

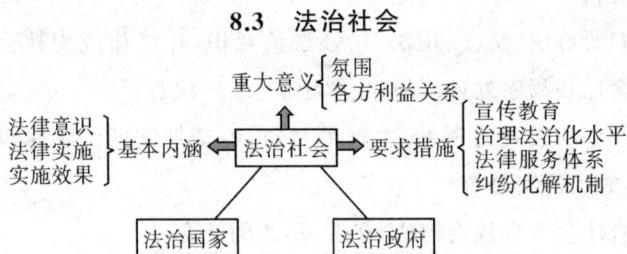

教学反思

从目标设置上看,本节课力求落实德育目标,解决学生思想认知问题和实际践行问题。这样的目标定位,彰显了立德树人的价值观追求。整个教学设计能激发学生学习的兴趣,有利于学科核心素养的养成。在自主学习的过程中,学生形成对议题的独立理解与思考,很好地完成了学习目标,实现了学科的育人价值。在具体活动开展中,如何将课堂教学与课前探究更好地结合,提高学习的效率这一问题在本节课中仍需要加强与优化。另外,由于学生认知水平不同,如何引导全体学生共同参与、积极展示,也是一个需要进一步探讨的问题。

《心中有数上职场》教学设计

教材分析

本课是统编版高中思想政治教材选择性必修2法律与生活第三单元第七课第2课时的内容,主要围绕"劳动者的权利与义务"展开,即通过学生活动和相关事例,让学生明确劳动者的权利和义务。《立足职场有法宝》主要介绍了劳动者在职场中需要掌握的法律法规。同时,劳动者要学会用法律维护自己的合法权益。本节课教学内容承接《立足职场有法宝》,主要讲述劳动者的权利与义务以及劳动者应如何维权等知识。通过对这部分知识的学习,学生能更好地了解劳动者的权利和义务,明确两者之间的关系。

学情分析

高二学生刚接触新教材,对相关法律法规的认知较浅,对劳动者相关知识有初步的了解,但还没有一个准确的认识,也没有形成系统认知,本课内容与学生未来的生活联系紧密。学生已具备一定的信息收集和筛选能力、阅读能力、逻辑思维能力以及对问题的探究、合作能力。这些能力有助于学生进行自主学习和活动探究。通过本节课的学习,学生能更好地了解劳动者的权利与义务及相关知识。

教学目标

1.知识为基:明确劳动者的权利与义务以及它们之间的关系,理解职场法律法规。

2.能力为重:学生通过合作探究活动,明确劳动者的权利,学会用法律武器保护自己。

3.素养导向:通过对劳动相关法律法规的学习,学生能做个明白的劳动者,依法维护自己的权利,履行劳动义务。

4.价值引领:引导学生尊重劳动,重视依法维护劳动者的合法权利,增强依法维权的意识。

教学重难点

1.重点:劳动者的权利和义务,劳动者应如何维权。

石宇鑫,抚顺市第十二中学教师,荣获抚顺市第十一届职工技能大赛教育赛区中小学教师教学竞赛"教学明星"称号。

2.难点:劳动者的权利与义务之间的关系。

教学过程

导入

(播放《小美的工作历险记》)

小美大学毕业后去一家公司面试,却发生了下面的事。

小美:你好,我是来面试的。

面试官:你这条件还可以,但是吧,我们这里不招女的。

小美:招聘启事也没说啊。

面试官:那不重要,你能保证工作后五年内不生孩子吗?

小美:……

思考:根据剧情,你认为该公司的这种做法合理吗?为什么?

议题一

劳动者享有哪些权利?

★情景展示一:小美终于找到了一份满意的工作,但是工作了几个月后,公司始终没有给她发工资,她询问其他同事,其他同事表示公司已经拖欠工资很久了。因此,小美准备去找相关部门询问此事。

知识归纳:劳动者有取得劳动报酬的权利。

★情景展示二:小美所在的公司终于把拖欠的工资发给了小美,小美十分欣喜。但过了没多久,公司又开始实行"996"工作制,小美感觉自己有点吃不消了。好朋友都劝她辞职,但一想到这是自己喜欢的工作,她开始纠结了。

探究思考:自己喜欢的工作总是"996",该不该辞职?

知识归纳:劳动者有休息休假的权利。

★情景展示三:正在小美纠结要不要辞职时,公司派小美去工厂调研,但由于缺乏必要的防护措施,晚上加班时,一根钢筋掉在小美的脚背上,把小美的脚砸伤了,小美被送往医院救治。后来,小美得知公司并没有为其办理社会保险,同时公司拒绝承担任何责任。

知识归纳:劳动者有获得劳动安全卫生保护的权利。劳动者有享受社会保险和福利的权利。

议题二

劳动者的义务有哪些?

①完成劳动任务;②提高职业技能;③执行劳动安全卫生规程;④遵守劳动纪律和职业道德。

★情景展示四:小美在家养伤期间,得知他的哥哥小张被开除了,小美感到很惊讶。后来得知,小张总是在上班期间打游戏,还擅自离岗,严重违反了劳动合同的约定。因此,小张所在的公司决定解除与他的劳动合同,而小张认为公司这样做侵犯了他的权利,他认为劳动者的权利比义务更重要。

思考辩论:劳动者的权利与义务的关系。你认为,劳动者享有权利比履行义务更重要吗? 还是劳动者履行义务比享有权利更重要?

议题三

劳动者如何维权?

(教师通过视频展示维权途径)

知识归纳:用人单位与劳动者发生劳动争议时,劳动者可以与用人单位协商,也可以请工会或者第三方共同与用人单位协商,达成和解协议;当事人不愿协商、协商不成或者达成和解协议后不履行的,可以依法申请调解、仲裁和提起诉讼。

课堂小结

劳动者的权利与义务及维权途径。

情感升华

播放视频《致敬劳动者》,通过"习语"总结,升华情感。

板书设计

心中有数上职场

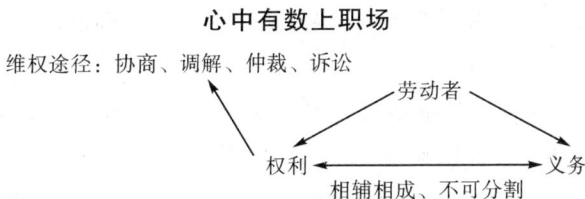

维权途径:协商、调解、仲裁、诉讼

劳动者

权利 ⟷ 义务

相辅相成、不可分割

教学反思

本节课主要围绕劳动者的权利与义务,让学生更真实地感受到劳动者的维权方式,有利于完成学科核心素养目标。本节课主要发挥了学生的主体作用,通过小组讨论、交流展示等方式,极大地调动了学生参与的积极性,通过一例到底的方式,让学生更好地理解劳动者的权利与义务,从而对本节课内容形成清晰的认识,充分体现了新课标的课程要求。

《价值的创造和实现》教学设计

教材分析

　　《价值的创造和实现》是统编版高中思想政治教材必修 4 哲学与文化第二单元第六课的第 3 课时,是历史唯物主义人生价值观的落脚点。本节课包括三部分,第一部分是弘扬劳动精神,实现人生价值,包括劳动在人生价值创造与实现过程中的作用;第二部分是在个人与社会的统一中创造和实现价值,包括人生价值创造与实现的社会条件以及个人对社会的贡献;第三部分是在砥砺自我中创造和实现价值,包括人生价值创造与实现的主观条件。本节课的内容较多但相对简单,教学过程中选取典型并贴近生活实际的时政素材,引导学生辩证分析价值观念,并探寻其产生的根源。哲学教学与文化熏陶不能分割开来,教学过程中应联系学生实际,兼顾家国情怀与理论学习,将哲学与文化相结合,以提升学科核心素养为目标,培养能担当民族复兴大任的时代新人。

学情分析

　　1.学生通过对本册教材前四课的学习,初步学会了运用辩证唯物论、唯物辩证法、辩证唯物主义认识论的观点认识问题、分析问题;再通过对第五课的学习,学生对唯物主义历史观有了初步的理解,初步树立了正确的理想信念,为本课教学目标的落实奠定了基础。

　　2.学生对社会生活中的情境材料感兴趣,将理论知识与实际情境相结合,能够激发学生学习的积极性和热情。

　　3.学生小组讨论的习惯大致已经形成,为本节课的合作探究学习奠定了基础。

教学目标

　　1.知识为基:理解如何创造和实现人的价值、劳动是人的存在方式、如何在个人和社会的统一中实现价值以及实现人的价值的主观条件。

　　2.能力为重:通过观看视频材料及小组讨论等方式培养学生获取和解读信息、论证及探究问题的能力。

张海龙,新宾满族自治县高级中学教师,荣获抚顺市第十一届职工技能大赛教育赛区中小学教师教学竞赛"教学明星"称号。

3.素养导向:

(1)引导学生认同积极投身于为人民服务的实践是实现人生价值的必由之路,也是拥有幸福人生的根本途径。(政治认同)

(2)通过学习价值和价值观的知识,学生能明确实现人的价值的正确途径,懂得劳动和奉献不仅是人的存在方式,也是人的本质和价值的实现方式。(科学精神)

(3)引导学生积极主动参与社会公益活动,为社会做出贡献。(公共参与)

4.价值引领:积极引导学生主动探寻实现人生价值的条件和途径,明确生活的意义,清晰地认识到只有对社会做出贡献的人生才是真正有价值的人生。

教学重难点

1.重点:人生价值创造与实现的条件。

2.难点:人生价值创造与实现的主观条件。

教学过程

导入

(展示戚继光、邱少云等英雄的图片)

师:中华民族每经历一次磨难都会涌现不同的英雄,他们值得我们称赞,更值得我们学习,那么我们应该从他们身上学习什么品质呢? 带着这样的疑问,我们今天一起来学习第二单元第六课的第 3 课时《价值的创造和实现》。

学习活动一

设置总议题——弘扬劳动精神,实现自身的人生价值。

学习活动二

(播放《劳动节致敬劳动者》的视频)

师:结合视频,请同学们分成两个小组,从以下两个方面中任选一个方面写一篇发言稿,谈谈你的感受,篇幅在 150～200 个字之间。

1.你怎样看待劳动?

2.你怎样看待个人与社会的关系?

(学生认真研读议题,列出自己的观点,教师从两个小组中分别选出学生代表发言)

引导要点 1:劳动是人的存在方式;劳动是创造价值的源泉;劳动促进人的自由全面发展;积极投身于为人民服务的实践,是实现人生价值的必由之路,也是拥有幸福人生的根本途径。

引导要点 2:社会提供的客观条件是人们创造和实现人生价值的前提,完全脱离社会的"个人奋斗"和"自我实现",实际上是不可能的,要在与社会的统一中创造和实现个人的价值。

学习活动三

(展示中国女排比赛的视频)

师:请同学们分成两个小组,完成教材第 80 页的"阅读与思考"。(5 分钟交流讨论)

(学生分成两个小组,认真研读议题,列出自己的观点,经过小组合作探究,每个小组选出一个中心发言人,归纳整理本组成员的观点,做好分享准备)

引导要点 1:每个人难免会遇到挫折和失败,当你遇到它的时候怎么办?

明确:应该顽强拼搏,自强不息,奋斗的人生才是幸福的人生。

引导要点 2:你能否克服困难?能克服多大的困难和什么有关呢?

明确:全面提高个人素质,能力卓越的人,更有可能创造卓越的人生。

引导要点 3:你很努力,能力也很出众,就一定能更好地实现你的人生价值吗?(辅助材料:时政要闻《土坑酸菜》、《觉醒年代》节选)

明确:创造和实现人生价值,需要有坚定的理想信念,需要正确价值观的指引;人无德不立,品德是为人之本,创造和实现人生价值,需要锤炼品德修为,不断打牢道德根基。

学习活动四

播放朗诵《星辰大海》的视频,请全体学生一起朗诵。

板书设计

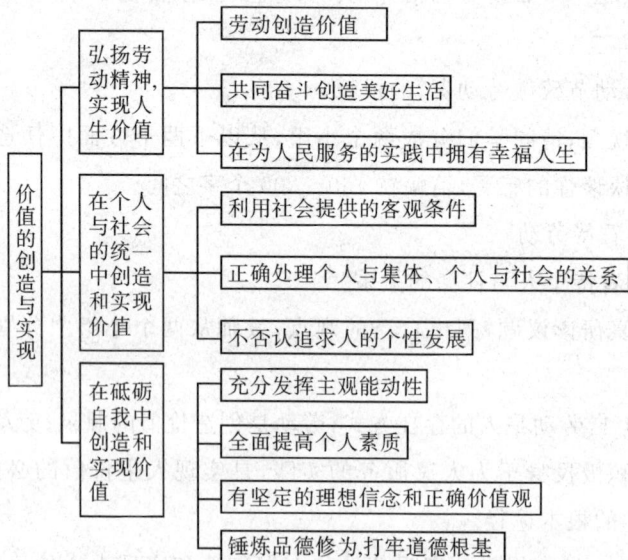

教学反思

　　新的课程标准,立足于学生现实的生活经验,着眼于学生的发展需求,把理论观点的阐述寓于社会生活的主题之中,实现学科知识与生活现象、理论逻辑与生活逻辑的有机结合。本节课的教学设计充分贯彻了这一教学理念,没有拘泥于教材的理论,而是通过为学生创设丰富的教学情境,充分重视学生的主体地位,把自主学习与合作探究结合起来,真正做到动耳听、动眼看、动手写、动脑思、动口议、动嘴说。在分析个别材料的过程中,理解和掌握了普遍性的知识,提高学生分析问题、解决问题的能力。

《发散思维与聚合思维的方法》教学设计

教材分析

本课是统编版高中思想政治教材选择性必修 3 逻辑与思维第四单元第十二课第 1 课时的内容。逻辑与思维是一门培养学生创新思维和创新能力的基础性学科。本节课从发散思维训练的角度来培养学生的创新思维,使学生养成良好的思维习惯。《发散思维的方法》主要阐述发散思维的基本含义、特点和具体方法,《聚合思维的方法与功能》主要阐述聚合思维的含义、特点、方法和功能。

学情分析

高中学生对科学思维理论掌握得很少,对事物缺乏一个全面理性的判断和认识,但学生思维活跃,好奇心强,抽象思维能力正在发展,具备一定的分析和归纳能力,需要教师联系生活、营造气氛,从而激发他们的兴趣。

教学目标

1.知识为基:使学生了解发散思维的含义、特点、技法,掌握聚合思维的主要方法和功能,理解二者的关系。

2.能力为重:改变学生的固有思维,培养学生良好的发散思维习惯,观察生活、发现问题,提高运用发散思维和聚合思维技巧的能力,学会思维的训练方法。

3.素养导向:激发学生对发散思维和聚合思维的兴趣,创造思维活力,提高思维的广阔性,促进学生积极思考。

4.价值引领:培养学生的科学精神,养成使用发散思维和聚合思维的习惯,克服思维的单向性,提高思维品质,培养学生乐于探究的精神。

教学重难点

1.重点:发散思维的技法、聚合思维的方法和功能。

2.难点:发散思维与聚合思维的关系。

教学过程

导入

(展示漫画《我是碳达峰》)

师:随着全球二氧化碳排放量的增加,温室效应加剧,对全球气候变化造成

李秀楠,清原满族自治县高级中学教师,荣获抚顺市第十一届职工技能大赛教育赛区中小学教师教学竞赛"教学明星"称号。

了严重的影响。在此背景下,我国提出力争 2030 年实现碳达峰、2060 年实现碳中和的目标。那么,关于碳达峰、碳中和,你还有哪些疑问呢? 快来一起长知识吧!

提出问题:如何才能实现碳达峰?

学生回答问题,进入教学情境,打开思维。

活动启示:明确发散思维和聚合思维是创新思维的两翼。

设计意图:引导学生从国家角度关注自主创新。

情境一

阅读新编龟兔赛跑故事,思考兔子为什么落后了。

学生进行发散性思考,多角度回答兔子落后的原因。

活动启示:明确发散思维是根据已知的事物信息,从不同角度、不同方向进行思考,以寻求解决问题的多样性答案的思维方式,具有扩散、辐射的特征。

设计意图:一是使学生保持一个轻松的学习状态,有利于打开发散思维。二是打破生硬的概念植入,借助上述情景,引出发散思维的含义。

情境二

师:播放视频《闹钟》,观看"闹钟的决斗",并讨论以下两个议题。

★议题一:闹钟的"变身"。运用发散思维的技法设计一款能把人叫醒的闹钟。

学生在课前预习的基础上开展小组合作探究,充分发挥想象力,多角度、多方向设计闹钟,在讨论中完成自我和相互启发,集中展示头脑风暴结果。

启示:明确发散思维的技法有检核表法、信息交合法、头脑风暴法等。明确检核表法有九大方面,分别是他用、借用、改变、扩大、缩小、代替、调整、颠倒和组合。明确头脑风暴法的原则是"延迟评判""以量求质"。

设计意图:在学生已有的阅读和分析文字的基础上,省略对发散思维技法的复述,通过设计闹钟的活动,打破学生思维禁锢,充分调动学生们奇思妙想的能力和学习兴趣,引导学生在设计过程中应用技法,促进对发散思维技法的理解,提高运用发散思维技法的能力,培养学生科学精神和创新思维。

★议题二:闹钟的投产。

教师活动:挑选上一环节中学生设计的三款闹钟,分组探究哪一款更适合生产。

学生小组合作分析三款闹钟的优缺点,探究其可行性,然后推选出一款可以投产的闹钟,并说出理由。鼓励学生积极发言、参与辩论,展示思维结果。

启示:通过围绕一个目标思考,明确聚合思维是利用已有的知识和经验,把众多信息逐步引导到条理化的逻辑思路中,以便得出合乎逻辑的、解决问题的方案的思维方式,具有收敛、集中的特征。在思考过程中,应用聚合思维的比较、分析、抽象、归纳、演绎、综合等逻辑思维方法。根据思考的结果,理解聚合思维能够让人们的注意力直接对准所思考的目标,把有关信息集中起来,寻求解决问题的最优方案。总结整个设计与投产过程,明确发散思维与聚合思维是认识对象个性与共性的关系在思维活动中的体现。

【设计意图】在三款设计中选一款,使学生经历一个比较、分析、归纳的过程,在不知不觉中实施了聚合思维方法,引出聚合思维的基础知识。通过模拟闹钟的设计和投产活动,帮助学生理解接下来要学习的"发散思维和聚合思维的关系"。

课堂小结

事物既相互区别又相互联系,这是发散思维与聚合思维的客观基础。解决复杂问题时,往往需要人们的思维结合实际情况,反复地进行发散—聚合—发散—聚合。从一定意义上说,发散思维与聚合思维是创新思维的两翼,只有在两翼相互作用所形成的合力下,事情才能办好、科学才能进步、真理才能发展。

板书设计

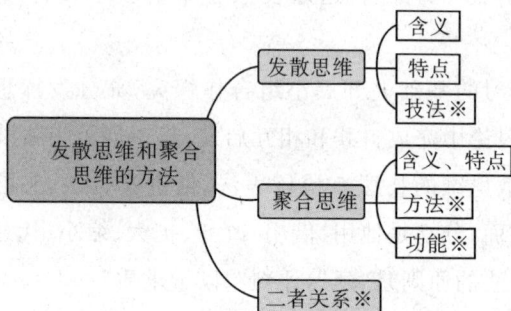

教学反思

本节课从学生的生活入手,学生感兴趣,课堂氛围轻松有活力,通过两个议题和一个实战训练的设置,完成了三个知识模块,整个教学设计逻辑清晰、结构合理。本节课中,问题的设计比较开放,并且答案不唯一,每一个学生都能说出部分答案,大大提升了学生在课堂上的发挥空间。本节课在执行的过程中也存在着不足,课前的预设和课上的生成往往不会完全一样,这时候需要教师具有灵活应变的能力,将课堂上的一些意外变成惊喜。

《生活中的圆周运动》教学设计

教材分析

　　《生活中的圆周运动》是人教版高中物理教材必修第二册第六章的第 4 节的内容,也是该章的最后一节。《普通高中物理课程标准》中要求学生能用牛顿第二定律分析匀速圆周运动的向心力。本节内容是圆周运动有关知识的生活实例应用,是牛顿第二定律的重要应用之一,有助于学生了解物理学的特点和研究方法,体会物理学在生活中的应用以及对社会发展的影响,同时也为后面的学习打下基础。

学情分析

　　在学习本节课之前,学生已经学习并掌握了圆周运动的相关知识,了解了向心力和向心加速度,但是学生在实际问题中对向心力的来源理解得还不透彻,对生活中的圆周运动缺乏观察和思考,针对理论联系实际的情况,不能准确地抽象出理想模型。从受力情况和运动情况分析向心力的来源,可以深化学生对圆周运动的认识。

教学目标

核心素养

　　1.物理观念:树立相互作用的观念,引导学生进一步加深对向心力的认识,使其会在实际问题中分析向心力的来源。

　　2.科学思维:通过"匀速圆周运动的规律可在变速圆周运动中使用",渗透特殊性和一般性之间的辩证关系,提高学生的分析能力。

　　3.科学探究:通过对匀速圆周运动的实例进行分析,渗透理论联系实际的观点,提高学生分析和解决问题的能力。

　　4.科学态度与责任:通过向心力在具体问题中的应用,培养学生将物理知识应用于生活和生产实践的意识。

德育目标

　　通过观察、实验及探究、交流与讨论等学习活动,培养学生尊重客观事实、实事求是的科学态度。

姚友坤,抚顺市第二中学教师,荣获抚顺市第十一届职工技能大赛教育赛区中小学教师教学竞赛"教学状元"称号。

教学重难点

1.重点:理解向心力是一种效果力,能够在具体问题中找出向心力的来源,并结合牛顿运动定律求解有关问题。

2.难点:具体问题中向心力的来源分析。

教学过程

导入

(播放与超速列车脱轨有关的视频)提出问题:列车在什么地方发生脱轨?事故的主要原因是什么?

任务一: 火车过弯道

问题1:如图所示,火车的轮子为什么有突出的轮缘?有什么作用?

问题2:若火车轨道的内外轨一样高,则火车转弯时受几个力的作用?哪些力提供了向心力?

问题3:靠这种方法得到向心力的缺点是什么?

问题4:如果你是设计师,请你设计一个方案,让火车既能安全通过弯道,又能减少轨道对轮缘的挤压。

★类比

如图所示,"旋转秋千"可简化为圆锥摆模型,即小球在水平面内做圆周运动,对你有何启示?

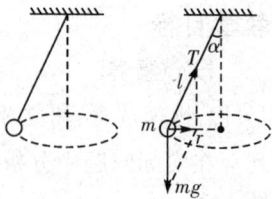

问题5:火车转弯时,圆周运动的平面在哪里?圆心在哪里?若轮缘与铁轨没有相互挤压,不计车轮与轨道间的摩擦力,火车受到几个力?向心力的来源是什么? 请画出受力示意图。

如图所示,外轨适当高于内轨(倾斜轨道)。

问题6:若某铁路转弯处的外轨高于内轨,高度差为 h,两条轨道间的距离为 L(且 $L \gg h$),转弯半径为 r,则轨道对轮缘无挤压时,火车的限定速度 v_0 为多大?

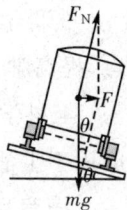

问题7:若火车的速度小于或大于限定速度 v_0,会出现什么情况?请画出受力图。(小组讨论)

当速度大于限定速度 v_0 时,外轨对车轮有侧压力,以弥补向心力不足的部分。

当速度小于限定速度 v_0 时,内轨对车轮有侧压力,以抵消向心力过大的部分。

问题 8:为什么列车在弯道处超速容易脱轨呢?

问题 9:如果你是设计师,在不改变轨道的情况下,你将采取什么措施使火车提速?

摆式列车是一种车体在转弯时可以侧向摆动的列车,摆式列车能够在轨道的普通转弯处高速驶过而无须减速。

任务二: 汽车过拱形桥

★比较学习

桥的半径 r	过凸形桥	过凹形桥
受力分析		
向心力的来源		
对桥面的压力 F_N		
汽车的状态(超重或失重)		

问题 1:生活中常见的是哪种桥?为什么?

问题 2:若汽车在最高点或最低点时的速度不断增大,将会发生什么现象?

问题 3:若汽车不在拱形桥的最高点或最低点,该如何来研究这一问题?

问题 4:把地球看成一个巨大的拱桥,会不会出现"汽车速度大到一定程度时,地面对车的支持力是零"的情况?

问题 5:过山车为什么能过最高点而不掉落下来呢?

任务三: 航天器中的失重现象

问题 1:航天器在近地轨道运动时,向心力的来源是什么?

问题 2:航天器在近地轨道运动时,座椅对航天员的支持力是多大?航天器内的任意两个物体之间的压力是多大?

任务四: 离心运动

请学生自主学习,阅读教材并结合生活实际,举出物体做离心运动的例子。提出问题:这些离心运动是有益的还是有害的?你能说出这些离心运动是怎样发生的吗?物体做离心运动的原因是什么?

课堂小结

本节课你的收获是什么?

板书设计

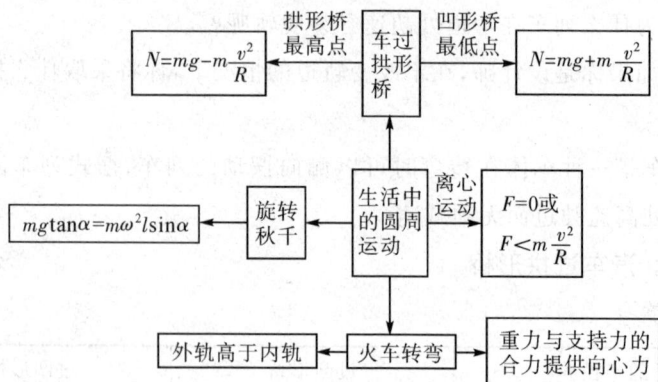

拱形桥最高点 → 车过拱形桥 ← 凹形桥最低点

$N=mg-m\dfrac{v^2}{R}$　　$N=mg+m\dfrac{v^2}{R}$

$mg\tan\alpha=m\omega^2 l\sin\alpha$ ← 旋转秋千 ← 生活中的圆周运动 → 离心运动 → $F=0$或$F<m\dfrac{v^2}{R}$

外轨高于内轨 ← 火车转弯 → 重力与支持力的合力提供向心力

教学反思

本节课我认真研读了教材,查阅了大量资料,搜索了一些与教学有关的资源,包括视频、图片等,有效利用多媒体课件向学生展示,便于学生直观了解。在处理难以理解的火车转弯时的向心力分析问题上,分层次逐步渗透设计思想,更符合学生掌握知识的客观规律;在处理竖直面上的圆周运动时分类讨论,层层递进;整个教学过程中不仅注重物理观念、科学思维的培养,也注重学生情感、科学态度与责任的形成。做到因材施教,真正地实现以学生为中心的教学,为学生的长远发展负责,使物理教学更好地为生活、生产服务。

《万有引力定律》教学设计

教材分析

  《万有引力定律》是人教版高中物理教材必修第二册第七章的第 2 节,是本章的重点知识。本节课是对前两节教学内容的进一步延伸,也是学习下一节内容的基础;万有引力定律的内容固然重要,但让学生了解发现万有引力定律的过程、了解牛顿时代的科学智慧更为重要。本节课的教学方式以学生探究和展示为主,讲授过程中以物理学史为主线,让学生以科学家的角度去分析、思考问题。力争抓住这节课的有利时机,渗透"没有绝对特殊的物体"这一引起物理学多次革命性突破的辩证唯物主义观点。

学情分析

  学生有了牛顿定律和圆周运动的知识基础,具备探究太阳与行星间引力的问题的知识和能力。本节课的重点是根据开普勒行星运动定律和牛顿运动定律推导出太阳与行星间的引力公式,学生可能存在的疑问有:为什么引力公式中不该出现周期?太阳对行星的引力与行星的质量成正比,反过来行星对太阳的引力为什么与太阳的质量成正比?将太阳对行星的引力比例式和行星对太阳的引力比例式合成一个式子时,为什么是两个质量相乘,而不是两个质量相加?在教学的过程中,不断引发认知冲突,引导学生深入学习。

教学目标

核心素养

  1.物理观念:树立相互作用的观念,了解万有引力定律得出的思路和过程,知道重物下落和天体运动的统一性。理解万有引力是基本的相互作用。

  2.科学思维:在万有引力定律建立过程的学习中,学习发现问题、提出问题、猜想假设与推理论证等方法。

  3.科学探究:由开普勒行星运动定律和牛顿第三定律推导出太阳与行星间的引力表达式。

  4.科学态度与责任:感受太阳与行星间的引力关系,从而体会大自然的奥秘,提高学生的科学价值观。

姚友坤,抚顺市第二中学教师,荣获抚顺市第十一届职工技能大赛教育赛区中小学教师教学竞赛"教学状元"称号。

德育目标

从开普勒行星运动定律到牛顿的引力公式,形式越来越简洁,但内容越来越深刻,体会科学的本质是简单的、和谐的、美丽的,感受自然规律的同一与和谐。通过从行星运动规律到太阳与行星间的引力规律的探索,形成求真务实的科学态度。

教学重难点

1.重点:万有引力定律的内容及表达式,会解答简单的引力计算问题。

2.难点:发现万有引力定律的思路和推导过程。

教学过程

导入

复习开普勒行星运动定律的内容。提出问题:开普勒行星运动定律解决的是行星什么运动的问题? 是什么原因使行星围绕太阳运动?

几百年前,处在引力思想萌芽期的物理学家们是怎样回答这个问题的?

阅读教材第 49 页,回答下列问题。

问题1:阻碍科学家获得正确认识的原因主要是什么?

问题2:牛顿是怎么认识的? 他获得成功的原因是什么?

任务一: 探究行星与太阳间的引力

做椭圆运动的行星速度方向在改变,所以运动状态改变,则必有加速度,由牛顿第二定律可知,行星必然受到一个外力,这个外力就是太阳对行星的引力。

思路:运动→牛顿第二定律→力

问题1:决定太阳对行星的引力大小的因素有哪些?（分组讨论）

行星	水星	金星	地球	火星	木星
轨道半长轴/($\times 10^6$ km)	57.9	108.2	149.6	227.9	778.3
轨道半短轴/($\times 10^6$ km)	56.7	108.1	149.5	226.9	777.4

在行星绕太阳运动的静态模型中,设太阳的质量为 M,行星的质量为 m,轨道半径为 r,线速度为 v。

问题2:向心力的方向如何? 表达式是什么?

问题3:通过天文观测的方式,很难直接得到行星的速度 v,怎么办?

问题4:太阳对行星的引力与轨道半径 r 成正比吗? 相距越远的物体受到的引力可能越大吗? 胡克认为,引力与距离的平方成反比,问题出在哪儿?

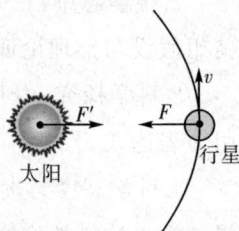

260

问题5：太阳对行星的引力 $F \propto \dfrac{m}{r^2}$，牛顿第三定律是否能帮助我们得到行星对太阳的引力 $F' \propto \dfrac{M}{r^2}$？

问题6：联想到行星对太阳的引力 $F' \propto \dfrac{M}{r^2}$ 的原因是什么？这是推理还是创新？

问题7：根据 $F \propto \dfrac{m}{r^2}$、$F' \propto \dfrac{M}{r^2}$ 和 $F = F'$，你能归纳出什么结论？

物理学上的很多重大突破，不是简单的逻辑推理或实验结果的总结，而是需要深刻的洞察力和大胆的假设——太阳对行星的作用与行星对太阳的作用"地位"是平等的，规律应具有相似性。

任务二：月—地检验

如何证明地球对苹果、地球对月球的引力同样遵循"平方反比"的规律呢？

★理论分析

问题1：假设地球对月球的作用力与太阳对行星的作用力是同一种力，则它的表达式是什么？

问题2：月球在这个力的作用下做什么运动？向心加速度的表达式是什么？

问题3：假设地球对苹果的力也是这种力，则地球对苹果的力的表达式是什么？

问题4：苹果在这个力的作用下做什么运动？向心加速度的表达式是什么？

问题5：这两个加速度之比是多少？

问题6：已知月球与地球之间的距离 $r = 3.8 \times 10^8$ m，月球的公转周期为27.3天，约 2.36×10^6 s，重力加速度 g 取 9.8 m/s²，则月球运动的向心加速度 $a_月$ 与 g 的比值是多少？与理论推导值相等吗？

逻辑推理，检验"平方反比"的规律的正确性。把天上和天地间的规律完美地统一起来，可以使我们的思想更加解放：任何两个物体之间都有这样的力。

任务三：万有引力定律和引力常量

自然界中任何两个物体都相互吸引，引力的方向在它们的连线上，引力的大小与物体的质量 m_1 和 m_2 的乘积成正比、与它们之间距离 r 的二次方成反比，即

$$F = G \frac{m_1 m_2}{r^2}。$$

式中质量的单位用千克（kg），距离的单位用米（m），力的单位用牛（N）。G 是比例系数，叫引力常量，适用于任何两个物体。

通过拓展学习,体会扭秤装置把微小力转变成力矩来反映(一次放大),扭转角度又通过光标的移动来反映(二次放大),从而验证了万有引力规律的正确性,并确定了引力常量。

$G=6.672\ 59\times10^{-11}\ \text{N}\cdot\text{m}^2/\text{kg}^2$,通常取 $G=6.67\times10^{-11}\ \text{N}\cdot\text{m}^2/\text{kg}^2$。

引力常量是自然界中少数几个最重要的物理常量之一。

问题:地面上两物体间的引力真的很小吗?请估算你与同桌间的引力大小。

$F\approx10^{-7}\ \text{N}$,仅是一颗芝麻的重力的几千分之一!引力太小,无法察觉!

课堂小结

本节课你的收获是什么?

板书设计

知识上:(逻辑推理的力量)

$$\text{椭圆}\rightarrow\text{圆}\rightarrow F=\frac{mv^2}{r},\ v=\frac{2\pi r}{T}\rightarrow F=\frac{4\pi^2 mr}{T^2},\ T^2=\frac{r^3}{k}\rightarrow F=4\pi^2 k\frac{m}{r^2}\rightarrow$$

$$F\propto\frac{m}{r^2}\rightarrow F'\propto\frac{M}{r^2}\rightarrow F\propto\frac{Mm}{r^2}\rightarrow F=G\frac{Mm}{r^2}$$

方法上:(科学探究的方法)

$$\text{提出问题}\rightarrow\text{猜想假设}\rightarrow\text{简化模型}\rightarrow\text{演绎推理}\rightarrow\text{得出结论}\rightarrow\text{检验评估}$$

教学反思

对问题的处理方法,可采用独立思考并回答的方式,让学生先独立思考,再小组讨论后作答;也可先让学生独立思考后回答,其他同学补充,在必要的时候教师点拨引导;还可以教师先给出思考的大致方向,然后小组讨论并交流。教学过程中的关键是对万有引力定律的推导过程进行深入体会,培养学生的科学品质。物理学史的讲述不仅要达到了解历史的目的,还要结合引力常量测定中的思想方法,使学生体会科学研究的长期性、连续性、艰巨性,升华学生的思想,提升学生的素质。

《速度变化快慢的描述——加速度》教学设计

教材分析

　　《速度变化快慢的描述——加速度》是人教版高中物理教材必修第一册第一章第4节的内容,是学生在学习了位移、时间与时刻、参考系、速度等知识之后继续学习的描述物体运动的物理量,为今后学习匀变速直线运动及牛顿定律打下基础,起到承上启下的作用。教材在安排上从速度变化的快慢比较出发,从加速度的大小和方向的角度分析,用图像介绍加速度,让学生在熟悉的模式中学习加速度,可达到很好的效果。

学情分析

　　高一学生已经学习了速度,知道了比值定义法这一思想,在生活中虽然没有接触到加速度这一概念,但是接触过不少与加速度相关的物理现象,这些都为学习本节课打下了坚实的基础。高一学生刚接触一些物理思想,对新的概念的理解不完善、对物理方法的运用不成熟,这需要教师进行巧妙的引导,同时培养他们探索物理的兴趣,为今后的学习做铺垫。

教学目标

核心素养

　　1.物理观念:树立从物理学角度认识物体运动的观念,建立用加速度来描述物体速度变化快慢的概念。

　　2.科学思维:通过学习加速度概念的建立过程和加速度定义式的得出过程,渗透研究问题时使用比值定义的科学思维方法;通过 $v-t$ 图像计算加速度的大小,渗透用数学知识解决物理问题的思维方式,提高学生分析问题、解决问题的能力。

　　3.科学责任与态度:通过对生活中"加速度"的分析理解,培养学生将物理学习过程中的分析问题、解决问题的方法应用于生活实践中的意识。

德育目标

　　利用动画激发学生的求知欲,激励其探索精神,领会人类在探索自然规律中严谨的科学态度,理解加速度概念的建立对人类认识世界的意义;培养学生辨别

赵欣,抚顺市第六中学教师,荣获抚顺市第十一届职工技能大赛教育赛区中小学教师教学竞赛"教学明星"称号。

事物的能力及抽象思维的能力;培养学生合作交流的思想:能主动与他人合作,勇于发表自己的主张,勇于放弃自己的错误观点。

教学重难点

1.重点:加速度概念的建立及物理意义。

2.难点:对加速度的深度理解,尤其是对方向的理解。

教学过程

导入

(展示情境并提出问题)

播放火车启动和小轿车启动过程的视频,展示火车启动和小轿车启动时的具体数据,对照分析火车和小轿车的运动情况。

问题1:火车和小轿车启动时都做什么运动?

问题2:它们的运动情况有什么不同之处?

问题3:你觉得用"速度大"或"速度变化大"能描述这种不同吗? 如果不能,该怎样描述呢?

师:用"速度大"或"速度变化大"已不能描述火车和小轿车运动情况的不同,需要引入一个新的物理量来描述速度变化的快慢,今天我们就来学习速度变化快慢的描述——加速度。

探究一:加速度的定义

(用图表展示甲、乙、丙、丁的运动状态)

问题1:如何比较甲、乙、丙、丁速度变化的快慢?

引导学生用类比"速度"的定义方法定义"速度变化的快慢",即用速度的变化量除以时间。

师:用物理量之比来定义新的物理量是物理学中的常用方法——比值定义法。

[引导学生得出:(1)加速度的物理意义;(2)加速度的定义式;(3)加速度的单位]

问题2:根据加速度的定义式,计算出甲、乙、丙、丁的加速度分别是多少?若火车进站时的速度在20 s内由13 m/s减为0,则根据定义式可求出火车的加速度是多大?

问题3:根据计算数据分析,加速度的大小和速度以及速度的变化之间有没有必然的联系?

探究二:对加速度矢量性的理解

教师设置问题,引导学生用示意图的方法对加速度进行分析:

(1)向右做加速运动的物体的初速度、末速度、加速度怎样表示?

(2)向右做减速运动的物体的初速度、末速度、加速度怎样表示?

(3)先向右减速再向左加速运动的物体的初速度、末速度、加速度怎样表示?

思考:加速度的方向的物理意义是什么?

探究三:通过 $v-t$ 图像判断加速度

$v-t$ 图像可以反映物体的运动速度随时间的变化,根据两个物体的 $v-t$ 图像,引导学生求出其加速度,并总结出方法。

拓展提高:

(1)请学生思考在生活用语中,是否有与加速度对应的词语,并举出实例。

(教师对学生举出的实例进行点评,使学生理解速度变化快慢指的是加速度。播放国产汽车性能排行榜视频,激发他们的爱国情怀)

(2)引导学生阅读教材第 29 页的表格及"科学漫步"板块的内容,体会生活中一些运动现象的加速度。

课堂小结

请学生谈谈本节课的学习收获,教师在学生总结的基础上进行点评,并从科学素养方面进行总结:

(1)通过学习加速度这个物理概念,同学们应该学会从物理学的角度观察身边的运动现象。

(2)学会在物理学中应用比值定义法和极限法。

(3)加速度就在我们身边,我们要培养自己探索自然界的精神和兴趣,用学习的物理知识去解决生活中的问题。

板书设计

1.4 速度变化快慢的描述——加速度

1.定义:单位时间内速度的变化量(或变化率)

2.定义式: $a=\dfrac{\Delta v}{\Delta t}$ 单位: m/s^2

3.矢量性:加速度的方向与速度变化的方向相同

4.物理意义:(1)大小:描述物体速度变化的快慢

(2)方向:描述物体的运动是加速还是减速

5. $v-t$ 图像:图像的斜率代表加速度

教学反思

  本节课是一节概念教学课,在教学过程中主要采用思维探究的方法,"低台阶"引出加速度的概念,然后步步深入,充分调动学生的思维,通过与前面速度的学习进行类比加强方法的渗透,提高学生研究问题时应用科学物理思维方法的意识。通过合理地设置问题帮助学生深入理解加速度的概念、加速度的方向的物理意义,取得了较好的教学效果。由于数学知识的储备不足,学生对"$v-t$ 图像的斜率代表加速度,尤其是斜率的正、负代表加速度的方向"的理解并不是特别透彻,课堂上我主要采取图像结合定义式的方法帮助学生理解加速度的正、负问题。数形结合方法在物理学中的应用对于学生来说是较难的,不能急于求成,应在教学过程中进行不断的渗透,在不断的练习中形成物理思维。

《运动的合成与分解》教学设计

学情分析

在物理的知识结构上,学生已经学习了物体做匀速直线运动和匀变速直线运动时的规律,以及力的合成与分解的平行四边形定则;在数学方面,学生也已经学习了直角坐标系等基础知识,具备解决物体在平面内运动问题的知识基础;在能力结构上,对"渡河"等问题也有一定的感性体验和理性认识。以上的知识储备是学生学习本节课的基础。学生对"将一个物体实际的复杂运动看作两个简单运动"的理解还很抽象,对物体运动的位移、速度的矢量性、利用平行四边形定则进行合成与分解没有感性认识,不能很好地区分实际中物体的合运动和分运动,同时对"物体在两个方向的运动是相互独立的"还存在疑问,这就要求教学中提供来源于生活的大量事例和能够进行探究的实验素材,帮助学生提升感性认识,内化解决问题的方法,提高学生解决问题的能力。

教学目标

核心素养

1.物理观念:体会运动的合成和分解是研究复杂运动的一种基本方法的物理观念。

2.科学思维:培养学生应用数学知识解决物理问题的科学思维方法,培养学生的创造性思维以及初步的观察、分析和概括能力。

3.科学探究:通过对一个平面运动的实例——蜡块的运动的探究,让学生掌握运用平行四边形定则解决有关位移、速度合成和分解的问题的方法。

4.科学态度与责任:培养学生对国家的热爱、对中国人民解放军的热爱和对生活的热爱之情。通过学生间对蜡块运动的讨论,培养他们的团结协作精神以及谦虚好学、实事求是的态度。

德育目标

1.培养学生科学、技术、工程、艺术、数学素养。

2.培养学生的创新意识和逻辑思维能力。

3.培养学生的团结、无私、奉献的精神。

曲柏霖,抚顺德才高级中学教师,荣获抚顺市第十一届职工技能大赛教育赛区中小学教师教学竞赛"优秀选手"称号。

4.弘扬爱国主义情怀,培养学生爱国主义精神。

教学重难点

1.重点:对物体的运动能正确地进行合成和分解。

2.难点:具体问题中的合运动和分运动的判定。

教学过程

导入

【播放视频】

播放我国新型轰炸机轰-6K进行军事演习的视频。

【提出问题】

轰炸机在执行任务时,是在目标的正上方投弹吗?

【投弹游戏】

学生站在滑行的滑板上,同时向放置在桌上的小桶投掷粉笔。

请参与游戏的学生分享成功的经验,请其他学生描述粉笔的运动路径。

师:让我们一起进入今天这节课的学习,了解这个游戏中蕴含的物理知识。

【创设情境】

师:2020年夏天,我国南方遭受了严重的洪涝灾害,大批解放军战士投入抢险救灾的队伍中。解放军战士在一次解救被困人员的过程中遇到了这样的问题:被困人员和解放军战士之间相隔着湍急的河水,解放军战士要乘坐皮划艇到达河对岸,皮划艇应该在什么位置入水呢?是正对着被困人员吗?

【学生猜想】

请部分学生说出自己猜想,并请解释猜想的依据。

(预测学生的猜想:由于水流具有水平方向的速度,皮划艇应在被困人员的上游入水)

【实验验证】

在黑板上画出河流、被困人员和橡皮艇的位置。

(为学生准备较小的玻璃管,画出被困人员、河流、橡皮艇的白纸)

用玻璃管中匀速上升的蜡块模拟匀速渡河的皮划艇,使玻璃管沿水平方向匀速移动。引导学生通过实验确定皮划艇在被困人员正对面下水时,皮划艇(蜡块)的运动轨迹。

【学生汇报结论】

请部分学生利用玻璃管进行展示汇报,并在黑板上绘制蜡块的运动轨迹。

【提出问题】

师:蜡块向右上方的这个运动是什么样子的运动呢?如果想要定量地研究蜡块的运动,准确地表示蜡块的任意位置以及任意位置的速度时,应该怎么办?

生:……

【建立坐标系】

如果一个物体实际发生的运动产生的效果跟另外两个运动共同产生的效果相同,我们就把这一物体实际发生的运动叫作这两个运动的合运动,这两个运动叫作这一实际运动的分运动。

在研究蜡块的运动时,我们以蜡块开始做匀速运动的位置为原点,以水平向右的方向和竖直向上的方向分别为 x 轴和 y 轴的正方向,建立平面直角坐标系。

要确定蜡块运动的轨迹,首先要确定任意时刻蜡块的位置。我们应先写出蜡块的坐标随时间变化的关系式,若以 v_x 表示玻璃管向右移动的速度,以 v_y 表示蜡块沿玻璃管上升的速度,则水平分速度为 v_x,水平分位移 $x = v_x t$;竖直分速度为 v_y,竖直分位移 $y = v_y t$。

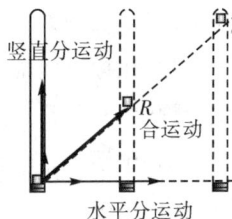

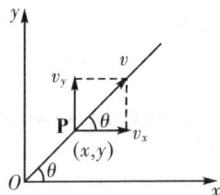

【位移分析】

根据数学知识可知,$y = \dfrac{v_y}{v_x} x$。由于 v_x 和 v_y 都是常量,故 $\dfrac{v_y}{v_x}$ 也是常量,可见 $y = \dfrac{v_y}{v_x} x$ 代表的是一条过原点的直线,也就是说,蜡块的运动轨迹是直线。

蜡块合运动的位移 s 与水平方向的分位移 x、竖直方向的分位移 y 的关系是 $s = \sqrt{x^2 + y^2}$。

【速度分析】

蜡块的速度 v 与 v_x、v_y 的关系已经在图中形象地标出,根据勾股定理可以写出它们之间的关系为 $v = \sqrt{v_x^2 + v_y^2}$。根据三角函数的知识,可以确定速度 v 的方向,即用速度矢量 v 与 x 轴正方向的夹角 θ 来表示,它的正切为 $\tan\theta = \dfrac{v_y}{v_x}$。

【实验总结】

1.物体的合运动的轨迹、位移、速度均可通过研究分运动得出。

2.物体的合运动与分运动是同时进行的。

3.两个分运动之间相互独立,互不干扰。

4.合运动的位移、速度与分运动的位移、速度之间满足矢量运算法则。

5.已知分运动求合运动的过程,叫作运动的合成;已知合运动求分运动的过程,叫作运动的分解。

【知识应用】

分析橡皮艇的运动。

【提出问题】

师:让橡皮艇能够准确到达被困群众处,你有什么好的方法?

【联系实际】

师:生活中,还有什么运动可以用运动的合成与分解的思想解释呢?

生:……

【播放视频】

展示斜向下的雨和运动会时向天空中放飞的气球,引导学生对其运动进行分析。

师:运动的合成与分解的思想和方法对分运动是变速运动的情况也是适用的。课前被投掷的粉笔的运动可以分解成怎样的运动?

生:……

课堂小结

师:通过本节课的学习,你有哪些收获呢?

教学反思

本节课用简单有趣的游戏与学生进行简单的互动,提高学生的学习积极性,活跃课堂氛围。实验的加入使学生能够更好地理解知识,同时培养学生的创新思维和逻辑思维。学生参与活动的热情很高,将知识、生活紧密地联系到一起,有利于激发学生用知识造福社会的美好愿望。大量生活实例的应用使学生对物理知识的感知更为强烈,体现了学生的主体地位,激发了学生热爱生活的积极人生态度。中国人民解放军进行抗洪救灾、我国轰炸机的简单介绍内容,弘扬了爱国主义精神、无私奉献精神,可帮助学生树立正确的人生观、价值观。

《铁盐和亚铁盐》教学设计

教材分析

　　本节课是人教版高中化学教材必修第一册第三章第一节中的内容。本节内容位于离子反应、氧化还原反应之后，通过探究铁盐和亚铁盐的性质及转化，可以达到巩固离子反应知识、加深对氧化还原反应的理解的目的。为了充分体现这部分内容对发展学生学科核心素养的意义，教材设计增加多个栏目，如"思考与讨论""方法导引""探究""研究与实践"等，引导学生认识元素及其化合物性质，发挥实验探究对铁盐、亚铁盐的性质及其转化学习的实证功能。

学情分析

　　高一的学生通过初中实验的学习能简单地分析实验现象，设计简单的实验来探究或者证明物质的性质。通过对离子反应和氧化还原反应的基本概念的学习，学生有能力书写出与铁的化合物相关的化学方程式或离子方程式。在学完金属钠及其化合物、物质的量的相关知识后再学习铁及其化合物，学生就知道了学习物质的性质的常用方法，有一定的理解和分析问题的能力，可以进行有关物质的量的简单计算，但综合运用能力、复杂性质的探究能力仍需进一步培养和提高。

教学目标

　　1.宏观辨识与微观探析：通过 Fe^{2+}、Fe^{3+} 的化学性质及 Fe^{3+} 的检验培养学生通过宏观现象探析微观本质的学科素养。

　　2.变化观念与平衡思想：通过 Fe^{3+} 的检验可以看到其遇硫氰化钾溶液变红，继续滴加硫氰化钾溶液红色加深的现象让学生体会变化观念与平衡思想。

　　3.证据推理与模型认知：让学生在探究 Fe、Fe^{2+}、Fe^{3+} 之间的转化关系中建模，在检验 Fe^{3+} 的过程中不断培养证据意识，能基于证据对物质的组成进行分析。

　　4.实验探究与创新意识：在 Fe^{2+}、Fe^{3+} 之间转化的演示实验与虚拟实验中不断体会探究的乐趣，并能结合离子反应、氧化还原反应等知识进行假设及验证，体会化学实验探究之美，并能认识到人类的进步在于创新。

初斯诗，新宾满族自治县高级中学教师，荣获抚顺市第十一届职工技能大赛教育赛区中小学教师教学竞赛"教学状元"称号。

5.科学精神与社会责任:通过 Fe^{2+}、Fe^{3+} 之间转化的探究培养学生严谨求实的科学态度,运用所学知识更好地为社会服务,激发学生强烈的社会责任感,体会化学对人类社会的重要意义。

6.德育目标:通过学习有关铁的存在和发展史等内容,感悟中华文明在世界历史中的地位,培养家国情怀,增强文化自信,从而达到继承和弘扬中华优秀传统文化的德育目标。

教学重难点

1.重点:铁盐与亚铁盐的转化,Fe^{3+} 的检验。

2.难点:Fe、Fe^{2+}、Fe^{3+} 转化关系模型的建构。

教学过程

导入

利用"茶水变色"的魔术引入新课。

学习任务一

检验 Fe^{3+}:利用虚拟实验向学生展示六种不同溶液,颜色分别为蓝色、黄色、绿色、紫红色、无色和黄色,试着让学生寻找出氯化铁溶液。

【设计意图】活跃学生的思维,激发学生检验 Fe^{3+}、学习化学的兴趣。

【提问】除了这两种检验方法,还有其他检验 Fe^{3+} 的方法吗?

【演示实验】我们知道向浓度极低的氯化铁溶液中滴加氢氧化钠溶液是看不到沉淀的,如何能够灵敏检测到 Fe^{3+} 的存在呢?此时,可向其中滴加硫氰化钾溶液。

【补充实验】继续向溶液中滴加硫氰化钾溶液。

【设计意图】通过观察实验现象引起学生思考,找到检验 Fe^{3+} 的最佳方法,培养学生证据推理与模型认知、变化观念与平衡思想的素养认知。

【小结】硫氰化钾溶液可检验 Fe^{3+} 的存在。

学习任务二

Fe^{2+} 转化为 Fe^{3+}:取少量久置于实验室的硫酸亚铁溶液,向其中滴加硫氰化钾溶液,观察现象。

【提问】为什么溶液会变红呢?

【追问】你觉得还有哪些物质能将 Fe^{2+} 氧化?

【设计意图】Fe^{2+} 遇硫氰化钾溶液不变红,但是我们却看见了红色,引导学生思考变红的原因;活跃学生思维,举例分析并进行实验探究,培养学生实验探究与创新意识的学科素养。

【实验探究】学生利用虚拟实验进行展示。

【小结】常见的能使 Fe^{2+} 氧化成 Fe^{3+} 的物质。

【设计意图】通过虚拟实验让学生体验不同的实验尝试,提高学生思维兴奋性,让学生体会科学探究的乐趣。

学习任务三

Fe^{3+} 转化为 Fe^{2+}:向氯化铁溶液中加入适量维生素 C 粉末,再滴加硫氰化钾溶液,观察现象。

【设计意图】选择学生非常熟悉的维生素 C,让学生体会化学就在我们身边。

【提问】维生素 C 的作用是什么?

【举例】补血试剂与维生素 C 搭配使用效果更好。

【资料】补血试剂:乳酸亚铁。

【追问】除维生素 C 之外,还有哪些物质可将 Fe^{3+} 转化为 Fe^{2+} 呢?

【实验展示】利用虚拟实验,任取其中试剂之一进行实验。

【小结】Fe^{2+} 与 Fe^{3+} 相互转化的条件。

【设计意图】培养学生模型认知的素养。

【应用】利用覆铜板制作印刷电路板。

【课堂检测】随机选择几名同学上台作答。

【设计意图】利用多媒体设备设计课堂检测,为练习增加趣味性,通过小组比赛激发学生的竞争意识,同时讲练结合,夯实新知。

【揭秘】魔术的本质。

【总结】通过本节课的探究,你都学到了什么?

【设计意图】归纳总结,形成知识体系,学以致用,使学生将所学应用到生活中去。

【结束语】人类从 3000 多年前开始使用铁器,沿着历史的脚步发展至今,已广泛应用在生活的方方面面,补血、补铁试剂,铁强化食盐,用作净水器的聚合硫酸铁,铁及其化合物在不断地造福人类,但人们在应用它们的时候也会遇到阻碍,金属世界的未来需要你们继续探究,也许有一天,你们会让今天的不可能变成可能!

【设计意图】通过学习有关铁的存在和发展史等内容,使学生体会化学对人类生活的重要意义,感受中华民族在科技发展史中的贡献,在培养学生科学精神与社会责任的同时增强文化自信。

板书设计

铁盐和亚铁盐

一、Fe^{3+} 的检验

二、Fe^{2+} 与 Fe^{3+} 相互转化

　　$Fe^{2+} \longrightarrow Fe^{3+}$：氧化剂

　　$Fe^{3+} \longrightarrow Fe^{2+}$：还原剂

三、思维导图

教学反思

本节课围绕着学生的核心素养展开教学,学生在探究知识的过程中不断寻找证据并进行推理,形成模型认知,起到很好的效果。但对教学中导入部分"茶水变色"的解释,如果考虑混合物组成的多样性,解释得再完整一些就更好了。

《氯及其化合物》教学设计

教材分析

本节课是人教版高中化学教材必修第一册第二章第二节的内容。从课程模块层面看,该节内容位于必修课程,是普通高中学生发展的共同基础,教学中应体现面向全体学生的要求,促进全体学生化学学科素养的发展。从章节安排层面来看,在学习本节内容之前,学生已经建立了研究无机物性质的三个重要认识角度——物质的类别通性、离子反应、氧化还原反应,需要学生综合利用已经学习过的知识研究比较复杂的物质转化。氯及其化合物的性质和转化较为复杂,对于物质的类别通性、离子反应规律的呈现也更为突出,本节教学应该进一步突出利用认识角度指导物质性质的学习。

学情分析

通过对第一章的学习,学生熟悉了常见物质的类别通性,初步掌握了离子反应的发生规律,但对于离子反应中可能存在的干扰尚不够明确;初步掌握了氧化还原反应的发生规律,但对于元素化合价变化的观察和分析不够敏锐。除此之外,学生通过上述认识角度研究物质性质的主动意识不够,很难系统地从多个角度综合研究物质性质。针对这样的学情,需要教师既给学生提供自发研究物质性质的学习空间,又要针对学生的困难适时进行提示和指导;既要关注学生对氯及其化合物等具体物质性质的学习,也要注重学生研究物质性质思路方法的培养;既要培养学生利用各认识角度研究物质性质的主动性,也要完善学生思考氧化还原反应规律、离子反应规律的具体路径。

教学目标

1.通过探究氯气的性质,体会实验对认识和研究物质的物理性质的重要作用,培养证据推理的意识。

2.了解氯气的发展史,学习科学家研究精神及勤于钻研、严谨求实的科学态度。

3.通过学习含氯物质的性质和用途,感受物质的性质与用途的关系,体会化学对生活、环境保护的重要意义,增强社会责任感。

吴萌萌,抚顺市第十中学教师,荣获抚顺市第十一届职工技能大赛教育赛区中小学教师教学竞赛"教学明星"称号。

4.能用氧化还原反应、离子反应的观点预测并解释氯气的化学性质,建立平衡的思想。

5.以氯及其化合物知识的学习为线索,建立含氯元素的物质间的转化关系,进一步了解研究物质的思路和方法。

教学重难点

1.重点:氯气的化学性质。

2.难点:氯水的组成及性质,氯及其化合物之间的相互转化。

教学过程

导入

2020年注定是个特殊的年份,当新年的钟声尚未敲响时,当全国人民正沉浸在新年团聚的氛围中时,一种新型冠状病毒在全球悄然蔓延开来。这期间我们最常用的杀菌消毒产品就是84消毒液。大家来看一则小新闻,猜猜84消毒液为什么不能和洁厕灵一起使用?一起使用时会产生什么样的有害气体呢?

学习任务一

【学生活动】通过新闻,同学们猜到会产生一种气体——氯气。

【教师引导】大家想要了解氯气会给我们的生活带来哪些改变吗?观看氯气发现史的视频并思考氯气有哪些性质,用辩证的思维思考我们应如何学会利用化学造福人类。

【学生活动】总结氯气的物理性质,并思考讨论。

【教师引导】18世纪70年代,瑞典化学家舍勒将软锰矿与浓盐酸混合加热,产生了一种黄绿色、有刺激性气味的气体。受当时流行学说的影响,舍勒未能确认这种气体。直到1810年,英国化学家戴维才确认这种气体是一种由新元素组成的单质——氯气。(展示照片)思考讨论:从氯气的发现到氯被确认是一种新的元素,时间长达三十多年,其间经历了数位科学家的不懈探索。你从这一史实中得到了什么启示?

【学生活动】

启示1:科学研究需要敢于实践、勤于探索、勇于质疑。

启示2:科学研究需要以大量事实为依据,只有大量事实才能推翻错误理论,建立正确的理论或推动科学理论的发展。

启示3:科学研究需要有热爱科学的思想和奉献科学的精神。

【教师引导】展示氯原子结构,请大家预测一下氯气的化学性质。(展示氯气与钠、铁、铜反应的图片)

【学生活动】小组讨论,总结氯气和金属反应的化学方程式和实验现象。

【实验展示】展示氯气与氢气燃烧的实验。

提问:我们以前学过的燃烧反应,都是物质在氧气中的燃烧。现在又观察到了氢气在氯气中的燃烧。你对燃烧的条件及其本质有什么新的认识吗?

【学生活动】讨论并思考。总结氯气与非金属单质的反应,得出物质的燃烧不一定需要氧气的结论。

【教师引导】

启示1:燃烧不一定要有氧气参与。任何发光、发热的剧烈化学反应,都是燃烧。

启示2:氯气和氧气相似,既能和金属反应,也能和非金属反应,是一种活泼的非金属单质,具有强氧化性。

学习任务二

【教师引导】目前,很多自来水厂都用氯气来杀菌、消毒,我们偶尔也能闻到自来水散发出的刺激性气味,这就是余氯的气味。为什么可以用氯气杀菌、消毒呢?

【学生活动】讨论与总结:氯气可以杀菌、消毒,因为氯气与水反应产生次氯酸。次氯酸具有强氧化性,因此,次氯酸能杀死水中的病菌,起到消毒的作用。

【教师引导】液氯和氯水的区别。

提问:使用氯气对自来水消毒时,氯气会与水中的有机物发生反应,生成的有机氯化物可能对人体有害。所以,国家规定了饮用水中余氯含量的标准,并且开始使用新的自来水消毒剂,如二氧化氯、臭氧等。你得到了什么启示?

【学生活动】

启示1:科学是把双刃剑,有利也有弊。

启示2:只要弄清楚了化学反应的本质,就能通过控制氯气的用量达到理想的效果。

启示3:根据化学反应的本质,我们可以寻找氯气的替代品来解决现实生活中的问题。

学习任务三

【实验展示】

实验1:取干燥的和湿润的有色纸条(或布条)各一条,分别放入两个盛有干燥氯气的集气瓶中,盖上玻璃片,观察现象。

实验2:将有色鲜花放入盛有干燥氯气的集气瓶中,盖上玻璃片,观察现象。

【学生活动】讨论与总结:氯气无漂白性,氯水有漂白性。

本课小结

学生以小组为单位,总结并分享本节课的收获。

板书设计

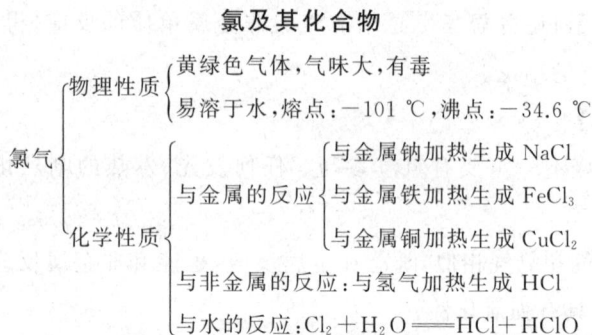

氯及其化合物

$$氯气 \begin{cases} 物理性质 \begin{cases} 黄绿色气体,气味大,有毒 \\ 易溶于水,熔点:-101\ ℃,沸点:-34.6\ ℃ \end{cases} \\ 化学性质 \begin{cases} 与金属的反应 \begin{cases} 与金属钠加热生成\ NaCl \\ 与金属铁加热生成\ FeCl_3 \\ 与金属铜加热生成\ CuCl_2 \end{cases} \\ 与非金属的反应:与氢气加热生成\ HCl \\ 与水的反应:Cl_2 + H_2O =\!=\!= HCl + HClO \end{cases} \end{cases}$$

教学反思

本节课的教学设计选择与我们生活息息相关的"疫情"来导课,替代了氯气作为"一战"中应用于化学武器的导课方式,给予学生积极的心理暗示,对培养学生的社会责任感有导向作用。在授课过程中,我引入了氯气的发现史,学生对于这一部分的学习有较高的热情,同时,学生们被科学家严谨求实、勤于钻研的科学精神感染,学会了用辩证的思维方式看待氯气在应用方面的两面性。通过让学生动手实验使学生掌握研究物质的方法,增强了学生间的协作精神,又提高了学生的实验操作动手能力。本节课的不足之处是在实验演示的过程中,由于条件限制,不能大面积开展这种教学行为。从培养学生实验和化学研究的能力出发,教师应该积极创造条件,分批对学生进行实验探索教育。

《化学反应速率的影响因素》教学设计

教材分析

本节课是人教版高中化学教材必修第二册第六章的实验活动,通过学生分组实验来探究和巩固本章第二节化学反应的速率与限度中化学反应速度影响因素的相关知识,旨在培养学生的动手操作能力和实验探究能力。

学情分析

学生已对影响化学反应速率的因素有了初步认识,对分解过氧化氢制氧气的反应也比较熟悉,也初步学会使用数字化实验设备,具备实验设计探究的条件。学生在自主设计实验验证结论性质方面还存在不足,没有形成实验探究的具体模型。通过探究传统实验和数字化实验对化学反应速率的影响因素,使学生建立"多量固定一量变"的思维探究模型。

教学目标

1.知识目标:通过控制量变进行对比实验,使学生体验反应物的浓度、温度和催化剂对化学反应速率的影响,理解改变反应条件可以调控化学反应速率。

2.德育目标:培养学生的科学精神和知难而上的心理品质,加强同学之间的协作能力,体验研究过程的艰辛与喜悦。

教学重难点

使学生理解改变反应条件可以调控化学反应速率。

教学过程

导入

师:影响化学反应速率的外界因素有哪些?

生:反应物浓度、压强、温度、催化剂等。

(设计意图:复习化学反应速率的影响因素,使学生明确实验目的及原理)

师生共同检验实验用品,如个别小组实验用品有缺损要及时报告并记录,教师强调实验安全及注意事项。

【实验用品】

小试管、胶头滴管、药匙、托盘天平、10 mL 量筒、烧杯、圆底烧瓶 2 个、铁架

金丹,抚顺市第六中学教师,荣获抚顺市第十一届职工技能大赛教育赛区中小学教师教学竞赛"教学明星"称号。

台(带铁夹)、酒精灯、石棉网、数字化实验设备(数据采集器、氧气浓度传感器)、0.1 mol/L $Na_2S_2O_3$ 溶液、0.1 mol/L H_2SO_4 溶液、5% H_2O_2 溶液、15% H_2O_2 溶液、1 mol/L $FeCl_3$ 溶液、MnO_2 粉末、蒸馏水。

【实验安全注意事项】

1.$Na_2S_2O_3$ 与 H_2SO_4 反应产生的 SO_2 气体有毒,要在通风条件下进行实验。

2.同一组两个对比实验操作过程中要注意同时开始实验,以确保实验数据的准确性。

3.数字化实验设备属于电子设备,要注意防水、防腐蚀。

4.氧气浓度传感器不能伸入液体中。

5.用数字化实验设备做对比实验时,两个氧气浓度传感器要连接在同一个数据采集器上,标注两个氧气浓度传感器所采集的数据分别代表的条件,先点开始采集按钮,再开始实验。在进行同一组两个对比实验时,要同时将两个氧气浓度传感器插入相同规格的圆底烧瓶中。

6.加热过程中,注意防止被烫伤。

实验探究一:用传统实验方法探究影响化学反应速率的因素

硫代硫酸钠与稀硫酸反应的方程式:$Na_2S_2O_3 + H_2SO_4 \Longrightarrow Na_2SO_4 + SO_2\uparrow + S\downarrow + H_2O$

学生根据给定实验用品进行化学反应速率影响因素的对比实验,并记录数据。教师指导、巡视。

实验一 改变反应物($Na_2S_2O_3$ 溶液)的浓度对化学反应速率的影响

试管编号	温度	0.1 mol/L $Na_2S_2O_3$	水	0.1 mol/L H_2SO_4	化学反应快慢
1	室温	2 mL	0 mL	2 mL	
2	室温	1 mL	1 mL	2 mL	

实验二 改变反应物(H_2SO_4 溶液)的浓度对化学反应速率的影响

试管编号	温度	0.1 mol/L $Na_2S_2O_3$	水	0.1 mol/L H_2SO_4	化学反应快慢
1	室温	2 mL	0 mL	2 mL	
2	室温	2 mL	1 mL	1 mL	

实验三 改变温度对化学反应速率的影响

试管编号	温度	0.1 mol/L $Na_2S_2O_3$	水	0.1 mol/L H_2SO_4	化学反应快慢
1	室温	2 mL	0 mL	2 mL	
2	加热	2 mL	0 mL	2 mL	

【设计意图】通过对比实验，引导学生一次只能改变一个外界条件，这样才能对比出改变的条件对化学反应速率的影响。与教材内容相比，增加了改变 H_2SO_4 浓度对该反应速率的影响，使得实验结果更具有说服力，从而培养学生严谨的科学态度。小组内分工合作，培养学生团队合作意识。

实验探究二：利用数字化实验设备对 H_2O_2 分解速率的影响因素的探究

教师鼓励学生用数字化实验设备对影响 H_2O_2 分解速率的影响因素——浓度、温度和催化剂进行探究，记录数据，与传统实验做对比，并保存至计算机中。要求学生标清班级、对比条件。

实验一　改变温度对化学反应速率的影响

实验编号	温度	浓度	体积	MnO_2
1	室温	5%	10 mL	0.2 g
2	加热	5%	10 mL	0.2 g

实验二　改变反应物浓度对化学反应速率的影响

实验编号	温度	浓度	体积	MnO_2
1	室温	5%	10 mL	0.2 g
2	室温	15%	10 mL	0.2 g

实验三　催化剂对化学反应速率的影响

实验编号	温度	浓度	体积	MnO_2
1	室温	5%	10 mL	0.2 g
2	室温	5%	10 mL	0 g

实验四　不同催化剂对同一化学反应速率的影响

实验编号	温度	浓度	体积	催化剂
1	室温	5%	10 mL	MnO_2　0.2 g
2	室温	5%	10 mL	1 mol/L $FeCl_3$　2 mL

【设计意图】通过数字化实验与传统实验的对比可以看出，数字化实验可自动生成直观的对比图像，更具有说服力。不同催化剂对同一化学反应速率的影响情况的差别，通过肉眼观察有时会出现偏差，数字化实验的结果更准确。实验探究使学生熟悉数字化实验设备的操作，体会数字化实验设备的优点，培养学生的实验探究能力和团队合作精神。

展示、点评、总结

各小组展示实验探究的成果，得出与化学反应速率的影响因素有关的结论：

（1）反应物的浓度越大,化学反应速率越大。

（2）温度越高,化学反应速率越大。

（3）加催化剂(正催化剂),可以加快化学反应速率,且不同催化剂对同一化学反应速率的影响情况不同。

（4）不同化学反应的化学反应速率相差很大。

向学生渗透改变外界条件可以调控化学反应速率的思想,引导学生用所学知识解决生活中的一些问题,如如何使食物保存的时间更长一些。

【设计意图】通过对比、分析、讨论的方法探究化学反应速率的影响因素。培养学生的探究精神和发现问题、解决问题的能力。引导学生建立实验探究的思维模式。从理论到实际,学以致用。

板书设计

实验活动 7　化学反应速率的影响因素

【实验目的】

1.体验浓度、温度、催化剂对化学反应速率的影响。

2.理解改变反应条件可以调控化学反应的速率。

【实验安全注意事项】

1.$Na_2S_2O_3$ 与 H_2SO_4 反应产生的 SO_2 气体有毒,要在通风条件下进行实验。

2.同一组两个对比实验操作过程中要注意同时开始实验,以确保实验数据的准确性。

3.数字化实验设备属于电子设备,要注意防水、防腐蚀。

4.氧气浓度传感器不能伸入液体中。

5.用数字化实验设备做对比实验时,两个氧气浓度传感器要连接在同一个数据采集器上,标注两个氧气浓度传感器所采集的数据分别代表的条件,先点开始采集按钮,再开始实验。在进行同一组两个对比实验时,要同时将两个氧气浓度传感器插入相同规格的圆底烧瓶中。

6.加热过程中,注意防止被烫伤。

【实验结论】影响化学反应速率的因素:

1.浓度越大,反应速率越大。

2.温度越高,反应速率越大。

3.加催化剂(正催化剂),反应速率增大。（不同催化剂对同一反应速率的改变程度不同）

4.不同化学反应的反应速率相差很大。

教学反思

1.突出实验特色,体现了化学学科特点,学生动手操作实验的能力有所提高,小组内团队合作能力得到充分体现。

2.通过探究实验达到理想的效果,学生对化学反应速率的影响因素印象深刻。数字化实验设备的使用,能促进学生了解先进的科学技术,获得科学的学习方法,培养思维能力,提高探究水平。同时,建立了实验探究的基本思路,即控制变量法和对比法。

3.科学研究中,对于多因素(多变量)的问题,常常采用只改变其中的某一个因素,控制其他因素不变的研究方法,使多因素的问题变成几个单因素的问题,分别加以研究,最后再将几个单因素问题的研究结果加以综合。通过本节课的学习,帮助学生建立"多量固定一量变"的思维探究模型。

4.数字化实验设备的使用拓展了探究问题的宽度和广度,培养了学生的问题意识。

《金属矿物的开发利用》教学设计

教材分析

本节课是人教版高中化学教材必修第二册中第八章第一节第 1 课时的内容。本节以金属矿物为例,使学生了解利用化学变化实现物质之间的转化,以及这些过程和产物在我们日常生活和社会发展中的重要应用。体会化学在综合利用自然资源中的作用,提升"宏观辨识与微观探析""科学探究与创新意识""科学精神与社会责任"等学科素养。

学情分析

1.知识储备:学生在初中阶段已经学习过金属活动性顺序表,在高中阶段也学习过氧化还原反应、相应的金属与化合物的相关性质。

2.能力水平:学生缺乏微观意识,难以从微观角度去理解金属冶炼的原理。需要建立一个新的认识视角来认识物质、反应,将原有的宏观、孤立、定性的认识提升至微观、联系、定量的层面。

3.心理特征:本节以学生已有经验为背景、已有知识为基础,设计符合其认知发展的教学过程;本阶段学生好奇心强,对化学实验比较感兴趣,可以利用实验探究来落实教学目标。

教学目标

1.宏观辨识与微观探析:感受不同金属冶炼的宏观过程,探究分析其微观的化学反应原理。

2.变化观念与平衡思想:通过金属冶炼的方法讨论,认识化学方法在实现物质间转化中的作用。

3.证据推理与模型认知:理解氧化还原在金属矿物开发中的应用,建立金属冶炼思维模型。

4.科学探究与创新意识:能从金属冶炼及回收再利用的角度出发,依据探究目的,设计探究方案,通过化学实验进行实验探究。

5.科学精神与社会责任:关注与化学有关的社会热点,认识环境保护和资源合理开发的重要性,培养学生可持续发展的意识和绿色化学的观念;认识化学方

宋国鑫,抚顺市第二中学教师,荣获抚顺市第十一届职工技能大赛教育赛区中小学教师教学竞赛"教学明星"称号。

法在实现物质转化中的作用和贡献,感受化学在生产、生活中的应用价值。

教学重难点

金属冶炼原理、金属活动性顺序与金属冶炼方法的关系。

教学过程

导入

课堂上,我们一起利用网络进行"云"参观,参观科技馆和地质博物馆的展出图片,重点观看西周古铜矿——铜绿山矿井的场景、东汉时期冶铁工具模型、各种金属矿石的标本展。参观时要完成自己的任务清单:

1.人类历史上使用金属材料的大致顺序是什么?

2.以下金属元素在自然界中的存在形式有哪些?(Au、Ag、Cu、Fe、Al、Mg、Na)

3.请你分析推测:人类发现和使用金属材料的顺序,可能受哪些因素的影响?

4.用化学方程式写出你已知及参观中了解到的金属冶炼的原理。

学习任务一

除了金、铂等极少数金属外,绝大多数金属元素以化合物的形式存在于自然界。化学可以研究如何合理、高效地开发利用这些金属矿物,将其中的金属从其化合物中还原出来,用于生产各种金属用具。下面请大家讨论一下,金属的冶炼都有哪些方法呢?

引导要点1:结合课前的"云"参观,回顾人类历史上使用金属材料的大致顺序,分析该顺序可能受到哪些因素的影响。

石器时代	使用打制石器为主
青铜器时代	人类大量锻造和使用青铜器
铁器时代	人类开始锻造铁器并制造工具

引导要点2:小组讨论,从化学角度分析人类使用金属材料的影响因素。

(1)金属的使用顺序:古代(Au、Ag、Hg、Cu、Fe),近代(Mg、Na、K)

(2)金属活动性: $\xrightarrow{\quad Au \quad Ag \quad Hg \quad Cu \quad Fe \quad Mg \quad Na \quad K \quad}$ 金属性由弱到强

引导要点3:写出自己了解的金属冶炼原理。归纳总结规律,并思考金属冶炼的化学本质。

(1)冶炼原理:热分解法、热还原法、电解法。

(2)金属冶炼的本质: $\overset{+n}{M} \xrightarrow{+ne^-} \overset{0}{M}$

引导要点4:为什么不同金属的冶炼方法不同?

$$\overset{+n}{M} \longrightarrow \overset{0}{M}$$

电子来源

还原剂 | 外加电源(电解法)

| C、CO、H_2等适用于Fe、Cu等活泼性中等的金属 | 最强有力的氧还手段，适用于Na、Mg等非常活泼的金属 |

引导要点5：演示铝热反应实验。

(1)利用活泼金属置换相对不活泼的金属：$Fe_2O_3 + 2Al \xrightarrow{\text{高温}} 2Fe + Al_2O_3$。

(2)扩展湿法炼铜：$CuSO_4 + Fe \xrightarrow{\quad} Cu + FeSO_4$。

学习任务二

金属铝是一种重要的金属材料，广泛用于制作导线、结构材料和日用器皿，铝合金大量用于飞机和其他构件的制造。假如你是一名科学家，请你来设计一种炼铝方案。

引导要点1：铝元素在自然界主要以铝土矿（主要成分为Al_2O_3）形式存在，地壳中铝元素的含量高，但是铝元素的发现和使用才200多年。

(1)设计方案：

方案	方案内容
方案1	由木炭、CO、氢气等还原
方案2	用活泼金属置换
方案3	电解氧化铝

(2)结合化学史分析：1746年，法·拉瓦锡证实不能用碳等还原氧化铝。丹奥斯特、法德维尔、维勒等科学家在1825年发现$3K + AlCl_3 \xrightarrow{\quad} Al + 3KCl$，在1854年发现$3Na + AlCl_3 \xrightarrow{\quad} Al + 3NaCl$，但是由于成本太高，导致19世纪铝比黄金还珍贵。1886年，霍尔、埃鲁以Al_2O_3为原料，冰晶石为熔剂，在950~970 ℃的条件下电解，最终实现了铝的大量生产。

(3)与学生分享科技展望——真空碳热还原氯化法炼铝。

总反应：$Al_2O_3(s) + 3C(s) \longrightarrow 2Al(l) + 3CO(g)$（高温）

在新的调控手段下，碳还原出了单质铝。

引导要点2：铝土矿的主要成分是Al_2O_3，主要杂质为Fe_2O_3和SiO_2，请你设计以该矿物为原料生产Al的主要流程，画出流程图。

(1)模型构建：原始形态(元素、物质)$\longrightarrow$目标形态(产品)。

(2)流程构建：设计工艺流程图。

学习任务三

我为发展来献策。

引导要点：阅读教材第99页"思考与讨论"中的材料。

(1)多角度辩证地看待金属资源的使用及其对环境和社会的影响。

(2)从化学的视角给出可持续发展的建议：提高原料利用率、研究环保高效的方法、防止腐蚀损耗、回收利用、寻找替代材料等。

课堂小结

本节课的重点在于揭示和说明化学在金属矿物开发利用中的作用，突出两个方面的主题，一是化学为开发利用自然资源提供了科学依据；二是保护资源和保护环境对化学的应用和发展提出新的要求。简而言之，自然资源的开发利用离不开化学，化学只有不断创新和发展才能满足人类社会可持续发展的需求。希望同学们课后能及时总结，进一步掌握本节课的内容。

板书设计

金属矿物的开发利用

金属的使用顺序：古代(Au、Ag、Hg、Cu、Fe)，近代(Mg、Na、K)

金属活性：$\xrightarrow{\quad Au \quad Ag \quad Hg \quad Cu \quad Fe \quad Mg \quad Na \quad K \quad}$ 金属性由弱到强

冶炼方法：热分解法、热还原法、电解法。

金属冶炼的本质：

$$\overset{+n}{M} \xrightarrow{+ne^-} \overset{0}{M}$$

教学反思

本节课是关于金属冶炼原理的教学，学生已对此有一定的基础。在教学中从金属矿物的开发利用引入，通过金属冶炼的基本原理使学生认识到化学是冶金工业的重要依据，化学方法是金属由化合物转变为单质的基本方法，从而对金属冶炼的常用方法进行比较系统的学习。在教学过程中涉及金属元素在自然界中的存在形式，体现了元素观；根据金属活泼性的差异采用不同的冶炼方法，体现了分类观；冶炼过程中通过化学反应实现无机物之间的转化，体现了转化观。教学中不断发现规律，挖掘本质，注重规律、方法的应用，构建资源利用模型。化学史的介绍与人类发展过程中金属材料的不断更迭过程体现了学科价值，培养学生的公民素养，提升社会责任。

《主动运输与胞吞、胞吐》教学设计

教材分析

本节课是人教版高中生物教材必修 1 第 4 章第 2 节。第 3 章第 1 节《细胞膜的结构和功能》是学习第 4 章的基础;第 3 章第 2 节《细胞器之间的分工合作》中涉及的分泌蛋白运出细胞,是借助本节课的胞吐方式进行的,因此本节课有关胞吐的内容也是对第 3 章知识的进一步升华。

学情分析

通过对第 3 章的学习,学生已经掌握了细胞膜流动镶嵌模型的结构特点,为理解本章细胞膜功能的特点奠定了结构基础;经过本章第 1 节课《被动运输》的学习,学生已初步体会到细胞膜具有选择透过性的结构特点。在生活中,学生已经具备了人体甲状腺激素的合成需要碘离子的常识,可为创设问题情境提供理想素材。

教学目标

核心素养

1.对比被动运输,培养学生归纳与概括的科学思维,得出主动运输的概念。(科学思维)

2.通过构建生物膜的流动镶嵌模型,理解物质跨膜运输的实例,树立结构决定功能的科学思维。(科学思维)

3.通过对物质进出细胞多种方式的比较,归纳与概括细胞膜具有选择透过性。基于细胞膜的选择透过性,深刻理解生命的本质,形成生命观念。(生命观念)

德育目标

1.通过"水体富营养化的治理——$H_2PO_4^-$ 跨膜运输"的探究活动,引导学生关注环境保护问题,增强社会责任感。

2.通过教材中两处"与社会的联系",使学生认同生物学是发展医学研究的基础;增强学生公共卫生安全意识。

黄益,抚顺市第十中学教师,荣获抚顺市第十一届职工技能大赛教育赛区中小学教师教学竞赛"教学状元"称号。

教学重难点

　　1.重点：主动运输的过程和特点、胞吞和胞吐的过程。

　　2.难点：主动运输的过程和特点、胞吞和胞吐的过程。

教学过程

　　导入

　　师：人体甲状腺分泌的甲状腺激素，在生命活动中起着重要的作用。碘是合成甲状腺激素的重要原料。甲状腺滤泡上皮细胞内碘浓度比血液中高 $20\sim25$ 倍，但血液中的碘依然可以运入细胞。碘是怎样运入细胞的呢？

　　（设计意图：从学生生活经验出发，激发学生兴趣。通过对比已学的被动运输，发现主动运输的不同）

　　学习任务一：主动运输

　　1.主动运输的概念和特点。

　　问题1：甲状腺滤泡上皮细胞吸收碘是被动运输吗？

　　问题2：联想逆水行舟，甲状腺滤泡上皮细胞吸收碘是否需要细胞提供能量？

　　学生活动：分析碘离子的运输与被动运输的不同。

　　教师给出相关资料：

　　（1）小肠液中氨基酸、葡萄糖的浓度远远低于它们在小肠上皮细胞中的浓度，但它们依然能被小肠上皮细胞吸收。

　　（2）人的红细胞中 K^+ 的浓度比血浆高 30 倍。

　　（3）轮藻细胞中 K^+ 的浓度比周围水环境高 63 倍。

　　学生活动：概括以上物质运输的共性均是逆浓度进行。

　　教师播放 Na^+ 和 K^+ 跨膜运输的视频，引导学生归纳主动运输的特点。

　　学生活动：与已学被动运输对比，归纳概括主动运输的特点。

　　【设计意图】通过观看视频激发学生学习兴趣，通过与已学被动运输对比，培养学生发现、归纳及概括问题的能力，从而形成科学思维。

　　2.创设问题情境，深入体会主动运输的特点和意义。

　　师：为开展大蒜治理水体富营养化的研究，科研人员配制浓度分别为 0.01、0.025、0.1、0.25、0.5、0.75、1.00 mmol/L，7 种不同浓度的 KH_2PO_4 溶液，将大蒜根系分别全部浸入 200 mL 上述 7 种溶液中，其他条件均适宜且相同。4 h 后取出植株，根据测定的数据得到下图所示的曲线。已知：在 0.01 mmol/L 和 0.025 mmol/L 浓度的 KH_2PO_4 溶液组中，大蒜根细胞中磷酸盐浓度为 0.04～0.12 mmol/L。

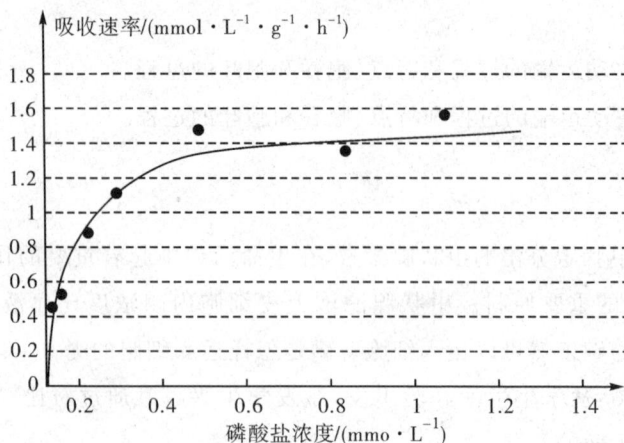

（1）结合图中曲线，思考大蒜根细胞吸收磷元素是否符合主动运输的特点。

（2）本研究中，磷酸盐浓度为 0.8 mmol/L 以后，吸收速率几乎不再增大的原因是什么？

（3）细胞即使付出能量的代价也要吸收磷，吸收磷以后有什么用途？

学生活动：思考情境中的问题，与同学讨论交流。学会运用生物学知识关注环境保护问题，增强社会责任感。

【设计意图】通过创设情境，培养学生获取生物学信息的能力，在情境中深化对主动运输特点的理解。

教师利用第（3）小问，引导学生归纳主动运输的意义。

3.人类疾病与主动运输的关系。

教师给出素材——囊性纤维化的成因。

学生活动：体会载体蛋白结构的改变影响其正常功能，建立结构与功能观。

4.列表比较被动运输与主动运输。

教师列出表格，让学生对比被动运输与主动运输的特点，并归纳一些物质的运输方式。

学生活动：完成表格，汇报交流。

【设计意图】通过对比的方法，培养学生构建知识网络意识，提升学生归纳概括知识的能力，建立科学思维的方式。

5.在细胞膜的流动镶嵌模型中识别三种物质跨膜运输的方式。

教师给出细胞膜的流动镶嵌模型图及图上具体的物质运输方式。

学生活动：识图区别主动运输与被动运输的不同点。

【设计意图】培养学生建立结构与功能相适应的生命观念。

学习任务二：胞吞与胞吐

1.胞吐的过程。

教师给出分泌蛋白合成、加工和运输的过程图。

学生活动：与已有知识建立联系，完成新知识——胞吐的学习。

2.胞吞的过程。

教师播放白细胞吞噬病菌的视频。

学生活动：体会胞吞的完成依赖细胞膜的流动性。

【设计意图】与已学知识相联系，引导学生与已有的知识经验建立联系，顺利完成新知识的学习。

3.对比胞吞、胞吐。

教师列出表格。

学生活动：归纳概括胞吞、胞吐的特点，由感性认识上升到理性思维。

4.了解胞吞、胞吐与人类疾病——阿米巴痢疾。

教师引导学生阅读教材中"与社会的联系"，提出问题。

问题1：痢疾内变形虫是如何在肠道内获取食物的？

问题2：胞吞、胞吐的对象有哪些物质？

问题3：胞吞、胞吐过程的实现与生物膜的结构特点有什么关系？

学生活动：回答问题，加深认识。

【设计意图】引用教材中的素材，让学生进一步体会胞吞、胞吐发生的过程，提升学生公共卫生安全的意识。

课堂小结

教师布置任务——绘制变形虫细胞膜的模型图，将不同物质进出细胞的方式绘制在图上。

学生活动：画出细胞膜的流动镶嵌模型图，对物质跨膜运输的方式进行总结。

板书设计

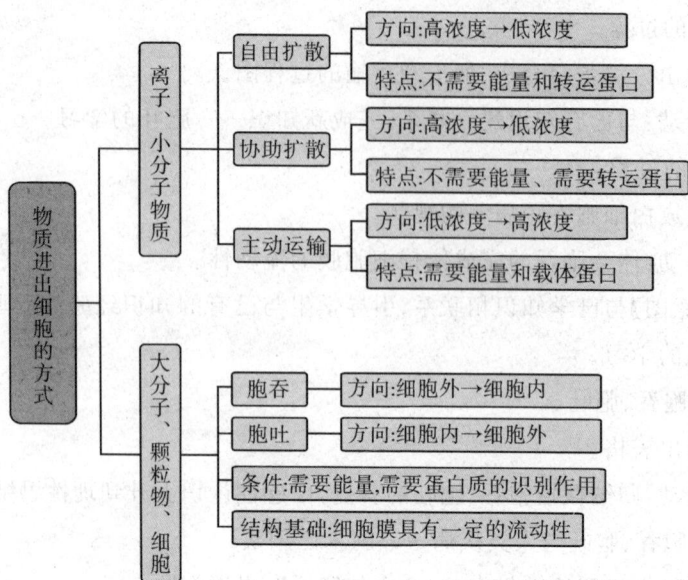

教学反思

本节课采用主动运输的实例导入新课,学生在已有被动运输知识的基础上,发现主动运输的不同点,体现其在学习过程中的主体地位,形成主动运输的概念,培养归纳概括的科学思维;通过创设科研背景的问题情境,促进学生对主动运输过程的深入理解,提升实验探究能力;通过介绍人类疾病与主动运输的关系,强化结构与功能观,提升学生的社会责任意识。挖掘教材中的素材,引导学生阅读阿米巴痢疾的病因,进一步理解胞吞、胞吐的过程和依赖生物膜的结构特点,提高学生的公共卫生安全意识。本节课的课堂小结环节,采取了绘制变形虫细胞膜的流动镶嵌模型图的方式,构建物质进出细胞膜的模型,强化结构与功能相适应的生命观念。

《细胞的分化》教学设计

教材分析

本节课是人教版高中生物教材必修 1 第 6 章第 2 节,是选择性必修 3 中植物细胞工程和动物细胞工程的理论基础。本节课是在学习了细胞增殖的基础上,提出细胞分化是细胞生命历程中非常重要的一个环节。

学情分析

学生在初中阶段已经知道了人体各种细胞在形态、结构和生理功能方面的差异,大致了解克隆动物的事实,例如克隆羊"多利";听说过骨髓移植可用于治疗白血病等生活常识。通过学习必修 1 第 1 章,已经知道了多细胞生物体的生长和发育离不开细胞分裂和细胞分化。

教学目标

核心素养

1.通过比较不同细胞在形态、结构和生理功能上发生的变化,归纳细胞分化的概念,形成归纳与概括的科学思维;进一步阐明细胞分化是基因选择性表达的结果。(科学思维)

2.通过分析植物组织培养和动物体细胞核移植的实例,阐明细胞的全能性,在认识生命现象的过程中形成生命观念。(生命观念)

3.通过了解干细胞的特点及其在医学上的应用,增强社会责任意识。(社会责任)

德育目标

1.将细胞分化与社会分工类比,阐释个人与集体、个人与社会的关系,认同合作与奉献。

2.通过资料展示,学生能了解我国的克隆猴"中中"和"华华",增强学生的民族自豪感和爱国情怀。

3.通过了解干细胞的特点,学生能认识到干细胞在医学研究中的价值,以及建立中华骨髓库的重大意义,形成关注健康、珍爱生命的理念。

黄益,抚顺市第十中学教师,荣获抚顺市第十一届职工技能大赛教育赛区中小学教师教学竞赛"教学状元"称号。

教学重难点

1.重点:细胞分化的概念、原因和意义及细胞全能性的概念。

2.难点:细胞分化的原因及细胞全能性的概念。

教学过程

导入

多细胞生物体个体发育的起点是一个细胞——受精卵,从一个细胞开始,到个体诞生,细胞发生了哪些变化? 请同学们通过观看视频寻找答案。

【设计意图】通过生命的诞生引发学生思考,让学生形成生命观念,导入新课。

学习任务一: 细胞分化及其意义

1.概括细胞分化的概念。

师:观察并比较"思考·讨论"中的动物细胞和一些植物细胞,分析动植物体内的细胞在形态、结构和功能上的差异,并思考这些细胞的功能。

学生活动:通过图片,认识到人体和植物体不同细胞在形态、结构、功能上存在明显差异,但这些细胞起源相同。从动物和植物两个层面上认识细胞分化在生物体中普遍存在,概括出细胞分化的概念。

【设计意图】引导学生运用归纳与概括的科学方法,形成细胞分化的概念。

2.概括细胞分化的特点和意义。

教师播放人体从受精卵发育成个体的视频,提出问题。

问题1:细胞分化发生在个体发育的哪些阶段? 不同阶段分化程度大小有差别吗?

问题2:已经分化的细胞还能恢复原来的结构和功能吗?

问题3:细胞分化的特点是什么?

问题4:细胞分化对于生物体有何意义?

学生活动:讨论交流,得出细胞分化的意义,理解细胞分化是一种普遍的、稳定的、持久的过程,而且在胚胎发育期达到最大限度。

教师借助教材"想象空间"中社会职业的分工,引导学生进一步理解细胞分化的意义。

学生活动:将细胞分化与社会职业分工进行类比,深入理解和体会其意义。阐释个人与集体、个人与社会的关系,认同合作与奉献。

3.理解细胞分化的实质。

教师给每个学习小组准备形状不同的纸板来模拟肌肉细胞、红细胞、胰岛细胞、神经细胞,提出问题:以上四种细胞是否都含有机动蛋白基因、血红蛋白基因、胰岛素基因和呼吸酶基因? 引导学生在纸板上写出含有的基因,用彩笔标出表达的基因。

学生活动:动手操作,得出结论——细胞分化的实质是基因的选择性表达,细胞分化过程中遗传物质不变。

【设计意图】通过模拟探究活动,理解细胞分化的实质是基因选择性表达;同时锻炼学生动手能力、合作能力和语言表达能力。

学习任务二: 细胞的全能性

1.植物细胞具有全能性。

教师给出资料1——胡萝卜的组织培养,提出下列问题。

问题1:胡萝卜的植物组织培养过程,需要哪些条件?

问题2:该实验结果说明了什么? 换成其他细胞能成功吗?

问题3:植物组织培养有哪些优点?

学生活动:讨论和交流,总结出细胞全能性的概念和原因。

2.动物细胞核具有全能性。

教师给出资料2——非洲爪蟾的核移植实验,提出下列问题。

问题1:非洲爪蟾的蝌蚪培育过程说明了什么?

问题2:能够用非洲爪蟾分化的体细胞直接培养获得新个体吗?

【设计意图】通过自主学习教材和小组讨论,引导学生运用比较和归纳的科学方法对实验结果进行分析。

教师给出克隆羊"多利"培养过程的资料,播放我国世界首例体细胞克隆猴"中中"和"华华"培育过程的视频。

学生活动:得出结论——动物细胞的细胞核具有全能性。

【设计意图】展示我国克隆猴的国际领先成果,激发学生的爱国情怀,增强民族自豪感。

学习任务三: 了解干细胞的特点,关注干细胞的应用

教师播放干细胞的相关资料及视频,引导学生阅读课后"科学·技术·社会"骨髓移植和中华骨髓库的相关资料,引导学生讨论造血干细胞的作用及细胞全能性在生产和生活中的应用。

学生活动:明确干细胞的概念和造血干细胞的作用,了解干细胞研究的最新进展。

【设计意图】了解干细胞研究的最新进展和白血病的相关知识,形成关注健

康、珍爱生命的理念,提升社会责任意识。

　　课堂小结

　　本节课共包括三个学习任务:任务一是细胞分化的概念、意义和本质;任务二是细胞的全能性,通过分析相关资料概括细胞分化的概念,区分动植物细胞全能性的差异;任务三是了解干细胞的特点,关注干细胞的应用,有助于学生形成关注健康、珍爱生命的理念,提升社会责任意识。

板书设计

细胞的分化

一、细胞分化	二、细胞的全能性	三、干细胞
1.概念	1.概念	1.概念
2.特点:(1)普遍性	2.实例	2.应用
(2)持久性	(1)植物细胞具有全能性	
	(植物组织培养技术)	
(3)稳定性	(2)动物细胞核具有全能性	
	(克隆动物)	

3.意义

4.实质

教学反思

　　本节课的重点和难点是细胞分化的实质以及细胞全能性的概念。突破“细胞分化的实质”这一难点时,可以开展小组活动,让学生用纸板模拟细胞,用字母模拟细胞内的基因,再用彩笔画出细胞中可以表达的基因。学生通过这一活动,可以透彻地理解所有细胞含有的基因相同,细胞分化的实质是基因选择性表达。通过对植物组织培养和非洲爪蟾的体细胞核移植的比较,构建细胞全能性的概念,利用前沿性的生物科技开拓学生的视野,培养学生的归纳整理能力。本节课从人的个体发育的情境导入,激发了学生的学习兴趣,渗透了生命观念;通过对我国科学家成功完成克隆猴的国际领先成果的介绍,增强学生的民族自豪感;介绍我国干细胞研究的最新研究成果以及中华骨髓库的建立,有助于提升学生的社会责任意识。

《细胞的衰老和死亡》教学设计

教材分析

本节课是人教版高中生物教材必修1第6章第3节内容,通过展示的直观示意图和文字,学生能深刻认识细胞衰老的特征和原因;通过观察图片,学生能认识到细胞凋亡的存在和意义,渗透素养目标。在讨论个体与细胞衰老关系的内容上,自然并密切地联系社会,增强学生的社会责任意识,有助于开展德育工作。

学情分析

基于对细胞增殖、分化等相关知识的学习,学生初步认识了细胞的生命历程及意义。但对细胞与个体衰老和死亡的关系认识不清,理解其对生长发育的意义也存在困难。

教学目标

核心素养

1.描述个体衰老与细胞衰老的关系、细胞衰老的特征、细胞凋亡的含义。(生命观念)

2.描述细胞衰老的原因、细胞凋亡与细胞坏死的区别。(科学思维)

3.能针对具体问题开展讨论,培养学生合作、交流、讨论的能力。(科学探究)

4.探讨细胞衰老和死亡与人体健康的关系,关注老年人的健康。(社会责任)

德育目标

1.关注细胞衰老和死亡的研究,理解这些研究成果对增进人类健康的重要意义。

2.通过社会联系,关注我国已经步入老龄化社会的现状,特别关爱老年人。

教学重难点

1.细胞衰老的特征、细胞衰老与个体衰老的关系。

2.细胞凋亡的含义。

教学过程

导入

人老了以后,希望自己变年轻甚至长生不老。古代有道士炼丹、和尚修法,

王瑞雪,抚顺德才高级中学教师,荣获抚顺市第十一届职工技能大赛教育赛区中小学教师教学竞赛"教学明星"称号。

《西游记》中相信吃唐僧肉能"长生不老"。但小的时候,我们又梦想长大。接下来让我们共同观看电影《童梦奇缘》中的片段……短片中的光仔已经是白发苍苍的老人,他想变回小时候的模样,但拾荒老人说:"生命是一个过程,可悲的是它不能重来。"也就是说,个体衰老和死亡都是生物界的正常现象。那么作为基本生命系统的细胞呢?个体衰老与细胞衰老又有怎样的关系呢?今天,我们就来共同学习细胞的衰老和死亡。

学习任务一

通过观察《童梦奇缘》片段中光仔老年时期的图片,描述老年人机体衰老一般都有哪些外部形态的表现。自主学习教材第 123 页的内容,分组讨论,尝试从分子和细胞水平、利用结构与功能相适应的观念来解释以上现象出现的原因。

【设计意图】强化结构与功能相适应的观念,提高学生利用生物学原理解释生命现象的能力。

引导要点 1:细胞衰老的主要特征。

问题 1:为什么老年人的皮肤干燥?有老人斑?头发变白?

问题 2:为什么老年人会无力、怕冷?饮食减少且吸收能力下降?

问题 3:细胞衰老过程中物质、结构和功能变化的根本原因是什么?细胞核有哪些变化呢?

学习任务二

让我们继续来观看一段《童梦奇缘》……光仔变老是因为碰到了拾荒老人制作的"催生药"。这个药是如何发挥作用的呢?这就需要我们去探寻细胞衰老的原因,自主学习教材第 124 页的内容,结合视频内容,请同学们简述细胞衰老的原因,并在认同细胞衰老是一种必然生命过程的前提下,从关注健康的角度,分组讨论,展示延缓细胞衰老的方法。

引导要点 1:细胞衰老的原因。

辅助材料:短视频《SOD 与人体健康》《人的寿命与端粒》。

问题 1:什么是自由基?哪些情况下会产生自由基?自由基主要攻击哪些生物分子,有哪些危害?

明确:自由基的含义、产生原因、攻击对象、理解细胞衰老的原因。

问题 2:什么是端粒?端粒长度和细胞分裂次数有什么关系?

明确:端粒的位置、与细胞分裂次数的关系、理解细胞衰老的原因。

问题 3:通过以上学习,谈谈如何正确看待细胞衰老,如何延缓细胞衰老。

明确:①树立生命观念,认同细胞衰老是一种必然的生命历程。(核心素养)

②SOD 和端粒酶在细胞中的作用,认同这些研究成果对增进人类健康的重要意义。关注衰老和健康的关系,多吃水果、蔬菜,适度进行有氧运动等;不要盲目追求"青春永驻、长生不老"。(核心素养、德育目标)

【设计意图】锻炼学生透过现象挖掘本质的能力,树立生命观念,理性看待细胞衰老并关注健康。

学习任务三

《童梦奇缘》影片中的光仔,在老年时期体内有没有幼嫩的细胞?年轻的时候体内有没有衰老的细胞?自主学习教材第124~125页的内容,分组讨论展示,简述细胞衰老与个体衰老的关系。

引导要点 1:细胞衰老与个体衰老的关系。

问题 1:举例说明,单细胞生物的细胞衰老就是个体衰老吗?多细胞生物呢?

明确:①单细胞生物的细胞衰老或死亡就是个体的衰老或死亡。

②多细胞生物个体衰老的过程也是组成个体细胞普遍衰老的过程。

问题 2:如何从年龄因素和细胞衰老的关系上,理解老年人骨折愈合得慢和一些酶的活性下降?

明确:年龄因素、细胞分裂次数、细胞核中遗传物质状态变化和细胞衰老的关系,进一步理解细胞衰老与个体衰老的关系。

问题 3:正常的细胞衰老有利于机体更好地实现自我更新,但机体众多细胞的衰老,就会引起人的衰老。人衰老后就会出现免疫力下降、适应环境能力减弱等现象。我国在 1999 年进入老龄化社会,人口老龄化势必会给家庭、社会和国家以及老年人自身带来一系列问题,试结合短视频《关注老龄化问题就是在照顾自己的明天》,分组讨论并展示,我们老了以后可能会出现哪些问题以及如何解决这些问题?我们在日常生活中如何行动,才能真正做到关爱老人?

明确:我国已经步入老龄化社会,我们应增强社会责任意识,用实际行动关爱、善待老年人。(核心素养、德育目标)

【设计意图】通过人口老龄化问题,提升学生的社会责任意识。

学习任务四

大家猜想一下,《童梦奇缘》中最后光仔的结局是怎样的?个体的衰老和死亡都是正常的生命现象。细胞衰老后会不会死亡?一般又会以怎样的方式死亡呢?自主学习教材第125~126页的内容,结合图片及补充资料,分组讨论并展示,简述细胞凋亡的含义及其与细胞坏死的区别。

问题 1:人在胚胎时期有尾巴,发育过程中尾巴又消失了,这说明了什么?胎儿手的发育,手指之间细胞的死亡又有什么特点？结合细胞凋亡过程的补充资料,说明为什么细胞凋亡是一种程序性死亡。

细胞凋亡过程的补充资料：

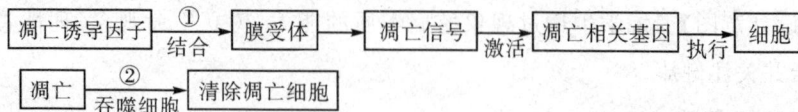

明确：细胞凋亡的含义。

问题2：通过以上的图文实例,分析细胞凋亡对机体维持正常生命活动的积极意义。

明确：细胞凋亡在多细胞生物完成正常发育、维持内部环境稳定、抵御外界各种因素干扰等方面的积极意义。（核心素养）

问题3：结合教材第126页的内容和短视频《细胞坏死和细胞凋亡》分析,细胞凋亡与细胞坏死的主要区别是什么？归纳两种细胞死亡方式的实例和判断方法。

明确：①辩证看待两种不同的细胞死亡方式。（核心素养）

②细胞凋亡是由基因控制的,主动、有利;细胞坏死是由不利因素引起的,被动、不利。

【设计意图】培养学生自主学习、合作探究的能力,通过实例分析和对比法强化学生学科思维。

课堂小结

通过以上内容的学习,我们明白细胞与个体的衰老和死亡是一种必然的生命历程。我们应该正确看待这个问题,就像电影《童梦奇缘》中拾荒老人对已经老去的光仔说的那样："生命是一个过程,可悲的是它不能重来,可喜的是它也不需要重来。未来是充满希望的,哪怕你的生命还剩下一天,也要好好活!"珍惜当下,在顺应自然发展规律的前提下,让自己更加健康;并尽你我所能,造福社会!（德育目标）

板书设计

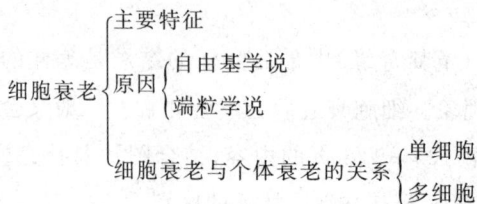

课程改革背景下的创新教学设计

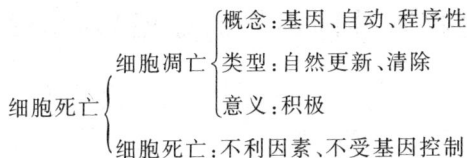

细胞死亡 {
　细胞凋亡 {
　　概念：基因、自动、程序性
　　类型：自然更新、清除
　　意义：积极
　}
　细胞死亡：不利因素、不受基因控制
}

教学反思

　　课程标准的基本理念是着眼学科素养,聚焦大概念,关注学生学习过程中的实践经历,以评价促进学生的学习和发展。结合课程标准的新理念,本节课基本做到了以学生为主体,活跃学生思维、深化核心素养、践行德育目标。在教学内容方面,用一部贴切本节内容的电影创设教学情境,贯穿整节内容,在激发学生学习兴趣的同时达到德育目的;对于细胞衰老的原因等较难理解的知识点,采用短视频辅助教学,更加直观,便于学生理解;增加了一个关于如何延缓衰老的讨论环节,让学生在讨论中认识到目前这些研究成果对增进人类健康的重要意义并关注衰老和健康的关系。在教学方法方面,积极贯彻以学生为主体的教学理念,采用概念教学法、任务驱动教学法、类比法、对比法等,通过布设问题—让学生自主学习教材和视频内容—分组讨论—展示等环节,归纳细胞凋亡的概念及其与细胞坏死的区别等知识,充分发挥学生的主体地位,让学生体会到自我获取知识的满足感。在发展核心素养和践行德育目标方面,本节课在细胞衰老的原因及延缓方法、人口老龄化问题等多处体现了包括生命观念、科学思维、社会责任在内的核心素养内容;从关注健康、提升社会责任意识、关爱老人等多方面进行德育目标渗透;在课堂小结中,增设了对如何正视衰老和死亡、珍惜当下的德育内容,让学生从课堂的知识理论中感悟实际生活,树立正确的人生观和价值观。当然本节课也存在一些不足之处,如细胞衰老的主要特征这部分,意图是想通过结构和功能相适应的观念,从现象挖掘本质,让学生学会用生物学理论科学合理地解释生命现象,但由于理论知识较为抽象、较难理解,并未达到预期的效果,尚有进一步完善的空间。

《生物有共同祖先的证据》教学设计

教材分析

本节课是人教版高中生物教材必修 2 第 6 章第 1 节,是 2017 年版课程标准新增加的内容。本节课基于证据和逻辑进行推理,形成生物是不断进化的、当今生物有共同祖先的观点,是本章的基础和核心论点。本节内容相对宏观,重点应放在加深学生对科学理论的建构基于证据和逻辑的认识,提高学生运用证据和逻辑分析问题的能力,同时为后续探究进化的原因奠定基础。

学情分析

学生在初中已经学习了一些生物进化的内容,对生物进化的化石证据和达尔文自然选择学说有了一定的了解,课堂上可以引导学生回忆初中学过的知识,实现温故而知新。部分学生通过媒体或书籍、杂志等渠道,对进化领域出现的不同观点有一定了解,教师可以引导学生积极发言,大胆参与课堂讨论,有利于培养学生科学的思维方法;部分学生对人类在自然界的地位尚缺乏正确的认识,也没有形成完整的人类与自然和谐共生的发展观,同时对个人行为在社会中的责任和义务也不明确,这些都需要在本节课的教学活动中重点加以渗透和强化,以期达到本节课的核心素养和德育目标。

教学目标

核心素养

1.通过化石记录、比较解剖学和胚胎学等事实,说明当今生物具有共同的祖先,正确认识人类在自然界的地位,摒弃人类中心主义的价值观,树立人与自然和谐共生的发展观。(生命观念)

2.在直接和间接证据的基础之上,通过一系列比较、归纳、分析、概括等思维方法,进行环环相扣、层层递进的推理和论证,说明当今生物具有许多共同特征,得出当今生物具有共同祖先的结论。(科学思维、科学探究)

3.基于对当今生物具有共同祖先的认可,破除迷信,树立辩证唯物主义世界观,树立人与自然和谐共生的发展观,并运用到个人决策和参与公共事务的讨论中,肩负起宣传生物进化观念的社会责任。(社会责任)

项琳琳,抚顺市第二中学教师,荣获抚顺市第十一届职工技能大赛教育赛区中小学教师教学竞赛"优秀选手"称号。

德育目标

培养学生爱自然、爱生命、爱国家、爱社会的情感与责任感,生成追求真理、实事求是的态度,养成乐于和勇于探索生命奥秘的精神和独立思考的意识;培养学生的职业意识和敬业精神。

教学重难点

1.重点:基于证据和逻辑,认同生物是不断进化的,当今的各种生物来自共同祖先。

2.难点:从细胞和分子水平找寻当今生物具有共同特征和共同祖先的证据。

教学过程

导入

通过教材"问题探讨"中达尔文提出的"共同由来学说"与"人猿共祖说"的争议共同创设情境,引发学生思考讨论:

问题1:反对"共同由来学说"的人能拿出有说服力的证据吗?

问题2:你能说出什么证据来支持达尔文的观点?

(设计意图:培养学生基于证据进行推理判断的科学思维)

学习任务一:地层中陈列的证据——化石

学生活动:阅读教材,独立思考教材第101页"思考·讨论"中的问题,记录答案要点,进行讨论和交流。

【设计意图】学生针对问题进行阅读,训练获取和分析信息的能力;通过记录信息要点学习厘清思路的方法,有助于养成独立思考的习惯。

问题1:为什么化石是研究生物进化最直接、最重要的证据?

问题2:怎样通过化石证据研究生物的进化?

(设计意图:培养学生交流合作、求同存异、整合信息并能清晰表达观点和看法的能力)

问题3:当今生物体上是否有进化的印迹可以作为进化的佐证呢?

【设计意图】引出"学习任务二"的教学活动,培养学生的发散性思维。

学习任务二:当今生物体上进化的印迹——其他方面的证据

学生活动:在限定时间内针对教材第102页"思考·讨论"中的问题,观察图6－3并进行比较和分析,独立思考,记录答案要点。了解脊椎动物骨骼和胚胎发育过程中的共同特征,小组讨论并交流,达成共识。

【设计意图】训练学生从图例中获取信息、读图、识图、分析问题的能力,养成独立思考的习惯,正确认识人类在自然界的地位,摒弃人类中心主义的价值观,提升学生的生物学素养。

学生活动:讨论教材第 103 页"思考·讨论"中的问题,根据学过的知识,找到生物在细胞和分子水平上的共同点,设计表格归纳概括,小组间比较表格内容,相互评价,修正并完善表格,达成共识。

证据	共同特征
物质组成	化学元素和化合物种类基本一致
细胞结构	都有细胞膜、细胞质、核糖体,都以 DNA 作为遗传物质
细胞代谢	都有呼吸作用,代谢中的酶类非常相似,都有相同的能量"货币"——ATP,绿色植物能进行光合作用
细胞学说	阐明生物界的统一性
细胞生命活动	都能增殖、分化、衰老、凋亡
DNA 和蛋白质	所有的细胞都有
密码子	通用性
中心法则	所有生物都遵循
……	……

【设计意图】表格整理的学习方法,可以充分锻炼学生归纳总结的能力,使学生从学会整理到学会分析、从解决问题到探究规律,提升学生的生物学素养。

学生活动:讨论为什么可以通过直接或间接的证据证明生物是由共同祖先进化而来的。

【设计意图】在讨论交流中掌握获得结论的思维方式和过程,提升学生的生物学素养,认同并形成生物有共同祖先的观点。

学习任务三:社会责任与德育目标的达成

学生活动:阅读教材第 105 页"科学·技术·社会"和"与生物学有关的职业",交流讨论学科交叉和科学技术在生物进化研究中的作用。

【设计意图】理解科学、技术和社会的互动,领悟科学和技术的价值,了解化石标本制作工作者的工作特点和职业乐趣,渗透职业生涯教育和社会责任。

课堂小结

化石为研究生物进化提供了直接的证据,也为比较解剖学、胚胎学、细胞和分子水平的研究提供了有力的支持。这些证据互为补充、相互印证,都给生物进化论提供了有力的支持。我们通过观察、比较、分析、归纳等科学方法,通过质疑和辩论的过程,得出了"生物有共同的祖先"这一结论。这正是达尔文生物进化论中的"共同由来学说",他的另一个学说"自然选择学说"将在下一节学习。

板书设计

第1节　生物有共同祖先的证据

一、地层中陈列的证据——化石

1.化石的定义

2.化石是研究生物进化最直接、最重要的证据

3.化石揭示生物由简单到复杂、由低等到高等、由水生到陆生的进化顺序

二、比较解剖学和胚胎学证据

三、细胞和分子水平的证据

证据	共同特征
物质组成	
细胞结构	
细胞代谢	
……	……

教学反思

本节课的教学活动高度关注生物学学科核心素养的达成,在"学习任务一"和"学习任务二"环节组织以探究为特点的主动学习,设置问题并不直接给出答案,而是让学生通过"思考·讨论"的活动寻求答案,同时注意设置问题时的科学性和求真性,让学生清楚自己在证明什么、用什么证明、为什么能证明、怎样证明,进而训练学生严谨的科学思维。引导学生通过对诸多直接和间接证据的比较、分析、归纳、推理和论证,概括出生物是由共同祖先进化而来的这一观点,实为《遗传与进化》模块乃至整个高中生物学教学中最重要的大概念之一,帮助学生形成生物进化的生命观念,使学生对生命的认识逐渐深入,引导学生正确认识人类在自然界的地位,摒弃人类中心主义的价值观,树立辩证唯物主义世界观,树立人与自然和谐共生的发展观。"学习任务三"是教材课后的两个课外阅读栏目,帮助学生了解如何测定化石的年代,有助于学生理解本节图6－2的内容。教学过程应注意学科间的联系,落实科学、技术和社会相互关系的教育,渗透职业生涯教育和社会责任的生物学核心素养。